1959년 이기붕家의 선물 꾸러미

장미와 씨날코

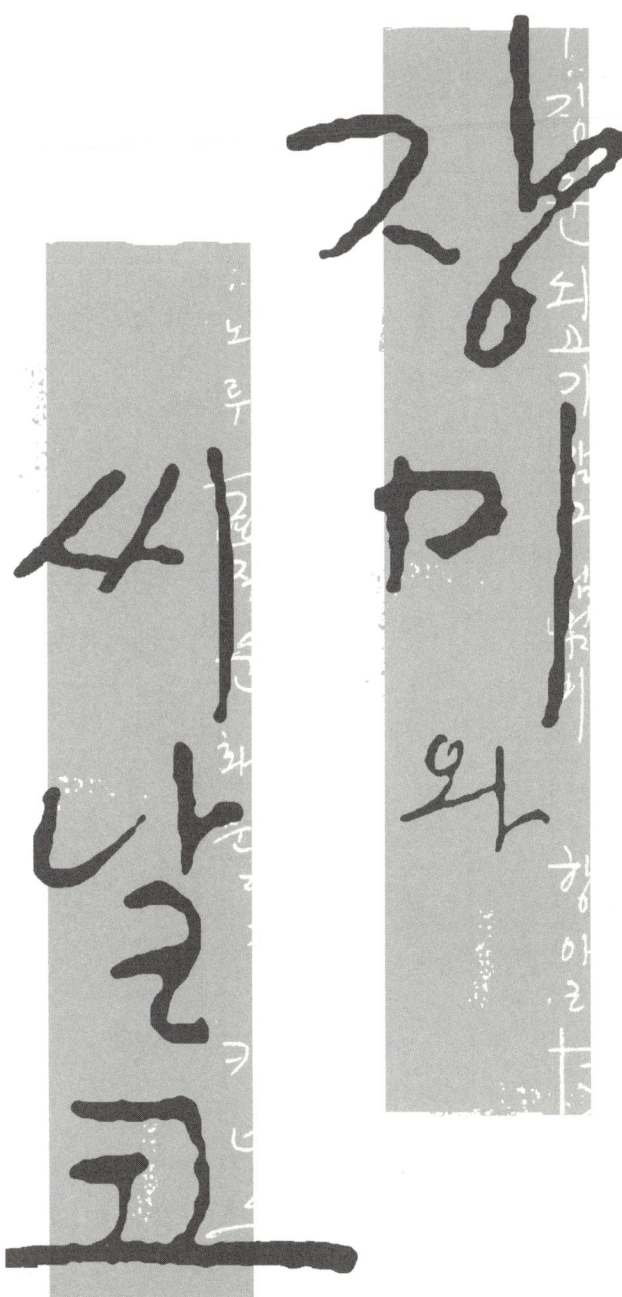

1959년 이기붕家의 선물 꾸러미

장미와 씨날코

|김진송 지음|

푸른역사

4 불한당들의 사회사 …… 197

뉴스를 보다 | 전쟁의 흔적들 | 무능과 부패의 한계 | 원조의 수혜 | 4·19를 준비하다 | 지리멸렬한 야당 | 늙은 왕의 나라 | 넘버 투 맨

4.5 과거에서 빠져나오기 …… 287

5 몇 개의 수치, 남은 문제들 …… 299

남은 문제들 | 방문객들 | 비밀의 종이 꾸러미 | 간단한 통계 | 물품들

에필로그 …… 360

주석 …… 366

찾아보기 …… 374

차례

장미와 시날코

프롤로그 6

1 의문들 15
방명록 | 헷갈림 | 두 사건 | 뇌물 목록? | 방문객 | 기록의 시점 | 불안한 생각들

2 그는 누구인가 55
맏송 이기봉 | 박마리아 | 그날 겨울 화진포

2.5 과거로 89

3 1959년 그해, 일상의 풍경 103
그해 겨울 | 시발택시 안에서 | 서울의 인상 | 창경원 벚꽃놀이 | 시내 가난한 사람들 | 물자의 부족 | 일상의 경제 | PX물품 사회상 그리고 일상 | 일상의 표면 | 태풍 사라호 | 교육에 몰린 사회

| 프롤로그 |

그 서류 뭉치를 발견하게 된 것은 1999년 겨울이었다.

20세기의 끝 무렵, 세기말의 음산함 대신 밀레니엄이란 말이 호들갑스럽게 거리를 활보하고 있었다. 장밋빛 미래가 막 펼쳐질 것 같은 분위기 속에서 정작 나는 케케묵은 과거로 돌아가지 못해 안달이었다. 미래를 바라보는 것보다 과거를 들여다보는 일이 늘 익숙하긴 했지만, 새로운 천 년

이 시작되는 마당에 우중충한 과거를 들춰내는 게 그렇게 신명나는 일이라고 말할 수는 없었다.

서류 뭉치를 처음 보았을 때, 무지갯빛의 불확실한 미래보다는 낡고 빛이 바랬을지라도 실체가 분명한 과거가 나에게는 더 매력적이라는 사실

을 다시 확인했다. 서류에 또박또박 필사된 글씨들은 과거에 대한 확고한 사실을 기록하고 있었다. 과거에 대한 단호한 기록, 그 자체가 현재의 완벽한 증명서였다.

나는 그즈음 현재란 미래와 과거가 뒤섞여 있는 풍경임에 틀림없을지라도, 뚜렷한 실체가 존재했던 과거만이 현재의 존재를 증명해줄 것 같은 터무니없는 불안감에 시달리고 있었다. 나에게 미래는 언제나 불투명한 불안의 대상이었다. 하지만 그 서류 뭉치를 들여다보면서 어쩌면 과거가 미래보다 더 불안한 실체일지도 모른다는 생각을 갖기 시작했다. 물론 그것을 확신하게 된 것은 훨씬 후의 일이었다.

신문사의 오래된 철제 캐비닛 안에서, 서류 뭉치는 먼지를 잔뜩 뒤집어쓰고 있었다.

사실 다른 자료를 뒤지고 있었기 때문에 우연히 손에 잡힌 이 서류는 일별하고는 그저 옆에 제쳐놓았던 종이 뭉치에 불과했다. 그도 그럴 것이 한 번 쓱 펼쳐보면 무슨 장부책처럼 보여, 마치 다 쓰고 버린 예전의 가계부처럼, 아니면 연도가 한참 지나 우연히 책장 너머에서 찾아낸 수첩처럼, 당시에는 매우 소중한 것이었지만 지나고 나면 쓸모없게 되는 그런 자료일 것이라고만 생각했다.

내가 찾고 있던 것은 박물관에서 쓸 만한 자료였다. 그즈음 나는 어느 신문사에서 새로 지을 박물관의 기획책임을 맡고 있었고, 박물관을 채울 사료를 찾는 데 애가 달아 있었다. 조금 오래된 물건이나 자료가 있다 싶은 곳을 찾아 신문사의 구석구석을, 아마 그 신문사에 근무하는 사람조차 가보지 못했을 곳까지 찾아다니는 것이 내가 해야 할 처음의 일이었다.

오래된 물건을 뒤지는 것은 그 결과와 관계없이 흥미로운 일이다. 설사 아무런 소득 없이 끝나버리는 일일지라도 켜켜이 쌓인 먼지를 털어내고 누렇게 뜬 종이를 넘기면 어느새 얼굴이 벌겋게 달아오르기 시작한다. 한때 여러 사람의 손을 거친 뒤 언젠가부터 창고에 틀어박히게 된 문서나 책자들, 그리고 거미줄과 먼지가 엉겨 붙어 있는 물건들은 손을 댈 때마다 다시 살아 움직이는 듯한 묘한 흥분을 일으킨다.

손으로 쓴 것이든 인쇄가 된 것이든, 오래된 기록들은 과거의 흔적을 잔뜩 묻힌 채 기억 속에 파묻혀 있는 화석들이다. 어쩌면 지금은 사라져버렸다는 사실 때문에, 아니면 지금의 것과 다르다는 이유 때문에 쓸모없는 돌덩이가 귀중한 가치를 지니듯이 오래된 자료는 지금 쓸모없다는 이유 때문에 더 그럴듯해 보인다. 과거를 발견하는 일이 항상 현재의 쓸모에서 멀어진 것에서부터 시작된다는 것은 아이러니다. 과거는 늘 그런 식으로 우리에게 다가온다.

그러나 언제부터인가, 과거를 뒤지며 흥분하는 일이 매우 얄팍한 지적 자위에서 비롯된 것이 아닐까 하는 생각을 하게 되었다. 이미 누군가는 다 알고 지나갔던 길을 더듬으며 새삼스럽게 새로운 발견인 것처럼 흥분하는 일이야말로 곰곰이 생각해보면 어리석은 짓임에 틀림없다. 혼자만 알고 있다는 비밀스런 성취감 역시 얄팍한 지식의 축적에 동인이 될지 모르겠지만, 그 역시 따지고 보면 애써 모른 척하고 접어두었던 것을 새삼스럽게 펼치며 호들갑을 떠는 것과 진배없는 일이다. 그리고 그런 과거를 뒤지는 일들이 지리하고 힘겹고 단순한 작업에 불과하다는 사실 역시 저절로 알게 되었다.

과거는 늘 켜켜이 쌓인 먼지 속에 꼭꼭 숨어 있었으며 무수한 잡동사니 속에서 건져내야 할 대상이었다. 과거에 대한 불안과 집착은 현재를 피곤하게 했다. 그래서였는지 몰라도 언제부터인가 책 먼지 알레르기가 생겼다. 얼굴이 벌겋게 달아오르고 눈물과 콧물이 쉴 새 없이 흐르고 목이 잠기는 증세는 오래된 책 냄새를 맡으면 나타났다. 처음 몇 차례 그런 증상이 나타났을 때는 단순한 감기이거나 몸 상태가 좋지 않을 뿐이라고 생각해 그냥 지나쳤었다. 하지만 증세는 점점 더 심해져서 나중에는 약간 오래된 책 냄새만 맡아도 견딜 수 없게 되었다.

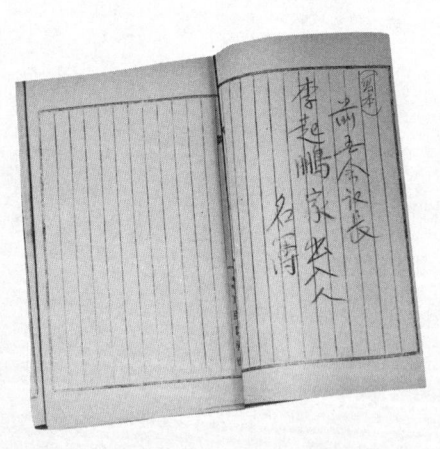

맨 처음엔 정수리 부근에 심한 압박감이 느껴지면서 통

증이 시작된다. 그러다
점차 열이 오르고 심한
두통으로 이어지는데,
심하면 목 부근이 잔뜩
부어올라 얼굴에 피가
몰리는 것 같은 느낌이
전해져온다. 곧이어 목

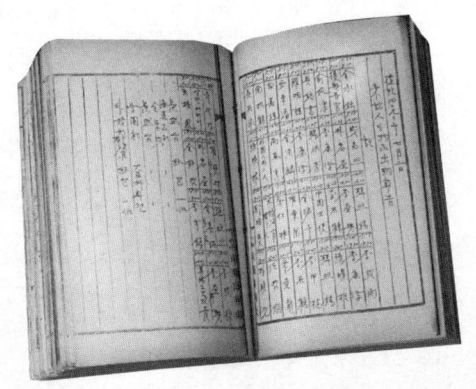

이 잠기고 눈물과 콧물이 쏟아지기 시작한다. 내 딴에는 더 이상 공부를 하지 않아도 될 핑계를 만든 셈이다. 과거를 들추어내는 일이 마치 커다란 지적 성취에 도달한 것인 양 호들갑스럽게 떠들어내는 작업에 지쳐버렸을 무렵에 그 증세가 시작된 것이다.

신문사의 자료를 뒤지던 때도 이미 그런 책 먼지 알레르기로 괴로워하고 있었을 것이다. 그럼에도 약간 오래된, 종이의 끝이 노랗게 산화되어 빛이 바래고, 만지면 바스러질 듯 표지가 너덜너덜한 자료를 보면 그걸 들추어보고 싶은 충동이 아직은 남아 있을 때였다.

허드레 물건들을 쌓아둘 자리를 찾는 회사의 관리인이나 가끔 문을 열어볼 창고에 들어가, 먼지가 그득한 자료를 한 아름 들고 나온다. 먼지를 대충 털어내고, 제목을 훑어보고, 한두 페이지를 넘기면서 대강의 내용과 자료의 비중을 가늠한다. 그건 마치 한눈에 물건의 진위를 분별해내는 오래된 골동품 가게의 주인처럼 손으로 느껴지는 '감感'에서 시작된다고 해야 할 것이다. 자료의 비중은 그 자료가 담고 있는 내용에 의해 결정될 것이다. 그러나 항상 겉모습이 우선이다. 활자 형태, 인쇄 방법, 종이 재질, 제본 형태 등 사소한 것들이 자료가 지니고 있는 내용의 무게를 먼저 알아차리게 할 것이다. 그것은 마치 책 한 권을 손에 올려놓고, 무게를 가늠하고, 한 번 주르륵 넘겨보는 것으로 제작 단가를 뽑아내는 경험 많은 출판사 편집장의 감과 다르지 않을지도 모른다. 때로 무수히 많은 자료를 선별하는 작업에서는 경험의 신경 세포들이 말해주는 '느낌'에 의존해야 하는 경우들이 더 많다.

그렇게 모은 자료를 이리저리 분류하고 있던 중에도 유독 이 서류 뭉치만큼은 한눈에 판단이 서는 그런 '물건'이 아니었다. 사무실 한쪽에 놓여 있는 오래된 캐비닛 아래 칸에 처박혀 있긴 했지만, 도무지 왜 이게 이런 곳에 있어야 하는지 알 수 없었으며, 두툼한 부피에 세로로 줄이 그어 있는 양식지에 이름만 한자로 잔뜩 적혀 있는 그 자료는 '이야기'가 될 내용을 담고 있는지 어떤지 전혀 감 잡을 수 없었다. 단지 누구에게는 매우 중요한 자료일 수 있지만 나에게는 그저 그런 종이 뭉치일지 모른다는 생각만 들었을 뿐이다.

■ 일러두기

- 본문에 실린 신문기사, 만평, 광고 등은 모두 동아일보사에서 제공한 것임을 밝힌다.
- 이 책의 주요 소재인 '이기붕가 출입인 명부'의 사진 촬영 및 원문 인용은 신문박물관의 동의 아래 이루어졌다.
- 본문에 나오는 2.5장, 4.5장은 일종의 삽입장으로, 장과 장을 유기적으로 연결하면서 저자의 문제의식을 강조하기 위해 마련한 편집 장치이다.
- 이 책의 시대 배경인 1950년대 말의 시대상을 반영하기 위해, 표준어는 아니지만 당시 통용된 단어를 일부 사용했음을 밝힌다. 예)찝차, 빠나나, 썸머타임

1
의문들

방명록

처음 그건 분명 장부책처럼 보였다. 표지가 있긴 했다. '전 국회의장 이기붕가 출입인 명부'라고 색연필로 써 있고 그 위에 나중에 다시 쓴 글씨로 사본이라고 적혀 있다. 그랬다. 이 장부는 이기붕가의 출입인 명부였다. 출입인 명부라니? 말하자면 방명록이라는 것인데 그게 무슨 자료가 된단 말인가.

세상에 방명록만큼 쓸모없는 것이 또 있을까? 뭔가 그럴듯하게 내보이고 싶은 행사장에 으레 등장하는 방명록은 그것을 기록할 때의 의미심장함을 빼고 나면 그저 쓸모없는 휴지 조각이기 쉽다. 하물며 관청이나 어느 지체 높은 집에서 기록되는 방명록이라고 해도 나중에 쓸모 있는 자료가 될 가능성은 극히 희박해보인다.

더군다나 이게 박물관에 들어갈 물건이 되지 못한다는 것쯤은 한눈에 알 수 있었다. 다른 주제라면 몰라도 기획하고 있던 박물관의 자료 분류 기준에 따르면, 어느 분류에도 속하지 못하는 기타 항목의 B급에 해당하는 2차 자료일 뿐더러 박물관의 어느 주제와도 결합될 수 없는 서류철에 불과했다. 하지만 그 방명록을 제자리에 그대로 놓아둘 수는 없었다. 어쩌면 지극히 개인적인 관심, 그러니까 박물관 일과는 관계없는 단순한 호기심이 발동했고, 그래서 다른 자료들과 함께 사무실로 챙겨오게 되었다.

그때까지도 이 방명록이 나에게 두고두고 골칫거리가 될 줄은 생각지도 못했다.

화장실에 들러 콧속의 먼지를 털어내고 얼굴에 찬물을 몇 번이나 끼얹고서야 알레르기 증세가 겨우 진정되었다. 임시로 마련된 사무실로 돌아와 장부를 펼쳐보기 시작했다. 그리고 자료를 펼치자마자 그 단순하고 반복적인 기록 속으로 빠져들었다.

아무 곳이나 펼쳐도 말 그대로 방문자 명단이 빼곡히 적혀 있다. 맨 앞에는 단기 몇 년 몇 월 몇 일 무슨 요일이라고 적혀 있고 그 왼쪽으로 '내방인 명단 제출의 건', 그 옆에 '記'라고 쓴 다음 시간을 적고는 그 아래 사람 이름을 적었다. 그런데 그것이 끝나고 나면 참으로 흥미로운 기록이 등장하는데 '물품'이라는 제목 아래 사람이나 기관 이름이 쓰여 있고 그 아래 그들이 들고 온 물품명과 수량이 적혀 있었던 것이다.

다시 맨 앞부터 살펴보면, 기록은 단기 4292년, 그러니까 1959년 1월 4일부터 시작된다. 그리고 1959년 12월 30일에 끝나는 꼬박 1년 치의 기록이다. 이기붕가라고 하면 알 만한 사람은 아는 그 이기붕일 것이다. 이승만의 옆 자리에 있던 인물 말이다. 이기붕의 집이라면 서대문 어디엔가 있었다는 그 집이다. 다시 생각해보니 4·19혁명 기념 도서관이 그의 집터라는 걸 들은 것 같다. 이 문서는 말 그대로 1959년 한 해 동안 이기붕 씨의 서대문집에 드나들었던 사람과 그들이 들고 온 물건을 거의 하루도 빠짐없이 모두 적어놓고 있는 자료였다.

어찌 보면 그것은 단순히 어떤 사람이 1년 동안 기록한 방명록에 불과했다. 그 단순한 기록이 주는 의미는 아무리 넓게 잡아도 그저 한 사람의 주변에 대한 시시콜콜한 기록의 의미 외에는 더 이상 찾아볼 수 없을 것 같다. 그러나 그게 단순한 방명록에 불과한 것일지라도 거기에 적혀 있는 내용은 마치 비밀스런 회의 기록이나 역사적 사건을 생생하게 기록해놓은 녹취록처럼 야릇한 흥분을 느끼게 하기에 충분했다. 우연히 장롱 뒤편에서 발견된 월급봉투의 겉면에 적혀 있는 20여 년 전의 급여 내역이 흥미를 돋우듯이, 그 기록 역시 과거의 한 순간을 일목요연하게 드러내고 있어서 호기심을 자극했다. 반복적인 숫자나 명단의 기록이 지니고 있는 단순함은 그 어느 것보다 분명하고 요지부동한 사실의 기록임을 증명한다. 어쩌면 회계 장부나 월급봉투나 가계부의 기록들은 그것 말고는 다른 어떤 의미를 지닐 수 없다는 단호함 때문에 기록의 위력을 더한다.

문서에 기록된, 방문객이 많지도 적지도 않았던 하루를 살펴보자. 5월 31일 아침 8시 20분 김완규 내외를 시작으로 저녁 8시 25분 김용우 부인까지 모두 서른세 건의 방문이 있었다. 최안규, 이종찬, 박용익, 김성천, 구본건, 손도심, 한희석, 김법린 등의 이름이 보이고, 김원규, 해군참모 차장, 유곽경 등은 내외가 방문했으며 사무 차장, 사정위원, 김성곤, 김용우는 본인이 아니라 부인이 다녀갔다. 물품 목록에는 과일, 쇠고기, 화분과 뭔지 알 수 없는 종이 포장과 상자가 들어왔다.

처음에는 거기 적혀 있는 사람들의 면면이 그저 단순한 방문객일 것이라는 생각만 했지 그들이 실제로는 당시의 쟁쟁한 인물들이었다는 사실을 잘 알지 못했다. 하지만 서류철을 넘기면서 이름을 입으로 말하

출입인 명부 5월 31일 기록

檀紀 四二九二年 五月 三十一日
來訪人 및 物品 出納 報告

〈記〉

8:20 金元圭 內外	9:25 事務次長 婦人	9:45 金在恩
10:40 崔仁圭	10:40 法務長官	10:40 李鍾贊
10:40 李益興	10:40 孫昌煥	10:40 柳忠烈
10:50 朴容益	11:00 京畿道知事	12:25 海軍參謀次長 內外
12:30 朴司正委員 婦人	12:30 金聖天	13:40 金元泰
15:55 具本健	16:00 유곽경 內外	17:30 孫道心
17:35 李甲植	17:35 李炯模	17:40 京電社長
17:40 徐任壽	17:40 韓熙錫	17:40 崔奎南
17:40 金法麟	18:40 印泰植	18:55 李在鶴
18:55 朴世經	19:05 金一煥	19:30 金成坤 婦人
20:00 金在恩	20:15 강인화	20:25 金用雨 婦人

〈物品〉

金元圭	果實	二包
事務次長 婦人	쇠고기 一包, 生鮮 二匹, 딸기 一箱子	
李在鶴	花盆 二個, 生花 一束	
金宗奎 婦人	紙包 一個, 딸기 一箱子, 냄비 一個	
亞洲聯盟中國總會出席代表	紙包	二枚
유곽경	花盆	一個
印泰植	紙箱子	一個
馬事會	紙箱子	一個

며 읽어가다 보면 어디서 한 번쯤 들어본 사람들이 무수히 섞여 있다는 것을 알 수 있었다. 어린 시절 즐겨 듣던 라디오 드라마 '법창야화', 아니 '광복이십년'에 등장한 사람들이었던가? 그들은 다른 사람이 아닌 이기붕이라는 사람의 주변 인물이며, 내가 이기붕을 모르지 않듯이 그들도 한때 사람들의 입에 오르내렸던, 그래서 그 흔적이 내 머릿속 한편에 남아 있는 그런 인물들이다. 이걸 무슨 이유로 적어 놓았을까?

장부의 앞뒤를 다시 살펴보기 시작했다. 이 장부에 쓰인 종이는 예전에 흔히 서류로 사용하던 것이다. 종이 가운데 신문사의 이름이 들어가 있고 붉은색 줄이 세로로 그어져 있다. 필체가 서너 가지가 되는 것으로 보아 아마 몇 명이 나누어 베낀 것으로 보인다. 복사기가 없었던 시절의 필사본이다. 당연히 맨 앞 장에 표지처럼 쓰여 있던 '전 국회의장 이기붕가 출입인 명부'라고 쓰인 것은 원래의 제목이 아니다. 나중에 다른 사람이 붙인 제목이다. 그 글씨가 안쪽 필사자의 것과 일치하지 않으며 전前이라는 말을 붙인 것, 그리고 색연필로 흘려 쓴 것을 보면 훨씬 나중에 서류를 분류하기 위해 적어놓은 것이 틀림없다. 방명록에 불과한 이 문서를 힘들게 필사본으로 만든 이유는 무엇인가?

창밖에는 겨울비가 추적추적 내리고 있었다. 겨울비치고는 꽤 많은 양이다. 아직 저물녘이 되지 않았는데도 밖은 캄캄해졌고 번개가 화들짝 유리창을 스쳤다. 현재가 미세하게 쪼개진 순간으로 이루어져 있다는 사실은 두터운 과거의 사실들을 새삼스런 눈으로 바라보게 한다. 과거 역시 순간이었을 것이며, 수많은 과거의 순간들이 켜켜이 쌓인 기록들만이 과거를 증명해줄 것이다.

방명록을 손에 들고 망연히 창밖을 바라보다가 기록의 순간을 기억해낸다. 이걸 맨 처음 기록한 사람은 아마 이기붕가의 집사쯤 되었을 것이다. 보고서 양식을 빌린 것으로 보아 출입인을 매일 체크하고 물품 내역을 집주인에게 보고해야 하는 입장이라면 이기붕이거나 그의 부인 그러니까 박마리아는 아니었을 것이며, 비서가 하는 일치고는 너무 단순하고 그렇다고 허드렛일을 하는 사람일 수는 없을 것이다. 이기붕의 집에 집사가 있었는지, 그가 누구였는지는 알 수 없지만 아마 이 문서는 분명 윗사람(이기붕이나 박마리아)의 지시에 따라 기록되고 그들에게 보고되었을 것이다. 그런데 왜 이런 걸 꼬박꼬박 적어놓아야 했을까?

과거는 기억되지 않는다. 단지 기록될 뿐. 그러나 인간은 기록을 신뢰하지 않는다. 기록은 기억을 담아낼 수 없기 때문이다. 그리고 기억되지 않는 과거의 기록은 수많은 의문을 남긴다. 방문객이 찾아온 시간과 그들의 손에 들려진 물건을 일일이 기록하는 것이 무슨 의미가 있었을까? 이게 혹시 뇌물 목록은 아니었을까? 만일 이것이 정말 뇌물 목록이었다면 그걸 구태여 적어놓아 후환을 만들 필요가 있었을까?

아니다. 이런 의문은 너무 앞서가고 있음에 틀림없다. 출입인을 체크하고 신상을 적어 넣는 일은 정부기관이나 주요 공공기관뿐 아니라 기업체나 군대에서 흔히 있는 업무다. 마찬가지로 매사에 꼼꼼하고 철저한 인사가 아니더라도 고위층이라면 의당 자기 집을 방문하는 사람의 명단을 기록했을 것이다. 더군다나 이기붕의 집이 아니던가. 하지만 그게 사람에 대한 기록이면 몰라도 그들이 들고 온 물품을 일일이 기록할 필요가 있었을까?

헷갈림

나는 이 글을 다 쓸 때까지도 '이기붕가 출입인 명부'를 방명록으로 생각하는 중대한 실수를 저지르고 말았다. 더 정확히 말하자면 방명록과 출입인 명부의 차이에 대해 무지했기 때문이다. 자발적인 의지로 쓴 방명록과 출입인을 통제, 감시하기 위해 강제적으로 쓰는 출입인 명부는 명백히 다른 것이다. 처음부터 무슨 행사장도 아닌 권력가의 공관(사저였대도 마찬가지지만)에 드나든 사람의 이름을 기록한 문서를 방명록으로 생각한 것은 어이없는 일이었다. 방명록이 사적인 기록이라면 출입인 명부는 공적인 기록이다. 따라서 나의 성급하고 섣부른 추측은 상당 부분 수정되어야 했다. 이를 테면 이기붕가의 집사쯤이 이 문서를 기록했을 거라는 추측은 완전히 빗나간 것이다. 국회의장이자 권력의 실세였던 이기붕의 집에는 경호원이 다수 있었을 것이며 그들이 이 문서를 기록하고 경호실장쯤 되는 인물에게 보고했을 것이다. 또한 이 문서는 이기붕 혹은 박마리아의 의사와 직접적인 관계가 없는 공식적인 기록 문서였을 것이다.

문서를 이리저리 뒤적이다가 나는 그 기록의 알 수 없는 이면으로 점점 빠져들기 시작했다. 빼곡히 적힌 한자 이름들과 함께 그들이 들고 온 선물 꾸러미 목록은 착잡한 기분이 들게 했고 한편으로는 그 품목들이 우스꽝스럽기도 했다.

이른바 '물품출납상황보고'라고 써 있지만 나간 건 거의 없고 들어온 것만 적혀 있는 물품 목록은 휘발유 몇 드럼이나 갈비 몇 짝에서 사과 한 봉지나 새우젓에 이르기까지 아마 선물(?)로 가능했을 모든 것이 망라되어 있다. 출입 물품이라고 했지만 나간 물품은 경유나 휘발유의 빈 드럼통뿐이다. 물품들은 그저 남의 집에 맨손으로 가기 뭐해 손에 잡히는 대로 날름 들고 온 것에서부터 그 집의 위세가 아니면 도저히 보내질 수 없는 것들이 포함되어 있다. 그 물품 목록들은 어찌되었건 선물 목록이었으며 지금 내 눈으로 보기엔 뇌물 목록인 셈이다.

문서를 뒤적이면서 생각은 두 갈래로 나뉘어졌다.

역시 '물품'에 대한 것이다. 들어온 물품은 말 그대로 조촐하기 짝이 없는 것일 때가 대부분이다. 그러나 어느 날을 보면 도무지 믿어지지 않을 만큼의 양이 쏟아져 들어오기도 한다. 그럴 때마다 '단순한 방명록이군' 하다가도 '이거 뇌물 목록이네' 하는 생각으로 뒤바뀌곤 했다. 그랬다. 그때 나는 한 시대를 호령하던 세도가의 부패한 뒷면을 실감나게 낱낱이 들여다보고 있다는 야비한 통쾌함과 같은 기분을 즐기고 있었다.

오래된 자료를 들추어볼 때, 거기서 이미 알려져 있는 역사적 사실을 그대로 드러내고 있는 내용을 확인하는 순간, 어떤 전율 같은 것을 느낄 때가 있다. 그 신문사에서 찾아낸 자료 중에서 신문의 검열판을 보게 되었을 때도 그랬다. 군사독재 시기 계엄령이 내려졌을 때, 모든 신문은 계엄사령부의 검열을 받았다. 신문의 편집을 끝내고 수정판이 제작되고 나면 그것은 계엄사령부가 파견한 장교에 의해 검열을 받아야 했다. 붉은 색연필로 여기저기 밑줄이 그어지고 삭제, 수정 등을 지시하는 글씨가 휘갈겨진다. 그 검열판을 보았을 때 느꼈던 흥분은 능욕을 당한 언론의 실체를 생생한 자료를 통해 보고 있다는 사실에서 비롯된다. 그것은 마치 강간을 당하는 현장을 보고 느끼는 참혹함일 수도 있었으며, 범인에 대한 분명한 물증을 눈앞에서 보면서 느끼는 분노이기도 했다. 그리고 그 어떤 경우에도 역사적인 사실이 막연한 서술이거나 개념이 아니라 하나의 실체로 확인될 때, 막연한 두려움을 느껴야 했다.

문서를 뒤적이면서 나는 야릇한 통쾌감과 막연한 두려움 그 비슷한 감정 속에 휘말려 들었다.

처음에 나는 이기붕가의 출입인 명부를 보고 그 물품 목록을 읽어내리면서 매우 즐거운 기분에 빠져들었다. 권력자의 주변에서 그에게 줄 선물을 들고 오는 사람들의 면면을 확인할 때마다, 그리고 끊임없이 이어지는 그들의 행렬이 결국 파멸로 끝나버릴 덧없는 짓이었음을 바라보면서, 한없는 조소를 퍼부을 수 있었기 때문이다. 역사적 결말을 알고 있다는 사실은 갑자기 그 방명록에 올라 있는 모든 사람들 위에 군림하고 있는 착각을 심어주기에 충분했다. 나는 역사의 신이었으며 그들은 한 치 앞도 내다보지 못하는 역사의 노예와 같은 불쌍한 군상이었을 뿐이다. 나는 잔인하게도 비극의 전 단계에서 벌어지고 있는 파멸을 향한 끝없는 행렬의 희극적 상황을 즐기고 있었다.

두 사건

 그러나 나의 그런 야비한 통쾌감, 권력자의 부패한 뒷구멍을 훔쳐보고 있다는 관음증적인 쾌감은 점점 어떤 불쾌감으로 바뀌어가고 있었다. 그 이유를 발견한 것은 그해, 1959년이 바로 내가 태어난 해라는 사실을 새삼스럽게 깨닫으면서부터이다. 그것은 처음에 문서의 기록을 보면서 느꼈던 묘한 호기심과 호기심의 이면에 자리 잡고 있던 막연한 배반감의 실체이기도 했다. 어쩌면 그런 알지 못할 분노에 의해 감추어진 호기심이 이 문서에서 눈을 떼지 못하게 한 것인지 모른다.
 1959년에 무슨 일이 일어났더라.
 딱히 기억할 만한 사건이 일어났던 해는 아니다. 3·15 부정 선거에 이은 4·19혁명이 일어난 1960년처럼 역사적인 해도 아니다. 전쟁이 끝난 지 5, 6년이 지났으니 아직 그 상흔이 짙게 남아 있을 무렵이며, 여전히 가난에 찌들어 있던 때일 것이다. 아마 태풍 사라호가 전국을 휩쓸어 무수한 피해가 난 해가 바로 그해였을 것이다.
 그러고 보니 정말 1959년에 대해서 내가 알고 있는 것은 아무것도 없었다. 내가 태어난 해에 무슨 일이 일어났었는지 아무것도 모른다는 사실은 갑자기 역사에 대한 기억을 뒤죽박죽으로 만들어놓고 말았다. 지금 내가 알고 있는 그해에 일어났던 사건이라고는 내가 태어난 사건과 이기붕의 집에 사람들이 들락거린 두 가지의 사건만이 있었을 뿐이다. 적어도 내 기억, 아니 지금 알고 있는 역사적 사실 속의 1959년에는 단 두 가지 사건만 벌어지고 있었던 것이다. 이럴 때의 역사란 아무 짝에도 쓸모없는 기억에 불과하다. 기억 속에 각인되지 못한 객관화된 역사적 사실이 말해줄 수 있는 건 아무것도 없다.

하지만 빛바랜 몇 장의 사진으로 확인한 서울 산동네의 남루한 판잣집들에 대한 또렷한 기억 위에, 문지방이 닳도록 사람들이 드나들고, 온갖 물질이 넘쳐흘렀던 서대문 어느 집의 정경이 자꾸만 겹치면서 나의 감상적인 분노를 자극했다. 누구나 가난했을 그때, 서대문의 이 집에는 온갖 물건들로 넘쳐났다는 사실을 확인하는 순간, 1959년 그의 집에 들어온 '조촐한' 선물 보따리들에 뇌물이라는 혐의를 먼저 씌워버리고 싶었던 것이다. 말 그대로 그 명부가 그저 단순한 출입인 명부에 불과한 것이더라도, 그리고 그들의 손에 들려온 물건들이 '작은 성의'를 표시하는 선물일지라도, 사라지지 않는 나의 배신감을 부추기기 위해서 그 자료는 결국 '뇌물 목록'이어야 했다.

그러니까 지금 나는, 그해 내가 태어난 서울의 어느 산동네에서 그리 멀지 않은 집에서 일어난 '추악한' 일들을 보고 있는 것이다. 1959년에 대해 내가 알고 있는 분명한 사실 하나와 내가 알지 못했던 또 다른 사실 하나로 나는 모든 역사의 기억을 덮어씌우려 하고 있었다.

하지만 이런 분노가 치졸한 감상에 불과한 것임은 문서를 꼼꼼히 들여다보면서 점점 드러나기 시작했다. 거기 적힌 물품 목록들이 당시 여느 집에서 쉽게 볼 수 있었던 것인지는 몰라도 많은 물건들이 넘쳐나도록 들어온 것은 분명했다. 그럼에도 이건 그저 단순히 한 집에 사람과 물건이 들어오고 나간 걸 기록한 문서에 불과했다. 그렇지 않더라도 거기에서 발견할 수 있는 것은 이미 우리가 다 알고 있는 역사적 사실-그 옛날 부패와 부정으로 쫓겨난 이승만이란 대통령이 있었으며 그 옆자리에 온갖 세도를 구가하며 권력을 남용하다 아들의 손에 죽은 이기붕이란 자가 있었다는-에 부합하는 작은 편린일 뿐이다. 혹여 이 문서가 이미 알고 있는 역사적 사실을 확인시켜주는 결정적인 사료일지라도 내가 새삼스럽게 그걸 들추어내야 할 이유는 없다. 그리고 그게 1959년의 기록이라는 사실만으로 애써 나 자신과 관련지으려는 것은 그야말로 감상적인 억측일 뿐이었다.

명부에 대한 알 수 없는 배반감의 실체가 명확해지자 호기심은 사라져버렸다. 그 대신 나는 이 자료를 통해 과거의 한 순간을 들여다볼 수 있는 매우 중요한 계기를 만들 수 있을 것 같다는 막연한 기대를 갖게 되었다. 그러나 애초부터 낡은 문서 하나를 들고 이리저리 뒤적이며 뭔가 그럴 듯하게 포장된 결과를 기대한 것은 무리였다. 그건 문서가 적시하고 있는 내용을 설명해줄 또 다른 텍스트가 존재하지 않기 때문이기도 했다. 달랑 문서 하나를 가지고 도대체 무슨 말을 붙일 건더기를 찾아낼 수 있단 말인가. 이미 알고 있는 역사적 사실 혹은 단순한 역사적 선입견에 기대어 이 목록의 내용에 억지로 의미를 꿰어 맞추려 해보았자 그것은 단순한 해제 이상의 아무런 의미를 지닐 수 없는 일일 것이다.

설사 이 문서가 해석이 가능한 텍스트를 포함하고 있다고 하더라도 마찬가지이다. 실제 일어난 역사적인 사건과 그 진실을 밝히기 위해 이 서류가 존재하는 것은 아니다. 적어도 사실이 확인된 역사적 사건을 또다시 확인해줄 사료란 무슨 가치가 있단 말인가.

하지만 그 문서는 그렇게 버리기엔, 한 번 보고 즐기고 처박아두기에는 아직 미진한 부분이 남아 있었다. 어쩌면 이 방명록은 부패하여 결국 몰락의 길을 걸은 인물의, 그 집안의 모습을 보여주는 것 이상의 다른 무엇을 담고 있을지도 모른다. 그게 뭔지, 거기서 무얼 찾아내야 하는지 아직은 분명히 알 수 없는 일이다. 방명록이 끝내 내 천박한 호기심의 대상으로만 남아 있을 거라면 차라리 나에게 없는 편이 나을 것이다.

과거의 모든 역사적 기록이 그렇듯이 지난 문서들은 어떤 경우에도 불확실한 의미의 체계 속에 놓여 있다. 그것은 새로운 해석의 빌미를 제공하는 순간에만 의미 있는 가치를 지닌다. 어쩌면 이 문서는 그저 단순한 기록이기 때문에 해석의 텍스트가 될 수도 있을 것이다. 그러나 해석은 객관적이고 풍부한 자료가 바탕이 된 관련 지식과 정보를 전제로 입장과 태도를 밝히는 일이다. 나는 이 자료를 해석할 만한 아무런 근거를 갖지 못했으며, 그걸 위해 무엇을 해야 할지를 결정하지 못했으며, 그보다 앞서 그런 일을 시작해야 하는지조차 알고 있지 못했다. 그러니 해석의 염은 내지 않는 것이 좋을 것이다.

다시 한번, 분노와 치졸한 감정은 걷어버릴 것이다. 거물의 뒷주머니를 훔쳐보았다고 해서 거물을 마음 놓고 증오할 자격이 생기는 것은 아니다. 게다가 이미 자신에 대한 한마디의 변명도 들을 수 없는, 철저하게 역사의 이면으로 사라져버린 인물에 대해 또 다른 추악한 이면(그게 추악한 것인지 아닌지를 말할 수 있는 근거조차 없지만)을 들추어냈다고 해서 그것이 그럴 듯한 일로 치부될 수는 없다.

  이 문서에 기록된 수많은 사람들이 단지 이기붕의 집에 들락거렸다는 이유만으로 비난받을 이유는 없다. 거기에 적혀 있는 수많은 물건들이 권력에 아부하려 갖다 바친 뇌물이라는 생각조차 위험하긴 마찬가지이다. 아직 나는 그때의 사회에 대하여, 그 당시 사람들의 생각에 대하여 생각해본 적이 없으며, 문서에 기록된 사실 그리고 내가 태어난 1959년에 대하여 아는 것이 정말 아무것도 없기 때문이다.

뇌물 목록?

나는 이 문서를 들여다보기 위한 자격을 갖추기 위해 수많은 자료를 찾아야 하는 번거로움을 되도록 피하고 싶었다. 그해 무슨 일이 일어났는지, 그때 사람들이 어떻게 살았는지, 세상이 어떻게 돌아가고 있었는지, 그의 집에서 무슨 일이 벌어졌는지, 이기붕이 정말 못된 짓을 저질렀는지, 그곳을 들락거린 사람들이 누구인지, 왜 왔었는지 등등을 알기 위해서, 엄청난 분량의 자료를 조사한다는 것은 부담스러운 일이 아닐 수 없었다.

나는 아직 이것을 '제대로' 들여다볼 필요가 있는지 없는지조차 알지 못한다. 그보다 먼저 그런 걸 몽땅 알아내야 이 문서 조각을 이해하거나 해석할 수 있다는 사실 그리고 약간의 호기심을 채우기 위해 그런 걸 모두 알아내야 한다는 사실은 참으로 난감하기 그지없는 일이었다.

내가 챙겨야 할 모든 게 부족했지만 그렇다고 이 문서에 대한 상상마저 금지된 것은 아니었다. 아마 이 문서를 둘러싼 상황에 대해 극단적인 상상을 보탤수록 이 문서에 대한 객관적 판단이 더 쉬워질지도 모른다. 가장 가능성이 낮아 보이는 것부터 아니면 틀림없다고 생각되는 것부터 상상을 시작한다면 최소한 해석을 위해 무엇이 필요한지, 아니면 그럴 필요가 있는지를 판단할 수 있을 것이었다.

맨 처음의 상상은 이 문서가 겉으로 보기에는 출입인 명부이지만 실제로는 뇌물 목록이라는 가정에서 출발한다. 다시 명부를 들여다본다.

펼쳐진 곳은 11월 12일. 아침 7시 30분에 홍창섭을 시작으로 저녁 8시 30분에 내방한 신 차관 부인이 9시 50분까지 머무르는 동안 서른세 명의 이름이 줄줄이 기록되어 있다. 이들은 이기붕의 집에 일 때문에 온 사람들이다. 임철호, 송인상, 전예용, 최인규 등이 눈에 들어온다. 그들은 당시 국회의원이거나 장관들로 이기붕과 업무를 협의하기 위해 서대문 경무대라고 불렸던 이기붕의 집으로 왔을 것이다. 그러나 공식적인 업무차 찾아온 사람들만 기록되어 있지 않다는 것은 분명하다. 이날은 방문자들 중에 유독 부인들이 많다는 데서도 그 점을 알 수 있다. 송인상 부인을 시작으로 전예용, 정규상, 김진만 등의 부인 열네 명이 아무개 부인으로 기록되어 있다. 부인들은 아마 이기붕이 아니라 박마리아와의 '공무'로 찾아왔을 것이다. 하지만 대부분의 부인들이 찾아온 시간을 보면 6시 이후이다. 공무라고 하기보다는 '사적'으로 찾아왔을 공산이 크다. 그들이 모두 선물을 남기고 간 것은 아니다. 물품 목록에는 홍창섭 목木상자 한 개, 전예용 부인 지포紙包 한 개, 김규진 감 두 상자, 배상명 지포 한 개, 문교부 장관 그림 한 점, 이정수 화분 한 개, 이동근 부인 명란젓 한 통이 적혀 있다.

물품 명세는 뇌물 목록이라고 하기에는 변변치 않은 물품들이, 그리고 생각보다 적은 양이 기록되어 있다. 그것은 정말 이게 뇌물 목록인지를 의심케 한다. 그러나 양이 문제였던가. 기록된 것만을 보아도 이

출입인 명부 11월 12일 기록

물품 목록

出入人物品 現狀況	7.30 8.12	8.00 9.30	8.03 9.40	8.07 8.20	8.20 9.25	8.23 8.45	8.25 9.40	8.30 9.35	8.35 10.13	9.25 9.26
	洪昌燮	金一煥 9.45 10.08	李鴻桂	柳忠烈外	任哲鎬 夫人	宋仁相 夫人 11.17 13.00	洪瑆基 10.22 10.35	宋仁相 10.20 10.23	金正基 12.50 15.00	전미人들 12.30 14.40
	崔謹澤 13.40 16.55	文鶴東 12.45 12.55	金瓚演 12.45 18.10	孫進天 18.00 20.40	鄭永周	丁外金祥				18.05 20.40
	崔廷辛	嚴下尉	朴贊一	朴德永夫人	李左臣夫人艦	崔容奭曉	金振山夫人	金亨夫人碁	洪永夫人等	徐玉夫人壽

출입인 명단

보다 더 충실하고 생생하고 분명하고 정확한 증거 자료는 없을 것이다. 거액의 로비자금과 뇌물에 연루된 사람들의 수사에서 항상 그렇듯이 결정적인 증거를 잡지 못해 흐지부지되는 경우를 한두 번 보아온 것이 아니다. 기껏해야 통장의 출납을 확인한다거나 휘갈겨 쓴 메모 쪽지를 피의자 코에 들이대고 위협을 해보았자 그게 그렇게 결정적인 증거가 된 적은 매우 드물다. 그런데 이 문서는 어떤가. 누가 몇 날 몇 시 몇 분에 왔는지, 그들의 손에 뭐가 들려져 왔는지 모두 기록이 되어 있지 않은가.

역사에서 가정만큼 무의미한 것은 없지만, 만일 이기붕이 죽지 않았고 4·19혁명이 성공적으로 마무리되어 그의 부정과 부패를 단죄할 기회가 있었다면 이 명부야말로 치명적이고 명백한 증거 자료가 되지 않았을까? 그의 부인 박마리아에게 이권을 둘러싼 사람들의 뇌물이 쇄도했다고 하는데 이 문서는 그 사실을 뒷받침하는 분명한 증거 아닌가. 그뿐인가. 그의 집에 들락거렸던 사람들이 낱낱이 기록되어 있어 그들이 도대체 무슨 일로 그 집에 드나들었는지 이기붕과 무슨 이야기를 나누었으며 왜 거기에 들락거렸는지를 캐볼 단서를 제공할 터이니 이기붕뿐 아니라 그의 추종자를 모두 한눈에 파악하고 줄줄이 엮을 단서가 되는 자료이기도 하다.

그가 정치 깡패 아무개를 언제 몇 번 만났는지 그 시점을 일련의 역사적 사건이 벌어진 날짜와 꿰어본다면 그의 죄상을 밝혀줄 명백한 증거 자료가 되고도 충분할 것이다. 하다못해 그의 부정행위에 대한 꼼짝없는 증거 자료이기도 하다. 어째서 국방부에서는 휘발유를 몇 드럼씩이나 갖다 바쳐야 했는지 연탄 수백 장이 무슨 명목으로 들어올 수 있없는지를 굳이 묻지 않아도 총체적인 부패의 증거로 이 이상의 자료는 없을 것이다. 그만큼 이 명부는 엄청난 위력을 가지고 있는 것이 틀림없었다.

정말 그런가? 이 문서가 뇌물 목록인가?

터무니없는 이야기다. 이건 말 그대로 출입자 명부일 뿐이다. 그들이 손에 들고 온 시시콜콜한 선물들을 일일이 적어놓은 기록이 어떻게 뇌물 장부가 된다는 말인가. 정말 청탁의 대가로 받은 뇌물이라면 그것을 그렇게 드러나도록 남의 손을 시켜 적어놓았을까? 과일 바구니나 화분 몇 개 아니면 버터 한 상자나 꿀 단지 하나를 들고 청탁하러 오는 사람들도 있다는 말인가. 간혹 휘발유나 경우가 몇 드럼, 갈비 한 짝이나 5만 환이 든 돈 봉투가 들어오지만 그게 그렇게 과한 물품이었을까? 아니면 뇌물이라고 하더라도 그걸 추궁할 사람이 세상엔 한 사람도 없을 것이라는 뻔뻔스런 자신감이 이런 기록을 가능하게 했을까?

단지 출입자 명단 밑에 물품 목록을 적어놓았다고 해서 이 자료 전체가 선물 혹은 뇌물 목록이라고 말할 수는 없을 것이다. 게다가 경호원들을 시켜 물품 명세를 적게 했다면 들고 온 뇌물의 내용을 표 나게 기록하도록 내버려 둘 위인이 있었을지 의문이다.

하지만 이 대목에서 명부에 기록된 물품 명세가 뇌물 목록이든 선물 목록이든 그건 그렇게 중요한 문제는 아닐 것이다. 선물과 뇌물의 차이는 금액의 많고 적음을 말하는 것은 아니다.

일반적으로 정의되고 있듯이 대가성이 전제된 금품이 뇌물일 것이다. 하지만 이런 일반적인 정의는 항상 이것이 사회적인 문제를 발생시킬 때만 제한적으로 규정되는 정의일 뿐이다. 이를 테면 장미 한 다발이 뇌물이 될 수 없다는 것은 누구나 공감할 수 있지만 만일 누군가에게 잘 보이기 위해 그 누군가의 부인이 좋아하는 장미를 수시로 보낸다면 그것을 단순한 호의로 받아들일 수는 없는 일이다. 하지만 어떤 경우에도 장미 한 다발은 보편적으로 뇌물이라고 말할 수 없을 것이다. 어쩌면 이 명부에 기록되어 있는 대부분의 물품 목록은 바로 그런 경우의 '장미 한 다발'에 해당한다고 볼 수 있다.

대개의 경우 외연상 물품들은 이기붕 자신이 말한(나중에 찾아본 자료에 의하면 그는 뇌물에 대한 정의를 한 적이 있다. '1천 환이나 2천 환 정도는 뇌물이라고 할 수 없지만 1만 환을 넘기면 뇌물이라고 볼 수 있다'고) 뇌물에 해당하지 않을지도 모른다. 그리고 그 기준을 넘는 것이라고 하더라도 그것이 뇌물이 아닐 수 있는 가능성 혹은 뇌물이 아니라고 말할 수 있는 가능성은 널려 있다.

예를 들면 가장 눈에 띄는 경유나 휘발유 등은 대개 국회사무처, 국방부, 육본(육군본부) 등에서 일정한 간격으로 들어온다. 정부 혹은 이에 준하는 기관에서 어떤 기준에 따라 유입되었다는 것을 알 수 있으며, 그 수량이 한 개인의 집에서 사용하기에 턱없이 많은 양이라고 할지라도 그 사용 내역 또한 공식적인 절차에 의한 것일 수 있다.

또 한 가마에 1만 환이 넘는 쌀이나 몇 가마의 소금이 들어오는 경우에도 그 사용처에 대해 말할 수 있는 대목을 추측할 수 있다. 박마리아가 여성 단체의 장을 맡고 있었을 뿐 아니라 그의 활동 중에 자선 사업이 포함되었다면 거기에 쓸 용도로 받아두었을 수도 있을 것이다. 어쩌면 이 물품들이 자세히 기록되고 있는 이유가 바로 이런 것 때문일 가능성은 충분하다.

명부에 기록되어 있는 물건들이 별 볼일 없는 물품들이거나 정말 선물 혹은 단순히 출납 물품에 불과한 것임이 분명하더라도 이 문서 기록을 뇌물 목록이라고 부르지 말아야 할 이유는 아직 분명치 않다. 이것이 물건 가격의 문제이거나 청탁의 대가성이 있는가 아닌가의 문제일 뿐이라면 문제는 비교적 단순하다. 이 낡고 오래된 문서를 들여다보면서 청탁의 대가성 운운하는 것을 따지는 것은 우스운 일이다. 또 그걸 규명할 이유가 그리고 그럴 권리가 나에게는 없다. 하지만 분명한 것은 그 목록에 적혀 있는 물건들이 선물이었건 뇌물이었건 그것은 일반적인 통념에 의해 판단될 그런 성격이 아니라는 점이다.

방문객 이름과 물품 목록을 거리낌 없이 기록했다는 사실 자체에서 유추할 수 있듯이 물품을 받은 사람들은 그것을 결코 뇌물이라고 인식하지 않았음은 분명해 보인다. 그러나 뇌물인가 아닌가의 판단은 당사자의 몫이 아니다. 사회적으로 보면 단순한 호의를 교환하는 방식으로서의 선물은 존재하지 않기 때문이다.

방문객

　이즈음의 고관대작 집에서 출입인 명부를 꼬박꼬박 적어놓고 있는지는 모르겠다. 아마 그럴듯한 직함을 가지고 있는 사람의 공관이라면 필시 이런 기록은 했을 것이다. 하지만 그 많은 사람들이 이기붕 집무실이 아닌 그의 집에 그토록 많이 찾아갔다는 것은 잘 이해가 되지 않는다.
　이해가 되지 않는 것은 아니다. 이 집은 단순히 이기붕의 집만은 아니다. 그가 누구인가. 한 나라의 국회의장이며 자유당 의장인 그는 막강한 권력을, 어쩌면 노쇠해가는 이승만보다 더 큰 권력을 쥐고 있던 최고의 실세이다. 당시의 신문을 보면 그를 '넘버 투 맨'으로 지칭하고 있다. 말 그대로 2인자라는 뜻이다. 그의 부인 박마리아 역시 단순한 내조자는 아니었다. 그녀 역시 수많은 직함을 가지고 막강한 세도를 구가한 여성이 아니었던가.
　이기붕의 집은 그와 그 부인을 찾아오는 사람들로 늘 북적거렸을 것인데, 기록을 보면 이기붕과 박마리아가 집에 없을 시간에도 방문객이 끊임없이 드나들고 있었다. 그들에게는 사무실에 찾아오는 공식적인 손님 말고 집으로 찾아와야만 하는 수많은 방문객이 있다는 것은 어쩌면 당연한 일이다.

출입인들의 면면을 보면 정치인이나 장·차관급 공무원, 국방부 최고위층 등 상당수의 사람들이 권력의 주변에 있는 사람들이다. 이들이 이기붕의 사저에 온다는 것은 그곳이 이기붕이 '공식 활동'을 하는 장소였기 때문일 것이다.

방문객들이 집에 올 때마다 이기붕을 만났는지 일일이 확인할 수 없지만 방문객 중에 당시 국회부의장이었던 황성수와 같은 인물이 그저 인사차 오지만은 않았을 것이다. 이승만의 경무대처럼 이기붕의 서대문 저택은 아마 태평로에 있던 국회의사당 의장실과 같은 장소였을 것이다. 당시에 사람들은 이곳을 서대문 경무대 혹은 이화장에 빗대어 서대문장莊으로 불렀다.

그런데 왜 그의 집으로 몰려들었을까? 몰려들었다는 표현이 과장되었다면 왜 의장실이나 당사를 버리고 그 집에 머무는 일이 그토록 많았을까? 이즈음('얼마 전까지'라고 말해야 할지 모르겠지만)의 정치 실세들의 집에 사람들이 늘 북적이는 것과 같은 이치일 것이지만 그렇다고 그게 당연한 현상이라고 말하기는 어렵다. 그들에게는 매우 당연한 일이겠지만 보통 사람들에게 공적인 일과 연관된 사람들이 집에 수시로 찾아오는 경우는 거의 드물기 때문에 이런 현상은 '매우 이상한' 일이 된다.

이기붕의 집이 정치 활동의 중심지였다는 사실은 오늘날 정치 행위와 비교해보아도 전혀 이상할 일이 아니다. 정치 활동에 공적인 장소와 사적인 장소가 따로 있는지 또 그래야 하는지 나로서는 알 수 없다. 그러나 그의 서대문 저택에 사람들이, 특히 정치인들이 꾸준히 몰려들었다는 사실은 다른 이유를 대지 않으면 설명이 되지 않는다.

그것은 정치권력을 생성하는 혹은 유지하는 이 사회의 독특한 방법이 정착되고 있는 현상으로 설명할 수 있을 것이다. 바로 권력의 사유화를 통해 권력의 지속력을 강화하는 정치 형태, 즉 패거리 정치가 형성되는 과정이라고 말할 수 있을 것이다. 이기붕의 서대문 저택에서 일어나고 있는 현상은 매우 적절한 예라고 할 수 있다. 이것을 제대로 파악하기 위해서는 아마 권력을 소유하는 방식과 그 권력을 구사하는 방법이 우리 사회에서 어떤 사회적, 역사적 과정을 거치며 전개되었는지를 모두 훑어 내려야 한다. 다소 번거로운 작업이다. 그걸 모두 살펴볼 시간은 없다.

정치적 헤게모니는 궁극적으로 정권 획득에 의해 결정된다. 그리고 대개의 경우 정치적 헤게모니를 확대 재생산하는 가장 유효한 방법은, 50여 년을 지긋지긋하게 보아왔듯이, 권력을 사유화하는 방법이다. 사유화된 권력은 추종하는 집단을 사적인 관계로 재조직하면서 더욱 단단히 결속된다. 얼마 전까지만 해도 우리의 정치 문화를 가리켜 보스와 계파를 중심으로 한 패거리 정치라고 말하는 것이 일반적이었다. 이것은 바로 권력을 사유화하는 하나의 양태를 일컫는 말이다.

정치적 행위란 공적인 입장과 태도를 바탕으로 한 투쟁 혹은 협의 과정이다. 정치가 공통된 입장과 태도를 가진 집단인 정당을 중심으로 한 공적인 활동이라면 패거리는 사적인 영역에서 이익을 공유하는 집단을 말한다. 패거리란 공공의 입장과 태도를 가지지 못한 비정치적 집단을 말하는 것이다. 그러니 패거리와 정치는 원래 함께 쓸 수 없는 말이며, 패거리 정치라는 말은 도무지 성립되지 않는 말이다. 그럼에도 우리에게 엄연히 존재하는 패거리 정치란 정치적인 공적 활동과 사적인 집단 활동이 뒤섞여 있는 상태를 말하는 것으로 권력을 사유화하는 집단의 정치적 행동 양식을 일컫는 '순수 우리말'일 것이다.

정치적 추종 집단을 사유화하는 방식이 집단 내에서 권력과 이권, 기회 분배와 교환에 의해 이루어진다는 것은 자명하다. 이런 교환과 분배는 처음에는 공적인 영역과 사적인 영역이 분리되어 일어나지만 권력의 사유화가 지속될수록 두 영역의 구분은 사라진다.

이승만의 경우 이화장과 경무대가 사적인 공간인지 공적인 공간인지 구분할 수 없었던 것과 마찬가지로 이기붕의 서대문 저택은 그가 권력의 최고점에 있을 이 무렵에 사적인 공간으로 인식되지 않았을 것은 분명해 보인다. 그곳이 '서대문장' 혹은 '서대문 경무대'로 불렸다는 사실은 이기붕이 권력을 사유화하는 방식이 이미 절정에 달했음을 말해준다. 말하자면 이기붕의 집은 권력을 '사유화'하는 '공적'인 장소였던 셈이다.

문서에 기록된 방문객을 들여다보면서 그들이 손에 들고 온 물품들을 떠올리고 이기붕과 주고받았을 이야기를 상상하면서 내 생각은 자꾸 권력의 구조를 그려내고 있었다. 권력의 재생산은 권력의 사적 전유로 완성되는 것인지 모른다. 이 문서가 의미가 있다면 바로 권력을 사유화하는 공식 장소의 출입자와 물품의 출납이 기록되어 있는 자료라는 것이며, 실증적인 자료를 통해서 권력을 사유화하는 방법을 생생하게 볼 수 있다는 것이다. 그리고 이 자료는 수십 년 동안 권력이 학연과 지연, 혈연으로 다져진 기득권의 세습과 결속으로 이어지는 고리 중의 하나를 보여주고 있는 것인지도 모른다.

기록의 시점

　이기붕의 집에는 1959년 이전부터 많은 사람들이 드나들었을 터인데 유독 이 해의 기록만 남아 있는 까닭은 알 수 없다. 아마도 이 기록은 1960년 3·15 부정 선거에 이은 4·19혁명 때 그의 집안이 쑥대밭이 되기 전까지 계속되었을 것이다.
　이 문서가 기록된 것은 정확히 1959년 1월 4일부터이다. 첫날의 기록은 단순히 '하례객 26명 이기태 십자매 2필'로 되어 있다. 신정 이후에 다녀간 사람들을 일일이 기록한 것이 아니라 인원 수만 기록했다. 그 다음 날인 5일에는 '8:50 심성곤 부인, 16:00 정문흠, 16:25 사무차장 부인, 17:00 상업은행장 부인'이 적혀 있고 물품은 '1. 서은숙 꿀 1포 2. 이규영(동림고무) 방한화 20족 3. 박금선 종이 상자 1개'로 정형화된 틀을 갖추기 시작한다. 하지만 다시 6일부터 11일까지는 몰아서 적고 있고 또 그 다음부터는 날짜별로 적고 있어 일관된 양식을 보이고 있지 않다.
　보고서 제목 또한 제각각이다. 4일에는 '하례객 명단 제출의 건', 그 다음 날은 '내방인 명단 및 물품 출납 상황', 그 다음엔 '내방인 명단 및 물품 출납 상황 보고', 그 다음에는 '내방인 명단 제출의 건' 이라고 되어 있다. 어떤 때는 '내방인 명단 보고, 성명 및 물품 명단 제출의 건' 등으로 기록되어 있다. 또 내방인 명단과 물품 출납 보고가 뒤바뀌는 경우도 있고 아예 날짜가 바뀌는 경우도 있다.

보고서의 제목은 일 년 내내 동일한 제목으로 적히지 않는다. 매일 똑같은 내용을 반복하면서 제목이 달라지지만 대개는 '내방인 및 물품 출납 보고' 라는 이름으로 정착하게 된다(그런데 갑자기 8월 1일부터 10월 31일까지는 '내방인' 이라는 제목으로 시간과 이름을, '물품' 이라는 제목으로 이름과 물품명을 기록하게 되는데, 이는 원래 문서와 다르게, 필사한 사람이 임의대로 적어놓은 듯이 보인다. 아마 몇 명이 원 자료를 나누어 베끼면서 이 기간을 담당한 사람이 같은 내용을 똑같이 반복하기가 귀찮아 그랬을 것이다).

어쨌든 필사 방법의 차이를 제외하면 이 문서의 양식이 꼴을 잡기 시작한 것은 1월 20일 전후이며 비교적 일관성 있는 양식으로 기록되기 시작하는 무렵은 3월 말쯤이다. 물론 이후에도 보고서의 양식이 일정한 틀을 갖추지 않은 경우가 있으나 '내방인 명단 제출의 건' 혹은 '내방인 명단 및 물품 출납(상황)보고' 라는 제목으로, 앞에 내방인을 시간별로 적고 그 뒤에 물품의 내용을 적는 일관된 틀을 갖추게 된다.

이렇게 본다면 그 이전, 그러니까 1959년 이전에는 다른 형태의 기록이었다면 몰라도 이런 형식의 문서가 기록되지는 않았을 것으로 보인다. 만일 그 이전부터 꾸준히 기록되어 왔다면 보고서 양식이 연초라고 해서 일관성을 갖추지 않았을 리 없기 때문이다. 말하자면 어떤 필요에 의해서 1959년부터 내방인 명단을 기록하기 시작한 것으로 보아야 할 것이다. 그 어떤 필요는 무엇이었을까?

그 이전에도 그랬는지는 확인할 수 없어도 1959년은 정초부터 이기붕이 국회의사당에 나갈 형편이 아니었다. 그 전해인 1958년 12월 24일 크리스마스이브에 벌어진 보안법과 지방자치법 날치기 통과의 여파로 국회는 열리지 않고 있었으며 정국은 경색 국면이었다. 정초 전국에서는 연일 산발적인 데모가 발생하고 있었다. 민주당에서는 국회 개원을 요구하고, 자유당은 이 핑계 저 핑계로 이를 회피하고 있었던 시기였다.

또한 무슨 병인지 알 수 없지만 이기붕은 병원에 들락거렸고 1월쯤에는 입원하고 있었던 것으로 보인다. 경직된 정국을 풀기 위해 장면 부통령이 이승만과 만나줄 것을 요구했으나 묵살된 이후 조병옥 민주당 대표와 이승만과의 면담이 추진되었다. 이기붕은 중간에서 다리 역할을 하고 있었다. 만남의 장소는 메디칼 센터였다. 그 후로도 이기붕은 신병이 악화되어 진해로 요양을 가 두 달간 집을 비운던 적도 있었다.

아마 이 기록이 1959년부터 시작되었다면 보안법 파동 이후 적어도 1959년 초까지 이기붕은 그의 사저를 중심으로 움직이고 있었으며, 그 이후에도 사정은 대개 마찬가지였다는 것을 말해준다.

내가 들여다보고 있는 이 문서는 필사본이다(더 정확히는 필사본의 복사본이다). 표지에 필사본이라고 적혀 있고, 신문사 용지 위에 내용이 기록되었기 때문이다. 또한 몇 사람이 나누어 베낀 것으로 보인다.

1월부터 7월까지, 8월부터 10월까지, 11월부터 12월까지가 각기 다른 사람의 필체인데 아마 처음에는 이 기록을 혼자서 전부 베낄 심산이었던 것 같다. 그러다가 5월쯤에 이르러 옮기는 데 힘에 부쳐 다른 두 사람에게 베껴달라고 부탁을 한 것 같다. 본래 베끼던 이가 7월까지를 담당하고 다른 두 사람에게 두 달분을 각각 옮기도록 한 것 같다.

11월부터 12월분 내용 중에 11월 25일부터 12월 3일까지는 또 다른 사람의 필적이 보인다. 아마 잠시 다른 사람에게 부탁을 했었던 것 같다. 필체로 보아 앞부분을 담당한 장본인은 나이가 적은 남자, 그리고 그 다음 필사를 담당한 사람은 비교적 나이가 든 남자, 다른 한 사람은 비교적 젊은 여자였을 것으로 추정된다.

맨 처음 이 문서를 본 사람이 그것을 어떻게 입수하게 되었는지 그리고 어떤 이유로 필사본을 만들 생각을 했는지는 알 수 없다. 이 기록이 신문사의 캐비닛에 들어 있었던 점 그리고 신문사의 용지를 사용한 것으로 보아 그가 신문기자일 확률이 매우 높다. 기사화하기 위해 그랬을까?

이 문서를 베낀 시점과 정황도 분명치 않다. 이 문서를 힘들여 옮겨 놓을 수밖에 없는 상황을 유추해보면 이 문서의 성격을 대강이나마 짐작해볼 수 있다. 이 문서를 필사한 이유를 유추하면, 첫째 이 문서가 일 년 치를 모두 필사해둘 만큼 중요한 자료였다는 점이며, 둘째는 남의 손을 빌릴 만큼 필사할 시간이 비교적 짧았고, 셋째는 당연한 일이지만 원본을 되돌려주어야 했다는 점이었을 것이다.

필사 시점에 따라 입수 경로에 대한 추측은 대략 세 가지로 나누어진다. 첫 번째는 극적이긴 하지만 4·19혁명 직후 이기붕의 집이 시민들에 의해 포위되고 집안이 난장판이 되었을 때, 현장에서 입수했을 것이라고 가정할 수 있다. 그곳을 취재하러 갔던 기자가, 아니면 시민이 그 문서를 우연히 발견해 신문사로 가져왔을 것이다. 그러나 이 가정에는

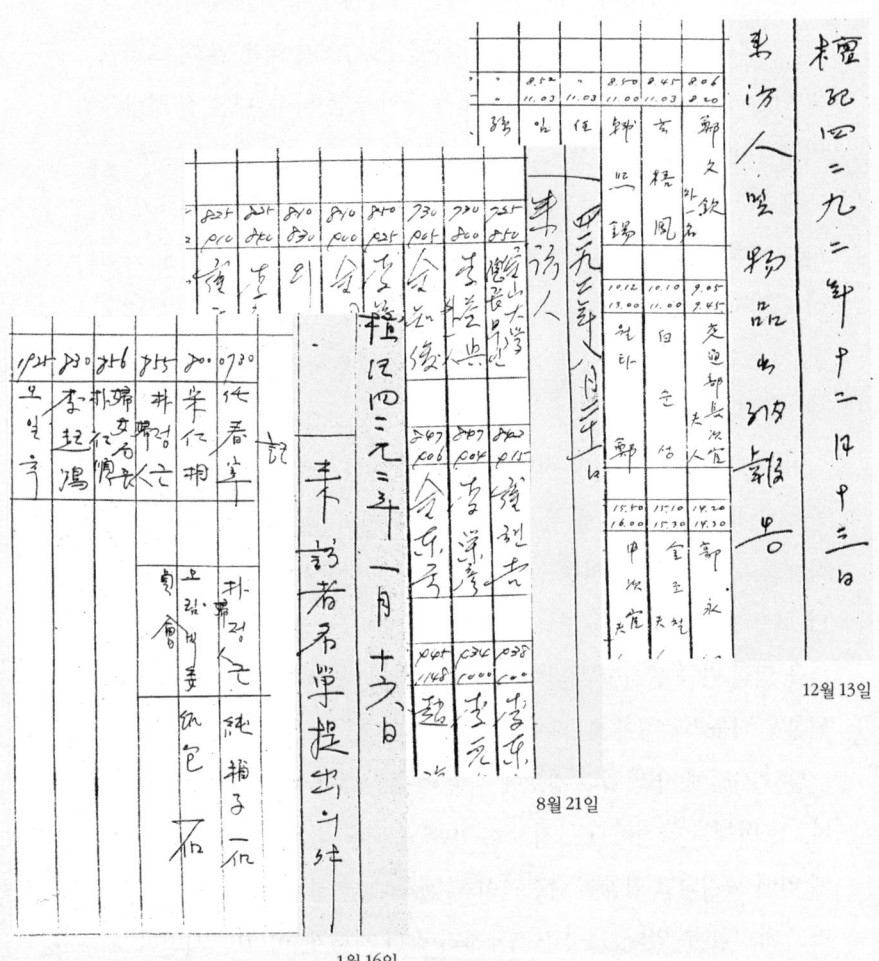

12월 13일

8월 21일

1월 16일

출입인 명부는 세 개의 다른 필체로 기록되어 있고, 보고 형식도 조금씩 다르다. 입수 경로도 명확하지 않다.

한 가지 의문이 따른다. 그런 시점이라면 굳이 많은 시간과 공을 들여 원본을 베낄 이유가 없었을 것이다. 혼란 중에 그 문서가 빼돌려진다고 해도 큰일 날 일은 아니었을 것이다.

그렇다면 두 번째, 이 문서는 4·19혁명 이후 사태가 진정된 다음 이기붕의 유품을 정리하던 누군가에 의해 발견되어 필사자에게 넘겨졌을 가능성도 있다. 나중에 그가 이 문서를 중요한 자료로 생각해 복사해둔 것일 수도 있다. 그러나 이미 상황이 종료된 시점에서 이 문서가 전체를 필사할 만큼 중요하게 취급될 성질의 것이었는지는 의심이 갈 수 있다. 다시 말해 이미 당사자가 불행한 삶을 마친 시점에서 그의 부패나 부정을 다시 드러낼 자료가 필요했는지는 의문이다. 아니면 이 문서에 기록되어 있는 방문객 명단과 물품 명세가 매우 중요한 것으로 취급되었을 수는 있을 것이다. 이기붕의 집에 들락거린 사실이 불리하게 작용할 많은 사람들이 있지 않았던가.

세 번째, 4·19혁명 직후나 그 이후가 아니라면 다른 한 가지 가능성이 남는다. 이기붕이 건재하던 때, 즉 문서가 다 쓰이고 그의 집 어느 한 곳에 보관되어 있을 시점인 1960년 1월에서 4월 19일 사이에 입수되었을 가능성이 있다. 만약 그렇다면 더 많은 추리를 하지 않을 수 없다. 이기붕의 비서나 집사와 같이 이기붕과 매우 가까운 사람이 문서를 빼돌렸을 수 있으며, 이를 며칠 내에 급하게 필사하게 한 후 되돌려 놓았을 수 있다. 이기붕의 권세가 시퍼렇게 살아 있는 시점에 이러한 짓은 매우 위험한 시도였을 것이다. 하지만 이 문서가 굳이 베껴야 할 만큼 중요한 것이었다면 개연성은 충분히 있다고 할 수 있다.

그러나 이런 추측들은 더 많은 의심의 구멍을 도처에 뚫어놓았다. 마음 같아선 더 극적인 상상으로 이 문서의 파란만장한 노정을 그려보고 싶었지만 그럴수록 상상은 모든 걸 무화시킬 만큼 커다란 논리적 결함을 드러냈다. 이를 테면 4·19혁명 현장에서 이 문서를 입수했다면 적어도 1960년 1월부터 4월 19일 즈음의 것도 함께 발견되었어야 한다. 또한 문서가 필사되었다는 것은 원본이 파기될 가능성이 있다는 가정을 전제로 하기에 그 파기 가능성의 이유를 또다시 추측하지 않으면 안 되는 일이었다.

불안한 생각들

어쨌든 이 문서의 원본을 굳이 찾아보려는 생각은 할 수 없었다. 몇 군데 알아보지 않은 것은 아니지만 그런 노력이야말로 정말 쓸데없는 시간 낭비일 것이라는 생각이 앞섰기 때문이다. 아직 나는 역사적인 평가가 분명한 인물에 대하여 그리고 새삼 그에 대한 재평가조차 별 필요성이 없는 상황에서 돌출된 이 자료에 대해 말할 수 있는 어떤 근거를 하나도 갖지 못했다. 그보다 나는 이 문서를 들여다보면서 막연하지만 점점 불길한 생각이 들기 시작했다.

이 문서는 그저 여느 집의 가계부처럼 그저 평범한 기록 이상은 아닐지도 모른다. 적어도 한 나라의 국회의장이라면 이 정도의 사람들이 들락거리는 게 이상할 일은 아니다. 그들이 들고 온 물건이래야 따지고 보면 정말 소박하기 그지없는 조촐한 선물에 불과한 것일 수도 있다. 어쩌면 출입인 명부를 분석해보면 이기붕 평전에 기록되어 있듯이 '공사가 분명하고 매사에 철저하며 조금의 사사로운 부정도 용납하지 않는' 그의 품성이 드러날 수도 있으며, '작은 물건 하나까지 일일이 기록하게 하여 그것을 사사로이 전용하지 않겠다'던 그의 의도를 읽어낼 수도 있을 것이다. 그리고 그것은 역사적 결과와 관계없이 충분히 가능한 일이다.

　나의 불안은 이 문서가 그에 대한 상투적인 시각을 뒤집는 결정적 증거가 될지도 모른다는 생각에서 비롯된 것은 아니었다.

　때로 역사는 역사적 사실이 주는 교훈과 진실에 대한 경외감 사이를 맹목적으로 왕복한다. 그리고 과거의 사실을 뒷받침할 자료들은 그런 상투적인 진실 게임의 소재로 전락해버린다. 이 문서는 이미 결판이 나버린 역사적 상황을 더욱 명징하게 밝히는 자료가 될 수 있으며 이를 통해 후대의 귀감이 될 만한 사실을 끌어낼 수도 있다. 그리고 정반대로 이 문서에 숨어 있는 역사의 진실을 발굴하여 역사적 사실을 뒤집는 결과를 가져올 수도 있을 것이다.

　그러나 이 자료를 들고 역사적 사실을 철저히 증명하는 일 아니면 새로운 사실을 들고 나와 그 사실을 뒤집는 일은 모두 연구를 빌미로 한 역사의 흥미거리에 지나지 않는다. 그랬다. 문서를 둘러싼 내 관심은 어떤 경우에도 '역사의 상투성'을 벗어날 가능성이 적어 보였던 것이다.

　나는 역사가 인물과 사건으로 점철된 일련의 기록이라고 생각하지 않는다. 그런 역사는 편의주의적인 역사일 뿐이다. 역사적 변화와 수많은 계기들은 단지 사건으로 점철되지 않으며 특별한 인물들이 만들어내는 사실의 나열이 아니다. 역사의 변동과 변이는 일련의 사건으로 점철되는 극적인 드라마가 아니라 일상 속에서 전개되는 끊임없는 변화의 과정이다. 그런 일상을 기록하지 못하는 역사는 단지 역사적 의지를 유발하기 위해 쓰는 허구일 뿐이다. 사건과 인물에 대한 상투적 역사의 진실을 위해 한낱 쓰레기 같은 자료를 뒤적이며 거기서 얻어낸 약간의 진실들을 대단한 발견인 양 떠벌리는 노력은 잘해야 역사주의자의 소일거리이며, 잘못하면 잘난 체하려는 먹물의 싸구려 방편에 불과할 것이다. 유감스럽게도 이 자료는 그런 함정을 도처에 지뢰처럼 깔아놓고 있을 가능성이 매우 높다. 정말 불길한 것은 그것이었다. 그리고 어떤 경우에도 나 역시 이 자료와 주인공에 대한 역사적 평가 혹은 편견으로부터 자유로울 수 없는 노릇이었다.

이 문서를 어떻게 바라보아야 할지 그리고 어떻게 접근해야 할지에 대한 생각으로 머리가 복잡해지기만 했다. 말하자면 이 자료는 '계륵'과 같은 것이었다. 건들기 시작하면 주변에 정리할 것이 너무 많거나 들어간 노력에 비해 그 결과가 하잘것없는 결론에 도달할 것이 분명해 보인다. 그렇다고 아예 버려둔다면 그 기록에 함축된 약간의 사회적 의미를 포기하게 되니 이러지도 저러지도 못하게 되는 그런 자료였다.

또 다른 의미의 닭갈비일 수도 있었다. 이 자료를 보면서 피치 못하게 접해야 하는 정치적 사건과 권력의 흐름 그리고 등장인물들은 내 관심 영역의 밖에 놓여 있었다. 반면에 기록된 물품들이 지니고 있는 일상적 혹은 사회적 의미의 변화는 내 관심 안쪽에 놓여 있었다. 그런데 한쪽 영역으로 가면 결말이 뻔한 '부패의 늪'이 기다리고 있었고, 다른 쪽은 '무지의 벽'이 기다리고 있었던 것이다.

(그러니까 나는 지금 이 글을 쓰고 있으면서, 끝이 어디로 향하게 될지도 모르는 길을 더듬거리면서 가야 하는 일처럼, 그리고 가고 싶지 않지만 막연하게 가야만 하는 길이 있기나 한 것처럼, 아니면 이미 결론이 뻔히 나 있는 길을 마지못해 나서야 하는 것처럼 당혹스러워 하고

있는 중이다. 주저하고 미심쩍어 하며 섣불리 아무것도 정할 수 없는 상태에서 이루어진 출발은 어설픈 행보를 거듭할 수밖에 없겠지만 현재로서는 이 일이 무책임한 결말로 치닫지 않기를 바라는 수밖에 없다.)

  나는 이 글을 쓰기 시작하면서 제목을 '장미와 씨날코' 라고 미리 달아놓았다. 장미와 씨날코는 각각 선물 혹은 뇌물이 지니고 있는 성격을 상징하기에 매우 적절한 품목일 것이라는 생각에서였다.
  장미는 오늘날 매우 보편적이고 널리 알려진 선물의 상징이다. 그것은 아름답다는 상식적인 가치 기준을 지니고 있으며 매우 흔하지만 어떤 경우에도 거부될 수 없는 보편적인 선물이다. 그에 비해 뭔지 모를 씨날코는 새롭고 귀한, 그래서 누구나 접할 수 없는 물품이다. 다른 면에서 장미는 선의의 의도를 내포하고 있는 선물이란 의미를 지니고 있지만 씨날코는 선의의 선물이기에는 약간 의심쩍은 물품이다. 하지만 둘 다, 이 방명록에 적힌 대부분의 물품들이 그렇듯이, 쌀 몇 가마와 같은 '부담스러운' 가치나 갈비짝과 같은 '무거운' 의심을 피해갈 수 있는 품목들이다.
  장미는 그렇다 치고 나에게 씨날코는 이름조차 생소한 것이었다. 이 기붕의 출입인 명부에서 알 수 없는 물품 중의 하나가 씨날코였다. 정기적으로 그의 집에 배달되어 왔는데 가져온 사람의 이름에 ○○맥주 라고 쓰여 있는 걸 보면 주문해서 구입한 물품이 아닌 것은 분명했다. 술이나 음료수임에 틀림없는데 그걸 배달시켜 마셨다면 들어온 물품 명세에 회사 이름까지 기입하는 일은 있을 수 없는 일이다. 그러니 씨날코 역시 선물용으로 들어온 것임에 틀림없을 것이다. 특이한 것은 휘발유나 연탄처럼 일정 기간 정기적으로 들어왔다는 것이다.

그런데 씨날코가 뭐지? 고급 양주인가? 아니면 맥주와 비슷한 다른 술인가? 아니면 코카콜라와 같이 들어온 것으로 보아 어떤 음료를 말하는 것인가? 이걸 알 만한 주위의 어른들에게 물어도 씨날코를 아는 사람은 없었다. 그렇다면 이게 누구나 먹을 수 있었던 음료는 아니었을 것 같은데, 도대체 씨날코가 뭘까?

그리고 내가 알 수 없는 수많은 것들을 대체 어느 세월에 다 섭렵한단 말인가.

2

그는 누구인가

만송 이기붕

만송晩松 이기붕. 그에 대하여 말하는 것은 정말 내키지 않는 일이다. 아무리 역사적 인물이라고 하더라도 개인사를 시시콜콜히 캐는 데 관심이 없을 뿐 아니라 역사건 아니건 한 인물을 전면에 등장시키는 방식에 동의할 수 없기 때문이다. 그런데 이 문서를 말하면서 이기붕에게 관심을 갖지 않는다는 것 또한 말이 되지 않는다. 하지만 그가 누구인가. 한 시절 권력의 제2인자에서 말 그대로 하루아침에 패가망신하게 된 인물이 아닌가. 도대체 새삼 그에 대해 이러쿵저러쿵 말하는 것이 무슨 의미가 있단 말인가.

그에 대한 기록은 찾으려 마음만 먹는다면 무수히 많을 것이다. 예상할 수 있듯이 대부분 그에 대한 부정적인 사실들을 언급한 것들이다. 그리고 기록이 말해주는 이기붕은 내가 익히 알고 있던 이기붕과 다르지 않다. 그는 이미 역사적 패륜의 전형으로 낙인찍혀 있었고 거기서 벗어날 수 있는 길은 없어 보였다. 그리고 그것은 사실일 것이다. 새삼스럽게 내가 그런 사실들을 알아야 할 이유는 없었다.

좀 더 찾아보면 그 반대편에 있는 자료 역시 적지 않다는 것을 알 수 있다. 이기붕에 관련된 기록은 두 가지로 나뉜다. 하나는 그가 살아 있을 때 간행된 그에 대한 긍정적인 묘사로 그득한 책들이며, 다른 하나는 그에 대한 부정적인 묘사로 점철되어 있는 사후의 기록들이다. 어쩌면 그렇게 양극으로 갈라져 있는지 놀라울 정도로 자료들은 극단을 달리고 있다. 그리고 그 자료들은 명백한 시점을 기준으로 그 어느 편에 서기를 강요하는 그런 자료들이다. 내가 어디에 서 있어야 할까? 그리고 그 어느 쪽에 서서 어느 편의 손을 들어준다는 것이 무슨 의미가 있을까?

이기붕의 회고록이나 연설집 그리고 그에 대한 전기는 여럿 남아 있다.[2] 그리고 박마리아의 저서[3]를 포함해 그와 관련된 자료들은 적다고 말할 수 없다.

하지만 그 어느 것도 내가 알고 싶어 하는 이기붕에 대한 이야기는 찾아볼 수 없었다. 적어도 출입인 명부에 기록된 물품 내역들에서 떠올릴 수 있는 '욕심 사나운 이기붕'의 모습은 없었다. 자료를 뒤지면서, 무책임한 고백이지만, 나는 이기붕에 대해서 더 이상 알고 싶지도 않았다. 도대체 내가 왜 이런 사람에 대한 이야기를 시작하게 되었는지 자꾸만 회의가 들었다. 억지로 읽어본 몇몇 자료들은 질겁하기에 충분한 내용들을 담고 있었다.

1959년쯤에 간행된 이기붕 평전을 보면, 이즈음 선거철에 나오는 홍보용 전기나 평전과 마찬가지로 이기붕의 인간됨에 대해 구구절절이 감동적인 수사와 칭송으로 그득하다. 예를 들어 그가 권력의 정점에 있을 때 나온 《인간 만송》이라는 책이 있다. 이기붕이 이승만과 함께 정부통령 출마를 앞둔 시점에 만들어진 책이다. 이 책에는 저자의 이름도 밝혀 있지 않았다. 저자 역시 이기붕의 가문과 '제국주의에 대한 반기를 들었던' 청년 시절을 비롯해 '민주정치를 실현하고', '새로운 윤리를 확립한, 풍부한 아량과 인정으로 그득한' 이기붕을 말하기가 내심으로는 낯부끄러웠을지 모르겠다. 책에는 이기붕의 사상과 행적 그리고 자유당에 대한 헌신과 국가를 위한 지도자적 풍모를 기록한 수사로 가득하다.

책에는 내가 알고 있다고 생각한, 그리고 누구나 그렇게 말하는 이기붕과는 완벽하게 다른 이기붕이 있었다. 책에 담긴 한 사람에 대한 기록이 역사적 평가와 그토록 다를 수 있다는 것은 어찌 보면 놀라운 일이다. 역사에서 '객관적 사실'이란 존재하지 않을지도 모른다는 생각마저 들었다. 아니 처음부터 객관적인 역사란 존재하지 않을 것이다. 모든 역사는 기록한 자의 편에 서 있지만, 모든 기록이 역사가 되는 것은 아닐 것이다. 하지만 이런 평전류의 기록을 보면 철저하게 역사적 평가를 비껴가고 있다는 점에서 다른 모든 '책'이 주는 기록의 가치마저도 의심하게 만든다. 혹시 내가 알고 있던 그에 대한 평가는 승자의 기록인 역사의 오류는 아닐까?

그의 또 다른 전기 중에 《민족의 해와 달》이 있다. 이승만과 이기붕에 대한 전기다. 이승만은 '해'이고 이기붕은 '달'이다. 아무 곳을 펼치든 이기붕에 대한 칭송으로 가득하다. 거기서 그는 '겸허와 호양과 또한 평범을 힘껏 누리고 있는' 사람이었다.

이런 책들은 철저하게 그의 입장에서 쓰였기 때문에 한 번 보고 지나쳐버릴 그런 것이었다. 하지만 그의 개인사를 약간 더듬어볼 수 있다는 점에서 이 책들을 들여다보는 의미는 발견할 수 있었다. 그리고 솔직하게 말하자면, 그 책에서 그를 둘러싼 부패의 실마리를 찾아보려는 나의 '비열한' 시각을 숨길 수는 없었다. 그럴 때마다 그 책은 오히려 그런 '왜곡된' 시각에 철저하게 대응이라도 하려는 듯이 이기붕의 청렴성을 풍부한 예를 들어 증명하고 있었다.

이기붕에 대한 묘사는 《인간 만송》이나 《겨레의 반려》 그리고 《만송 이기붕 선생》이나 《민족의 해와 달》이 다르지 않다. 전기 기록으로 살펴본 그의 풍모는 하나같이 완벽한 지도자의 모습이다.

이기붕은 '공과 사가 분명하고 매사에 치밀하고 악으로부터 결백한' 인물이었다. 그는 또한 금전 관리에 철저할 만큼 엄격한 사람이었다. 그는 특히 돈에 관해서는 단 한 푼도 전용하거나 소홀히 취급하지 않았다. 심지어 '사택에서 돈을 받을 때라도 직접 (당으로) 입금을 시키지 결코 자기 손으로 받는 일이 없었다'고 했다. 그는 당시 각 부처에서 판공비를 예산의 네 배 이상 쓰는 것이 공통된 현상이었음에도 불구하고, 예산의 4분의 1밖에 쓰지 않았다. 대부분을 개인 돈으로 지출하기 때문이다. 국가에서 지급된 판공비의 4분의 1밖에 쓰지 않았다는 사실은 어느 모로 보나 놀라운 사실이 아닐 수 없었다. 이런 일도 있었다 한다. "4291년(1958) 가을에는 그해 판공비에서 지출한 금액의 명세를 뽑게 하여 그것을 일일이 검토하였는데, 온천에 갔을 때 뽀이에게 준 금액을 지적하고서 '이것은 나 개인이 준 것이지 대한민국의 국회의장이 공식적으로 준 것이 아니니 도로 반환하게' 하고 자기 돈을 내놓은 일도 있다"[4]고 하였다.

기록에 따르면 이기붕은 정말 청렴한 사람이었다. 그는 전시에 국방부 장관을 맡았는데 그 엄청난 권력과 풍부한 예산, 물자 배급에 대한 특권을 가지고 있었을 때조차도 "자신의 생활이나 정치적 지위를 위해서 이런 기회를 이용하지 않았음은 물론이고…… 그러니 그의 생활이 넉넉지 못할 것은 당연한 이치이며 더구나 퇴임한 이후로는 생활이 극히 곤란하였다"[5]고까지 했다.

이런 정도의 평가라면 그에 대한 모든 혐의를 날려버릴 수 있지 않을까?

그가 뇌물에 대한 입장을 밝힌 내용도 들어 있다. 그에게 얼마가 뇌물이었을까? "요새 연말 선사(선물)로 값비싼 물건이나 수표를 보내는 실례가 많다는데 이것은 폐풍이라고 생각하네, 1천 환, 2천 환짜리 물건이라면 예의로써 주고받아도 상관없겠지마는 만 환 이상의 물건은 예의를 떠나서 뇌물의 성질을 가졌다고 볼 수 있단 말이야."[6] 매사에 청렴하고 결백한 그가 충분히 할 수 있는 말이었다.

그러고 보니 그의 방명록에 적혀 있는 물품 목록에는 1천 환이나 2천 환짜리 정도의 물건들만 그득하다. 포도 한 상자, 국화 한 다발, 마늘 한 접, 옥수수 한 초롱 등이 그에게는 뇌물일 수는 없었을 것이다. 그런데 그의 물품 명세에 정말 1만 환이 넘는 물건이 없었던가. 쌀이 몇 섬씩 들어오는 것은 뭐란 말인가. 그가 정말 공사에 분명하고 청렴한 사람이었다면 그가 기록한 문서는 엄격한 자기 관리를 하기 위한 방편이 아니었을까? 출입인 명부의 실체는 정말 그것이었을까?

때로 그가 얼마나 청렴하고 서민적인 생활을 했는지를 보여주기 위한 어떤 예시는 터무니없을 정도로 우스꽝스럽다. 이기붕은 "그 과거가 그러했듯이 잘 먹고 잘 입고 잘 살려는 그러한 야망은 절대로 없다"고 책에서는 단언한다. "국방 장관 시절, 아침이면 그의 영식과 가끔

송도 부근을 승마로 즐기곤 했다. 전후방에선 아우성치는 아수라의 싸움이 시각을 다투고 있는 데도 만송은 유유히 아무런 경호가 필요치 않은 사생활을 즐기고 있는 것이다. 이 얼마나 서민 생활의 한 표본인가?"[7] 이런! 전쟁 중에 경호도 받지 않은 채 그의 아들과 승마를 즐기는 것이 그의 서민적인 풍모를 보여준다는 일화는 농담이거나 야유에 가깝다. 물론 이런 엉뚱한 예시는 지은이의 착오나 착각일 것이다.

그의 인격과 풍모를 말해주는 수많은 일화나 넘치는 상찬을 더 이상 옮길 이유는 없을 것이다. 하지만 이기붕에 대해서 약간이나마 알아보지 않을 수는 없는 일이다. 그의 행적과 그에 대한 말의 진실과 거짓을 가리기 위한 것은 아니다. 적어도 그의 명부를 훔쳐보면서 그가 누구인지를 알아보는 것은 기본적인 예의일 것이다.

이기붕은 건양 1년(1896) 12월 20일 충북 괴산군 청천면 후평리에서 아버지 이낙의李洛儀와 어머니 은진 송씨 사이에 독자로 태어났다. 세 살 때 서울 노량진으로 이사와 살았으나 일곱 살 때 아버지가 죽고 나서 매우 어렵게 살았다. 보성고보를 졸업하고 가정 형편이 어려워 연희전문학교를 중퇴했다. 선교사 J. R. 무스의 도움으로 상하이로 갔다가 거기서 미국으로 건너갔다. 아이오와 주 테이버 대학의 문과를 다녔고 1923년 졸업한 것으로 되어 있다. 1921년에는 뉴욕으로 진출했다. 거기서 이승만을 만났을 것이다. 뉴욕에서 허정 등과 함께 〈삼일신문〉을 발행하는 데 참여하기도 했다.

그가 귀국한 것은 1934년이었다. 귀국 후 그가 무슨 일을 했는지에 대해서는 잘 알려져 있지 않다. 그즈음 그는 일자리를 찾아 전전한 모양이다. "그가 종로거리에서 '종로'란 다방을 경영했던 일도 있었고 가회동에서 '가회상회'란 반찬 가게를 가진 적도 있었다. 최남씨가 경영하던 '국일관'에서 일을 도와준 때도 있었다. 관훈동에서 청부업이란 조그만 간판을 내걸고 꽁무니에 자曲尺를 꽂고 다니던 때도 있었다. 함경도로, 그 밖의 여러 곳으로 광산에 떠돌아다닌 적도 있었던 것이다."[8]

이후의 행적을 간단히 요약하면 이렇다.

해방 후 그는 미 군정청으로 들어가 군정 재판장의 통역을 하면서 이승만을 만나게 되었다. 그리고 그의 비서가 되었다. 1946년 대한기독청년회, 대한적십자사 이사 등을 지냈고, 1948년 정부가 수립되어 이승만이 대통령이 되자 경무대 비서실장이 되었다. 그리고 1949년 6월 서울시장이 되었고 1951년 5월 한국전쟁 중 피난지에서 국방부 장관이 되었다. 그해 이범석 등과 함께 자유당을 창당하는 데 일조하였으며, 1953년 이승만의 지시에 의해 극우 세력을 동원해 족청계(자유당을 창당할 때 함께 했던 조선민족청년당 계열)로 불리는 이범석계를 거세하면서 자유당의 실세로 부상했다. 이후 이정재 등 정치 깡패를 동원해 폭력으로 정치 집회를 조작한 것으로 알려져 있다. 그리고 1954년 민의원 의장으로 이른바 사사오입개헌을 주도했다. 1956년 부통령에 입후보했다가 낙선했지만 3대 민의원 선거에서 서대문 을구에 출마해 국회의장이 되었다. 그는 1952년 9월부터 죽을 때까지, 대한체육회장직(17대)을 맡았다. 1957년 3월 26일 이승만의 82회 생일을 맞아 장남 이강석을 이승만의 양자로 입적했다.

전기의 기록 말고 이기붕에 대한 평가가 긍정적인 경우는 거의 없다. 하지만 그가 꼭 부정적인 평가만을 받았던 것은 아니다.

이기붕 장관은 초기에 국방부와 국회로부터 좋은 평을 받았다. 이 장관은 취임 즉시(이기붕이 부산에서 국방부 장관이 된 것은 신성모申性模 장관이 방위군 사건으로 경질되었기 때문이었다. 방위군 사건은 1950년 제국민병으로 50만 명을 징집했는데 당시의 김윤근 사령관이 수송비와 식비 등 50억원을 횡령하는 바람에 1천여 명이 굶어죽거나 얼어 죽은 사건이다) 방위군 사건의 주범인 김윤근 사령관을 비롯한 관련자 9명을 전격 구속했다. 이어 군법회의를 거쳐 8월 31일 김윤근을 총살에 처했다. 또 거창사건을 계기로 육군 수뇌부도 교체했다. 이 장관이 이렇게 쾌도난마快刀亂麻 식으로 의혹 사건을 처리해나가자 국회와 국민들은 박수를 보냈다. 국회에서는 '만송의 깡마른 체구에서 어떻게 그런 결단이 나왔을까' 라며 놀랍다는 반응이었고 언론도 '혼란정국을 해소시키는 노력이 엿보인다' 는 식의 호의적인 평가를 내렸다.[9]

그의 권력에 대해, 그 남용에 대해 직접 이야기하는 경우는 찾아보기 어렵다. 어쩌면 그에 대한 편견은 막연한 정황 증거로 이루어진 것일지도 모른다. 그에 대한 세간의 평판이 잘못된 것이라고 말할 수도 있지 않을까? 정말 그렇게 말할 수밖에 없는 상황인가?
이기붕에 대한 부정적인 정황 증거는 그에 대한 후일의 기록에서가 아니라 그가 권력을 쥐고 있을 때의 기록이 더 많았다. 예를 들면 당시의 신문에 실린 조그만 기사에 이런 이야기가 있다.

민의원 선거 당시 민주당 공천으로 경기도 이천에 출마하였다가……자유당의 이기붕 씨가 돌연히 그곳에 등록하자 우물우물 입후보 등록 취소라는 것을 한 연 모씨…… 이 연씨가 그동안 거처조차 잠잠하더니…… 2년이 지난 28일 날 한국운수주식회사(전 조운) 제54차 정기 주주총회에서 별안간(?) 취췌역이라는 커다란 감투를 썼다고…… 이 소문이 퍼지자 그간의 곡절은 모르면서도 전해 듣는 사람마다 '아하 그것도 논공행상이군' 하고들 쑥덕쑥덕…….[10]

막대한 이권이 걸린 회사의 이사 직책이 선거 당시 이기붕의 상대였던 민주당의 공천자에게 돌아간 것은 이미 모종의 거래가 있었기 때문이라는 것이다. 그것은 '곡절도 모르면서' 진행되는 일이지만 '전해 듣는 사람들마다' 모두 알고 있는 사실로 받아들여진다. 이기붕의 권력에 대하여 아무도 그 어떤 증거를 가지고 말하고 있지는 않지만 그럴 개연성에 대하여 충분히 공감하는 분위기가 사회적으로 존재하고 있다면 그는 그것만으로 이미 권력을 남용하고 있다고 말해도 될 것인가.

이기붕이 권력과 이권을 분배하는 과정은 곧 정치적인 행위였다. 부정과 부패는 최고 권력자 주변에서는 개인적인 착복이 아니라 권력과 이권의 분배 그 자체로 이루어진다. 개인적인 횡령과 이권의 분배는 권력의 수혜자로서 누려야 할 당연한 권리였던 것이다. 그러나 그것은 권력자와 그 주변의 이야기다. 일반의 의식은 전혀 다를 수 있다. 지금이 아니라 당시에도 이기붕의 권력 남용에 대한 일반의 비난과 피해 의식이 있었다고 보아야 할 것이다. 성폭력의 기준과 마찬가지로 피해 당사자가 그렇게 느꼈다면 분명히 그런 혐의가 있다는 결론을 내릴 수 있지 않을까?

서재에서 책을 읽고 있는 이기붕.

이기붕은 절대적인 권력을 가지고 있었다. 어쩌면 아주 어릴 때 어른들에게 "이승만이 나쁜 게 아니라 그 주위에 있는 놈들이 그렇게 만든 거야"라는 말을 자주 들을 수 있었던 것도 그 때문이었는지도 모르겠다. 그러나 그 후에 이승만이 박정희로 대체되었을 때 나는 절대 권력에 대한 '무지몽매한' 절대적인 신뢰가 그런 식으로 표현된다는 것을 알게 되었다. 그리고 그게 권력의 그림자조차 밟지 못한 일반인들에게 해당하는 일은 아니었다. 1960년 1월 26일자 서울신문 1면에 난 자유당의 '정부통령선거중앙대책위원회'의 공고를 보면 지도위원에 백낙준, 김활란, 임영신, 김연준, 유석창 등 사학의 거물이 대부분 포함되어 있었다. 그들뿐 아니라 문화 예술계 등 이른바 지식인들에 '만송족'이라고 불리는 사람들이 있었다. 권력의 주변에 머뭇거리면서 이기붕을 해바라기했던 사람들을 일컫는 말이다. 이들은 권력의 자기장에 어쩔 수 없이 빨려들었던 몰지각한 군상들이었을 뿐인가? 아니면 그들의 태양이 던지는 찬란한 빛에 끌려 스스럼없이 고개를 절로 돌린 것인가?

박마리아

이기붕을 말하면서 그의 부인 박마리아에 대해서 말하지 않을 수는 없다. 그러나 여러 글에서 박마리아는 이기붕보다 더 혹독한 비판을 받아왔다. 그녀는 도저히 '면죄부를 줄 수 없는 친일과 권력욕의 화신'(《청산하지 못한 역사》, 민족문화연구소)이라는 것이다.

박마리아는 이화여대를 나와 '마온후 홀리옥 대학, 스카릿 대학, 파삐릿 사범대학' 등을 다녔다고 이기붕의 전기에는 기록되어 있다. 다른 기록으로 보완해 말하면 마운티 홀리옥 대학과 스카릿 대학을 졸업했고 피바디 사범대학에서 석사 학위를 받았다. 해방 후 박마리아는 YWCA 문화부장을 맡았고 이화여대 교수가 되면서 폭넓은 활동을 시작했다.

박마리아는 이승만과 한국에 와 돈암장에서 한국 생활을 하고 있던 프란체스카와 긴밀한 관계를 맺었다. 그녀의 능통한 영어도 한몫했을 것이다. 이기붕이 이승만의 비서실장에서 서울시장이 되고 국회에 진출하는 등 출세 가도를 달리자 박마리아 역시 그에 못지않은 지위를 갖게 되었다. 그녀는 이기붕이 민의회 의장이었던 시절, 이화여대 부총장(총장은 김활란)이 되었으며, 대한부인회의 최고위원, YWCA 연합회장을 맡았다.

후세 사람들은 이기붕뿐 아니라 박마리아에게 청탁을 위한 뇌물을 끊임없이 갖다 바쳤다고 말한다. 모든 이권에는 그녀가 개입되어 있었으며 서대문 이기붕가에는 이기붕과 박마리아에게 줄을 대려는 사람으로 늘 북적였다고 한다. 그게 사실이라면 방명록은 바로 그것을 입증하는 기록일 것이다.

그러나 방명록 물품들이 대부분 소박하고 단출하다는 점을 사실로 받아들인다면 전혀 다른 판단을 내릴 수도 있다. 이기붕과 박마리아 그리고 이승만과 프란체스카, 그들이 매우 소박하고 청렴한 생활과 사고를 가지고 있었다고 생각할 충분한 근거가 있다. 실제로 그들에 대한 개인적인 회고나 기록들에는 그런 면을 드러내고 있다.

그들은 기독교적인 가치관에 매우 깊은 영향을 받은 인물들이었다는 공통점을 가지고 있다. 특히 박마리아의 경우 기독교적인 분위기에서 성장했고 교육을 받았으며 기독교적인 윤리관에 철저했던 인물이었다. 그녀는 미국 선교사가 세운 호수돈 여고를 다녔으며 교회는 그녀 생활의 중심이었다. 이화여전을 졸업하고 호수돈 여고에서 교사를 하다가 이화여전 선교사의 추천으로 미국 유학에 오른다. 귀국 후에도 그녀는 1952년부터 1960년 죽을 때까지 YWCA 회장을 지냈다. 그녀는 자신의 표현대로 평생을 '하느님과 더불어' 살았다고 말할 수 있으며, 다른 사람들이 보기에 기독교의 후광 속에서 출세의 발판을 다졌다.

기독교적인 가치를 지니고 있었고 기독교적인 윤리관을 다른 사람에게 심어주기 위해 노력했던 사람들, 심지어는 이 사회를 기독교 국가로 만들지 못해 안달했던 박마리아와 기독교적인 종교관으로 무장되어 있던 '지도자'들이 온갖 부정과 부패의 핵심에 자리 잡고 있었다는 역사적인 비난은 오히려 낯설기까지 하다. 어찌된 일인가? 방명록에 적힌 소박한 선물 목록이 증명하고 있듯이 그들이 기독교 교리에 따라 청렴하고 경건한 품성을 지니고 있고 소박한 삶을 영위하고 있었다는 것이 사실이라면 그들은 어떻게 그런 극단적으로 반대되는 역사적 평가를 받아야 했을까?

　박마리아는 일제 강점기 시절, 미국 유학을 갔다 오고 기독교 운동을 경험한 유명 여성 지도자였다. 박마리아는 출세와 성공을 위한 자질과 덕목의 모든 것을 갖춘 인물이다. 그녀는 우리 사회에서 성공한 '지도자'가 갖는 전형성을 모두 보여주고 있다. 일류 대학을 나왔다거나 외국 유학을 다녀왔다는 것과 마찬가지로 기독교 신자라는 것도 거기에 포함된다. 이때의 '일류 대학'이 학문적 성취와 지성의 깊이를 말하고 있지 않듯이, '외국 유학'이 더 많은 지식과 폭넓은 견문을 의미하고 있지 않듯이, 그녀가 지니고 있던 '기독교적 가치'는 기독교 교리의 가르침과는 별개일 수 있다는 것은 자명하다(그렇게 말해야만 한다).

　성공과 출세를 위해 이승만과 이기붕, 박마리아가 가지고 있던 모든 자질과 이력들은 권력을 사유화하기 위한 자기장의 역할을 하고 있었을 뿐이며, 기독교적 가치관은 그들에게 권력의 자기장을 일으키는 가장 강력한 수단인 것처럼 보였다. 어쩌면 근대 이후 들어온 기독교를 서구적 가치를 대변하는 새로운 권력의 중심으로 만들기 위한 선교사들의 헌신적인 노력이 그들을 통해 최초의 결실을 맺기 시작했을지도 모른다. 그들 모두 기독교를 중심으로 한 권력을 사회의 중심으로 옮겨

놓고 싶어 했던 사람들이었기 때문이다.

　그들의, 아니 모든 사람들의 수장이었던 이승만은 젊은 시절부터 기독교적 가치를 받아들인 사람이다. 국가와 민족에 대한 그의 신념 역시 기독교적인 세계관에서 자양분을 얻었다. 다른 한편으로 그의 기독교적 신앙은 출세의 보증서가 되기도 했다. 이승만은 식민지 조국에 머물렀던 선교사들의 강력한 지원을 등에 업은 채 미국에서 학업을 시작할 수 있었다. 그가 지니고 간 추천서에서 "선교사들은 이구동성으로 이승만은 정치범으로 7년간 감옥 생활을 할 때 40여 명의 죄수들을 기독교로 개종시킨 사실을 강조하고, 그가 장차 한국 기독교계에서 주도적 역할을 할 것을 장담하면서 그에게 2~3년간 교육 완성의 기회를 베풀어줄 것을 부탁"했다. 이승만이 미국의 대학에서 박사 학위를 받은 것도 그런 지원이 컸다. 그는 이미 "미국으로 떠나기에 앞서 게일, 언더우드, 벙커, 질레트, 스크랜턴, 프레스턴 등 한국 내의 저명한 선교사들로부터 미국 교계 지도자들 앞으로 쓴 추천서 19통을 두둑이 챙겨두었"[11]기 때문이다. 기독교는 그의 가치이자 처세의 방편이었던 것이다.

　이승만이나 이기붕이 기독교적 세계관을 지닌 사람들이었다면 그 결과가 어떻든 그들의 품성 중에 청교도적인 소박함과 청빈함의 가치가 있을 수는 있다. 물론 그들은 자신들의 '개인적' 품성이 '사회적'으로 성립하지 않는다는 점을 알지 못했다.

　이 사회에서 통용되고 있는 개인적 가치관과 인품이 정치적 올바름의 가치와 항상 일치하지 않는다는 사실은 분명하다. 이를 테면 중용의 원만한 인품 혹은 불편부당의 가치 중립적인 태도가 양시론과 양비론의 처세술로 드러나는 것처럼 개인적으로 올바른 품성 혹은 그렇게 받

이기붕의 부인 박마리아(이기붕 저택에서). 그녀는 친일과 권력욕의 화신으로 평가 받아왔다.

아들여진 가치들이 사회적인 면에서 보면 단지 수구적인 가치를 대변하는 경우는 매우 흔하다. 오히려 올바름에 대한 맹목적인 종교적 편향은 사회적 가치에 대한 최소한의 객관적 판단마저 불가능하게 만든다. 그 예가 박마리아였을지도 모른다. 일제 강점 시기 박마리아는 기독교적인 활동을 하면서 시국부인회의 연사로 나가기도 하고(1941), 조선임전보국단부인대의 지도의원(1942)으로 활동했다. 그 시절 그녀는 일본 제국을 위해 '총검을 들고 전선에 나가는 것이 최고의 인간 가치를 발휘하는 줄' 알고 있었다.

권력과의 결속을 위해 찾아들었던 수많은 사람들은 권력의 자장이 가리키는 방향으로 뛰어든다. 그리고 그 방향은 단지 출세와 성공의 방편이 아니더라도 삶의 보편적인 이상으로, 교육의 가치와 사회 의식과 일상의 양식을 변화시킨다. 어려서부터 똑똑하단 소리를 들어야 하고 적어도 학급 반장쯤은 맡아야 하며 무슨 무슨 대회에 나가 상을 타오고 교회에 나가서 활발한 활동을 벌이면서 대학에 들어가고 선교사나 미국 장학 재단의 지원을 받아 유창한 영어를 구사하며 미국으로 유학을 다녀오는 인생 코스는 성공과 출세를 위해 가장 이상적인 노정이었다. 적어도 이 중 어디 하나에 걸쳐 있지 않으면 평범한 사람으로 전락하고 만다는 협박에 시달리지 않았던 사람은 드물다. 유감스럽게도 이기붕과 박마리아 그리고 그들에게 달라붙었던 주변 사람들이 남겨놓았던 출세와 성공의 자격과 덕목들이 지금도 여전히 통용되고 있는 것처럼 보인다.

이 방명록의 주인인 이기붕과 박마리아에 대해 말하면서 더 세밀하게 관찰해보고 싶은 것은 '개인적인 덕목' 과 '사회적인 가치' 의 분열이 일으키는 현상이다. 어떤 개인도 역사 속에서는 '사회적 개인' 일 수밖에 없다. 어떤 사실도 개인적 사실이 아니라 사회적 관계 속에서의 사실만을 말할 수 있을 뿐이다.

그날

1960년 4월 19일. 이기붕의 서대문 집은 시위대의 함성으로 둘러싸여 있었다. 그 전날 고려대생들이 국회의사당 앞에서 시위를 하다가 정치 깡패들에 습격을 당한 이후, 10만 명에 이르는 학생들과 시민들은 경무대 앞에서 시위를 벌였다. 경찰은 경무대로 통하는 효자동 입구에 바리케이드를 치고 무차별 발포를 시작했다. 이튿날 시위는 전국으로 확산되었다. 경찰의 총에 1백여 명 이상의 시민이 피를 흘리며 죽고 450여 명의 사람이 부상을 당하자 시민들은 더욱 분노했다. 시민들은 서울신문사와 반공회관에 불을 질렀다. 그 일부는 이기붕의 집으로 몰려갔다. 시위대가 집을 향해 습격해온다는 소식을 들은 이기붕 일가는 부랴부랴 지프를 타고 집을 빠져나갔다. 그들은 오후 다섯 시경 포천에 있던 6군단으로 도피했다.

서울은 아수라장이 되어 있었다. 정부는 그날 오후 세 시를 기해서 서울 지역에 계엄령을 선포하고 탱크를 앞세운 계엄군을 진주시켰다. 그 다음 날 아침 여덟 시 이기붕은 경무대로 향했다. 이승만을 만나야 했다. 하지만 웬일인지 이승만은 그를 만나주지 않았다. 그는 그대로 서대문 집으로 돌아올 수밖에 없었다. 다음 날인 4월 21일 전면에 나설 수 없었던 이승만을 대신해 부통령이었던 장면이 사태 수습책을 발표했지만 데모의 기운은 잦아들지 않았다. 시민들은 이승만 대통령의 퇴진을 요구하는 목소리를 내기 시작했다.

4월 23일 장면 부통령이 사태의 책임을 지고 사임했다. 그리고 고려대생 피습 사건의 주모자인 임화수와 유지광 등이 구속되었다. 상황은 시민의 승리로 기울고 있었다. 이승만은 자유당 총재직을 물러날 뜻을 밝혔고 이기붕 역시 부통령 당선을 무효로 하겠다고 말했다. 하지만 그건 시민들의 분노만 증폭시켰을 따름이었다. 4월 24일 이승만은 자유당 총재직을 사퇴했다. 이기붕 역시 사퇴할 수 있다는 식의 말장난을 거두어들여야만 했다. 그는 공직 은퇴를 발표했다.

다음 날 대학교수들이 이 대통령의 사퇴를 요구하는 시위에 동참하면서 서대문 로터리에서 광화문에 이르는 도로가 시민과 학생으로 메워졌다. 시민들은 밤을 새워 시위를 벌였고 다음 날에는 더 많은 사람들이 몰려들었다. 이기붕의 집은 또다시 표적이 되었다. 그날 저녁 여덟 시경 다시 위기가 코앞에 닥치자 이기붕은 박마리아와 차남 강우 그리고 경호원과 함께 뒷문으로 빠져나가 경기도 포천에 있던 군부대로 도망쳤다.

그리고 그 다음 날 서울과 부산 등지에서 시민들의 시위가 격렬하게 진행되는 가운데 이승만은 하야 성명을 발표했다. 이승만이 물러나자 온 국민의 관심은 이기붕의 행방에 쏠렸다. 이기붕이 해외로 도피했다는 괴 소문도 떠돌았다. 4월 27일 허정 수석 국무위원은 대통령 권한대행을 맡았고 개헌 후 대통령 선거를 하겠다는 발표를 했다.

4·19혁명, 그날의 현장

그 다음 날, 이기붕은 경무대 별관에 있었다. 박마리아와 강석, 강욱 등 두 아들과 함께였다. 이기붕과 그의 가족이 갈 곳은 이제 아무 데도 없었다.

4월 28일 새벽 5시 45분경. 당시 육군 소위였던 이강석이 리볼버 38구경 6연발 권총을 꺼내들었다. 이기붕의 아들이자 이승만의 아들이기도 했던 강석은 자신의 배와 머리에 각 한 발씩을 쏴 자살한 것으로 알려졌다. 이기붕과 그 가족들은 침실 소파에 나란히 앉은 채 숨져 있었.

이기붕 일가의 장례식은 이승만 부부와 몇몇 자유당 소속 의원이 참석한 가운데 수도육군병원에서 쓸쓸하게 치러졌다.

어느 날 충정로를 지나다가 이기붕의 집 앞을 지나게 되었다. 그의 집은 없다. 번듯한 도서관이 있을 뿐이다. 이기붕의 집은 종로구 구평동 166번지, 대지 566평에 2층 양옥과 한옥 한 채가 있었다. 이기붕이 죽은 이후 4·19혁명 유족에 의해 양옥 2층만 개조되어 도서관으로 운영되다가 1968년 낡은 집을 헐고 지하 1층 지상 5층 규모로 도서관을 지어 1971년 개관했다.

4·19혁명 이후 이 집의 창고와 한옥은 임시로 4·19혁명 희생자들의 위패를 모셔놓은 위패실로 사용되기도 했었다. 1997년 지하 2층 지상 7층의 4·19도서관을 새로 건립하기 전까지 한옥과 창고는 폐허가 된 상태로 남아 있었다.

지금은 없어진 그 집 앞을 지나며 나는 이기붕에 대해 다시는 생각하지 않으려 했다. 나는 그가 내 기억 속에서 그저 스쳐 지나가는 사람이기를 바랐다.

겨울 화진포

한동안 나는 출입인 명부에 대해 잊고 있었다. 그동안 이 명부는 내 손을 떠나 있었다. 문서는 신문사의 편집부로 다시 옮겨 갔었는데 어찌 된 일인지 나에게 다시 돌아오지 않았다. 명부가 다시 발견된 후 그 다음 해 4·19혁명 기념일 즈음인가 신문에 이 출입인 명부에 대한 기사가 난 적이 있었다.

4·19혁명 41주년을 맞아 이승만 정권 당시 2인자였던 이기붕李起鵬 씨의 막강한 권세를 엿볼 수 있는 희귀자료가 동아일보 자료실에서 발견됐다. '전 민회의장 이기붕가 출입인 명부前 民會議長 李起鵬家 出入人 名簿'가 그것.
이 문서에는 4·19가 나기 한 해 전인 1959년 1월 4일부터 12월 30일까지 이기붕 씨 집을 방문한 사람들의 명단과 방문자들의 선물 목록이 상세하게 적혀 있다. 동아일보의 마크가 선명히 찍힌 400여 장의 갱지에 쓰여진 것으로 미루어 당시 이씨의 측근들이 방문자와 선물 목록을 기록해둔 문서를 4·19혁명 당시 동아일보 기자들이 입수해 그대로 옮겨

적은 것으로 추정된다.

출입 시간이 분 단위로 적혀 있는 이 명단에는 당시 자유당 실권자들과 장 차관들이 이씨 집을 자주 들락거리며 온갖 선물을 갖다 바친 것이 고스란히 드러나 있다.

선물 목록에는 갈비, 생선, 과일은 물론 코카콜라 한 상자와 휘발유 세 드럼, 포플린 세 필, 아이스크림 세 통, 심지어 병아리 세 마리까지 상세히 기록돼 있다.

특히 자유당 평의원이었던 김성곤金成坤 의원 부부와 신언한申彦瀚 법무부 차관 부부의 활약이 눈에 띈다. 두 부부는 열흘이 멀다 하고 이씨 집을 드나들며 이불, 새우젓, 소금 등을 끊임없이 실어 나른 것으로 나타나 있다. 7월 24일 우장춘禹長春 박사가 '씨 없는 수박 세 통'을 선물했다는 기록도 당시의 풍속사를 살필 수 있는 내용이다.

이 기록은 아울러 당시 정부의 움직임에 대한 공식기록이 전혀 남아 있지 않은 상황에서 4·19 직전의 급박했던 정치 상황을 유추해볼 수 있게 해준다.

1959년 가장 중요한 정치적 사건으로 꼽히는 민주당의 정부통령 후보 선출일이었던 11월 26일 기록만 살펴봐도 이기붕 씨 자택이 '소小 경무대'였음을 여실히 알 수 있다. 이날 민주당 후보지명 전국대회가 열린 서울 명동의 시공관에서 경찰 배치를 진두지휘했던 최인규崔仁圭 내무장관은 오전 10시 45분과 오후 3시 45분 두 차례나 이씨 집을 찾았다. 또 오전 8시 20분경 당시 자유당 정권의 경찰력을 장악하고 있던 곽영주郭榮周 경무대 경무관과 신도환辛道煥 반공청년단장이 나란히 찾아온 것을 필두로 이씨의 자택에서 자유당 수뇌회의가 여러 차례 열렸음을 확인할 수 있다.

이기붕 씨는 1945년 이승만 전 대통령의 비서로 시작해 서울시장 국방장관을 거쳐 1960년 부통령에 당선돼 권력을 전횡했으나 4·19혁명 직후 경무대로 피신했다 전 가족이 자살했다.

이 기록을 살펴본 성균관대 서중석徐仲錫 사학과 교수는 "1공화국 당시 자유당 당무회의는 물론 국무회의 자료도 일절 남아 있지 않기 때문에 자유당 정권 말기 연구를 위한 1급 사료로 평가된다"고 말했다.[12]

다시 확인한 것이지만 이 자료는 누구에게나 흥미를 불러일으킬 요소를 두루 가지고 있음은 분명했다. 막강한 권력을 가진 이기붕의 이면, 줄줄이 선물을 갖다 바친 방문자들, 시선을 끌지 않을 수 없는 구체적인 물품 목록, 권력 암투와 이합집산의 정황, 그리고 1공화국을 기록한 사료적 가치 등등.

그러나 나는 이 자료에 대한 그런 관심의 영역은 내 것이 아니다고 생각했다. 매우 중요한 사료적 가치라는 평가에 대해서도 나는 시큰둥했다. 어쩌면 이기붕에 대한 거부감 그리고 아직도 완전히 사라지지 않은 1959년에 일어난 '두 사건'에 대한 분노, 그런 감상에 젖어 있었기 때문인지도 모르겠다.

그럼에도 이 문서가 다른 사람의 손에 넘겨지기 전에 나는 몇 번에 걸쳐 신중하게 복사를 해두었다. 어떤 이유에서인지 모르겠지만 다시 그 자료를 보기가 쉽지 않을 것이라는 생각을 했던 것 같다. 꼭 그래서만은 아니었다. 나는 그 문서를 주르륵 넘겨보면서 갖게 되는 비밀스런 쾌감 혹은 호기심을 유발하는 알지 못할 분노, 그런 감정을 버리고 싶지 않았다.

　가급적 필사된 원본의 모양을 훼손하지 않도록 한장 한장 확인하고 대조해가면서 복사를 하느라 시간이 꽤 걸렸다. 그렇다고 하더라도 그것을 처음 필사한 사람들보다 더 오래 걸렸을 리는 없겠다. 복사 용지는 비교적 필사본과 가까운 느낌을 주도록 신문사의 어느 창고에 처박혀 있던 이십 년은 넘었음직한 갱지를 사용했다. 빛이 바랜 갱지로 복사하여 정말 오래된 문서처럼 보이게 했지만 필사본의 느낌과 꼭 같을 수 없다는 것은 유감이었다.

　박물관 일을 접게 되었을 때 챙겨온 이 자료는 내 책장의 한 구석에서 다시 먼지를 뒤집어쓰기 시작했다.

화진포

　그리고 그해 겨울이었던가. 동해에 갈 일이 있었다. 아마 겨울 바다가 보고 싶어서였을 것이다. 속초를 거쳐 간성으로 향하면서 이기붕 별장에 들러보게 된 것은 실로 우연이었다. 나는 이기붕에 대해 거의 잊고 있었지만 그는 나를 기억하고 있었던 모양이다.

　울창한 송림을 지나 화진포 호수를 돌아 바닷가로 나왔을 때, 해는 밝은 기운을 바다에 던져주고 있었다. 그러나 바닷바람은 매서웠다. 잠시도 그냥 서 있을 수가 없었다. 화진포 콘도 근처의 모래밭에는 텔레비전 드라마 '가을동화의 촬영지'라는 간판과 여기저기 걸려 있는 인기 배우들의 브로마이드가 을씨년스럽게 바닷바람을 맞고 있었다. 그리고 우측으로 절벽 위에 김일성 별장이 보였고 아래 쪽에 이기붕 별장이 있었다. 근처에 이승만 별장도 있다고 했다.

그곳의 풍경은 어쩐지 낯설고 어색했다. 간혹 연속극의 촬영지를 구경하러온 서너 명의 중국인(대만인이었을지도 모르겠다)들이 호들갑스럽게 오고가는 관광지 풍경과 '역사안보 전시관'으로 쓰고 있는 별장들의 풍경은 도무지 어울리지 않았다.

하지만 그곳의 어색한 풍경은 매우 개인적인 심리에서 비롯된 것임이 분명했다. 1970~1980년대를 보내면서 나는(나만은 아닐 것이라고 생각하지만) 군부대와 경찰서, 관공소 근처를 지나칠 때면 심한 이질감을 느껴야 했다. 이질감은 아직껏 해소되지 않았다. 동사무소에 주민등록등본 한 장을 떼러 갈 때도 어색함을 느껴야 하고, 농협 창고에 빛이 바래 희미해진, 근면·자조·협동이란 글씨에도 거부감을 가지고 있으며, 지방도를 달리다가 검문하는 군인들만 보아도 가슴이 덜컥 내려앉는다. 아직도 세종로에서 광화문 앞을 지날 때면 거기 서 있던 탱크와 장갑차의 기억 때문인지 불안감과 위축감에 사로잡히곤 한다.

푸른 바다와 흰 모래가 눈부시게 아름다운 풍경이 그렇게 즐겁지 않았던 것은 그 풍경의 한 귀퉁이에 그런 과거의 기억들을 고스란히 살려내는 '안보전시관'이 있었기 때문이다. 김일성과 이승만과 이기붕이 한자리에 섞여 있는 그런 풍경이 나에게 어색하지 않다면 이상한 일이다. 그러고 보니 그때로부터 7, 8년 전에 그곳을 들른 적이 있었다. 바로 그 전에 겪었던 낯선 체험과 겹치면서 그곳이 더욱 이상하게 보였을지도 모르겠다.

1995년쯤이었을 것이다. 하필 장마 때 여행 중이었다. 비가 몹시 쏟아지고 있었다. 날은 저무는데 잠자리를 마련하지 못하고 헤매던 나는 어찌어찌 화진포 콘도에 이르게 되었다. 거기가 군인들, 아마 영관급 이상의 장교들만 이용하는 휴양소라는 걸 당시에는 알지 못했다. 콘도의 프런트에 들어서니 이상한 복장을 한 군인들(하의는 군복이면서 상의는 트레이닝복을 입은)이 의아한 표정으로 나를 맞아주었다. 그들은 내가 어떻게 이곳까지 오게 되었는지, 오는 길에 어떻게 검문소를 통과했는지 당혹스러워 했다. 하지만 정작 당혹스런 것은 나였다.

오던 길에 울창한 송림을 지났을 때였다. 우비를 뒤집어쓴 채 총을 든 군인들이 불쑥 나타났다. 놀라지 않을 수 없었다. 그보다 나는 해변 쪽으로 가는 데도 검문이 필요하다는 사실이 몹시 불쾌했다. 차를 세우고 신분증 제시를 요구하기에 주민등록증을 내밀었다. 그런데 어찌된 일인지 총을 든 군인들의 얼굴에는 당황하는 기색이 역력했다. 그들이 왜 그랬는지를 나중에 알게 되었지만, 우연과 오해가 겹치면서(아마 내 차가 그때 국방색에 가까운 녹회색의 승용차였고 내 표정과 거동이 매우 당당했기 때문에 일어난 결과였다. 내가 당당할 수 있었던 것은 사전에 그곳이 어떤 곳인지 전혀 모른 상태였기 때문이었고, 그런 나에 대해 그들은 무슨 기관원쯤으로 판단했던 것 같다), 나는 어찌어찌 그 검문소를 통과하게 되었다.

하지만 행운은 거기까지인 듯 보였다. 작지만 정갈하고 깔끔한 프런트에서, 그들은 여긴 고위급 장교들의 휴양소지 민간인이 머무는 곳이 아니라고 몇 번이나 나에게 되풀이해서 말했다. 그건 나에게 그리고 함께 갔던 아내에게 매우 곤혹스러운 일이었다. 비는 계속 퍼붓고 있었고 우리는 근처에 잠잘 때가 없다는 것을 이미 알고 있었다. 평소 같았으면 두말 않고 발길을 되돌렸을 법한데, 나는 그런데 왜 오라고 그랬냐며 가망도 없을 항의를 하고 있었다. 그건 사실이었다. 분명 공중전화의 전화번호부에 나와 있는 화진포 콘도에 전화를 걸었을 때, 나는 방이 있느냐고 물었고 그들은 방이 있다고 대답했으며 가는 길을 묻자 그들은 친절하게 가르쳐주었다.

비로소 알게 된 것이지만, 당연히 그들은 묻는 사람이 장교인 줄 알았던 것이다. 위병소를 통과한 것도 나는 미리 연락을 한 것이기에 당당히 들어설 수 있었던 것이고 그들은 사전에 조치가 내려진 사항인 줄 알았던 모양이었다. 그럼 이게 군사 시설이란 말인가? 그렇다는 것이다. 검문소와 콘도 간의 전화가 오가고 서로 이런저런 실랑이를 하고 있었는데, 그때 뒤에서 사태를 지휘하면서 사병들을 윽박지르던 선임하사가 화를 내며 프런트 뒷문으로 나가버렸다.

피차 난감한 순간이었다. 그러자 프런트를 보고 있던 병장 계급을 달고 있던 병사가 갑자기 태도를 바꿔 나에게 은밀히 물었다. 출신이 뭡니까? 서울이오. 그가 웃었다. 군대 말예요. 병장인데……. 그가 다시 웃으며 물었다. 병장은 대장보다 높지요? 아마 그럴 거요. 내가 웃었다. 그는 어찌되었든 상황을 종료해야 한다고 생각한 모양이다. 그는 방명록, 아니 숙박부를 꺼냈다. 그리고 내 이름과 주소를 적고는 계급란에 소장이라고 썼다. 됐습니다. 2층입니다. 가장 전망이 좋은 방이지요.

육군 병장이 그런 결정을 그렇게 쉽게 내릴 수 있다는 것은 놀라운 일이었다. 어찌되었든 나는 팔자에 없는 별을 두 개나 달고 거기서 하룻밤을 묵게 되었다. 매우 정갈하고 잘 정돈된 방은 그리 크지 않았으나 누워서도 바다 위에 떠 있는 섬과 파도를 볼 수 있는 풍광이 펼쳐진 곳이었다.

이튿날 비가 그친 뒤 보니 더없이 아름다운 곳이었다.

바로 옆의 해변으로 이어진 화진포 해수욕장이 인파로 버글거리는데 비해 이곳은 그곳과 철조망으로 단절되어 있어 호젓하고 조용한, 완전히 다른 세상이었다. 푸른 바다와 하얀 모래밭과 더불어 아니 그보다 더 그럴듯한 특권 의식을 고즈넉하게 즐길 수 있는 곳이었다. 복도를 출입할 때마다 그리고 바닷가에 나가고 들어올 때마다 건물을 지키고 있는 사복 차림의 병사들은 깍듯이 경례를 붙이며 인사말을 건넸다. 그럴 때마다 나는 별 두 개를 단 장성의 품위를 갖춰야만 할 것 같은 어색함으로 소름이 돋았지만, 작은 특권을 손에 쥔 희열로 약간 들떠 있었던 것은 분명했다.

그때 나는, 권력이란 행복을 독점할 수 있는 권리가 아닌가 하는, 그런 생각을 한 것 같다. 아무튼 생전 처음으로 '배타적인 혜택'에 끼어들어, 결코 즐겁다고만 말할 수 없는 기분으로 여행을 마치게 되었다.

이기붕 별장

바로 그 근처에 김일성과 이승만 별장이 있었다는 것을 그때는 알지 못했다. 그리고 이기붕 별장이 하필 어색한 특권 의식을 경험했던 바로 그 근처에 있었다는 것 역시 알지 못했다. 물론 알고 있었더라도 그때는 가볼 생각은 하지 않았을 것이다.

그로부터 7, 8년 뒤에 다시 찾은 그해 겨울, 나는 여행길에 우연히 마주친 이기붕의 흔적에 대해서 내키지 않는 관심을 가져야만 하는 처지가 되어 있었다. '안보전시관'이란 간판을 지나면서 거기에 이기붕 별장이 있다는 기사가 떠올랐고 그저 한번 들러보고 싶은 생각이 들었던 것이다. 어쩌면 나는 마음 한구석에 그에 대한 관심을 애써 지우려 하면서도 어쩔 수 없이 그의 행적을 추적해보고 싶은 이율배반적인 생각이 있었던 것 같다.

차갑고 매서운 바람을 맞으며 김일성 별장에 먼저 올랐다. 이기붕 별장에 대한 기대감을 더 높이기 위해 여유를 부린 탓이었을 것이다. 김일성 별장은 바다의 풍광이 아름다운 곳이다. 비교적 높은 곳에 자리 잡고 북쪽의 넓은 바다를 향해 있어 탁 트인 전망이 그만이다.

김일성 별장과 달리 이기붕 별장은 바다를 등지고 있다. 화진포 호수를 바라보며 나지막하게 자리 잡았다. 김일성 별장과 비교한다면 작다 못해 초라하기까지 하다. 하지만 화진포 호수를 둘러싸고 있는 소나무들과 저녁 무렵의 낙조가 일품이었을 주위의 풍광은 아늑하다. 별장이 들어설 자리로서는 손색이 없어 보였다.

열 평이 채 안 되어 보이는 이기붕 별장은 돌담으로 쌓아 복원한 건물이라고 하는데 가운데가 반쯤 꺾인 일자 구조이다. 말 그대로 전시장으로 쓰이고 있는 별장 안에서 나는 이기붕에 대한 자료를 볼 수 있거나 적어도 그의 체취를 약간이나마 느낄 수 있으리라 생각했다. 그러나 별장의 문을 열어젖히자 후끈 달려드는 실내 열기와 함께 그런 기대는 눈 녹듯이 사라져버렸다.

책상과 그 위에 놓인 타이프라이터, 전화기, 몇 장의 사진과 의복, 한편에 놓인 침대(그 침대는 어찌된 일인지 김일성 별장의 것과 동일한 것이었다) 등 복원된 별장만큼이나 소박한 물품들은 대부분 그가 정말 사용했던 것인지 의심이 가는 것들이다. 이기붕 별장을 주로 박마리아가 이용한 것으로 알고 있었지만 그녀에 대한 기록이나 기록물은 더욱 발견하기 어려웠다.

  이 별장은 원래 1920년에 외국인 선교사들을 위해 지어졌으나 1945년 이후에는 북한의 공산당 간부 휴양소로 사용되었다고 한다. 휴전 후인 1953년에는 박마리아가 개인 별장으로 사용하였다. 박마리아는 생전에 인근 고성군 대진읍에 대진교회를 세우고 자주 이 별장을 찾은 것으로 전해지고 있다. 지금의 별장은 최근 다시 지어진 것이다. 근처에 있는 이승만 별장은 원래 1954년에 박마리아가 지어 이승만 대통령에게 '헌사한' 건물이었다. 이승만과 프란체스카는 수시로 이곳에서 여름휴가를 보냈다고 한다.

  이기붕 별장에 그에 대한 자료나 기록 혹은 유품들이 제대로 전시되었을 거라는 기대는 처음부터 하지 않았다. 별장을 '안보전시관'으로 복원하면서도 그럴 이유가 없었다는 것은 충분히 예상할 수 있었다. 누가 새삼스럽게 이기붕에 대해서 시시콜콜히 알고 싶어 할 것인가. 이기붕의 자료를 찾아볼 수 없다는 실망감 때문이었는지 모르겠지만, 그곳에 아무것도 없다는 사실을 확인한 것으로 나는 충분히 방문 목적을 이룬 셈이다. 나는 어쩌면 그 어디에도 이기붕에 대한 기록이나 자료가 남아 있지 않기를 마음 한구석에서 바랐는지 모른다. 적어도 있을지도 모르는 그에 대한 자료를 찾아보는 괴로움을 덜 수 있다고 생각했기 때문이다.

2.5 과거로

기억과 역사

1959년, 내가 태어나고, 이기붕의 집에 무수한 사람들이 들락거린 단 두 가지 사건은 역사적인 모든 객관적 사실을 사장시켜버렸다. 이 명부를 들여다보기 시작할 때부터 나는 어찌된 일인지 과거의 역사적 사실에 대해 객관적인 거리를 유지할 수 없었다. 엉뚱하게도 나는 '역사적 사실' 혹은 '객관적 사실'이라는 말에 딴죽을 걸고 싶었다. 객관적 사실로 그려진 역사가 과연 가능하기나 한 것일까 하는 의문이 계속 들었다. 오히려 나는 과거에 일어난 어떤 사건 혹은 사실에 대해 지극히 주관적이고 개인적인 시각에서 접근하는 일이 가능한지를 탐색하고 싶었다.

개인의 기억은 역사적 사실과 일치하지 않을 수 있다. 동일한 사건을 똑같이 겪었다고 하더라도 모두가 동일한 체험을 가졌다고 장담할 수 없다. 사회적으로, 역사적으로 객관적인 사실이라고 들이대보아도 한 개인이 사실을 받아들이는 폭과 각도는 모두 다를 것이다. 그럴 때 개인과 사회는, 기억과 역사는 주관과 객관으로 이분화된다. 개인의 기억과 체험은 주관적 사실이며 역사적 사실의 기술은 객관적 진실인가? 역사를 집단화된 기억이라고 거칠게 정의한다고 해도 개인의 기억과 감정과 판단들을 주관적이라고 버려둘 이유는 없지 않을까?

그런데 왜 나는 자꾸 나와 그를, 내가 태어난 사실과 그 집에서 벌어진 일들을 동일한 선상에 올려놓고 거기에 역사를 들먹이며 집착하는 것일까? (제발 이쯤에서, 굳이 내가 말을 하지 않아도 사람들이 눈치를 챘으면 좋겠다.)

나는 얼마 전 과거에 대한 회상을 시도해본 적이 있다. 내가 처음으로 기억을 갖게 될 무렵을 재현하면서 지극히 당연하고 놀라운 사실을 새삼스럽게 발견했다. 그것은 내 기억의 주체가 내가 아닌 사회였다는 점이다. 분명 기억 속에 존재하는 내 체험은 철저하게 개인적이고 주관적이었음에도 불구하고 그 경험을 이루는 모든 요소는 사회적으로 주어진 것이었다. 그렇다. 어느 개인이 지니게 되는 모든 삶의 체험은 개인적인 것이 아니라 사회적이다. 내가 태어난 것을 사회적인 현상이라고 우기고 싶은 이유도 거기에서 비롯된다. 또 하나 이기붕 집에 사람들이 들락거리고 선물을 갖다 바친 것은 사회적 현상이다. 이 말에 쉽게 동의하는 사람들은 한 가지를 놓치고 있다. 이기붕의 집에서 벌어진 일들은 사적인 것이 아니었던가.

이기붕이 사회적인 존재였다면(그게 그의 집에서 벌어진 일을 사회적이라고 말해야 하는 근거라면) 나 역시 사회적인 존재일 것이다. 그러니까 지금 나는 내가 알고 있는 두 가지의 사회적 현상에 대한 이야기를 하고 있는 중이다. 다만 여기에는 몇 가지 아니 무수히 많은 지점들이 빠져 있을 뿐이다. 유감스럽게도 나는 내가 기억하거나 알고 있는 단 두 사건으로 역사를 들먹일 수밖에 없는 처지에 있다. 따지고 보면 대개의 역사란 그렇게 쓰이는 것이 아닌가.

1959년, 그해의 어떠한 역사적인 기술도 두 사건을 기록하지 못할 것이다. 다만 두 사건에 맞닥뜨린 개인의 태도, 감정, 체험, 지식, 판단 등등 그런 것들이 그 두 사건의 얼개를 엮어줄 수 있을 뿐이다. 하지만 두 사건의 그 간극은 너무 멀다. 그 사이를 메워줄 또 다른 수많은 사실들이 필요한 것이 아닌가.

나는 어떤 수단이든 동일한 역사적 체험을 지닌 사건들의 상황과 조건을 찾아내야 할 것이다. 그것이야말로 개인에게 씌워진 주관의 멍에를 가급적 가볍게 할 것이기 때문이다. 나는 그와 내가 공유했던 공간, 1959년 속으로 들어가는 우회로를 찾아야만 했다.

처음에 1959년을 들춰보기로 한 것은 이기붕이나 그의 선물 목록에 대한 관심과는 다른 각도에서 시작되었다. 우선은 이기붕가의 방명록을 보기 위한 자격을 갖추고 싶었다. 적어도 당시의 시대적 상황에 대해 무지한 상태로 이 방명록을 바라보는 데서 오는 오류는 벗어나야 했다. 그 시대의 사람들이 바라보는 현실과, 현재에서 바라보는 과거의 차이는 분명히 알고 있어야 했다. 그리고 처음 이 자료를 보면서 가졌던 배반감의 실체가 무엇인지 알아야 했으며, 그러자면 1959년에 태어난 나 자신의 사회적 배경에 대해서도 얼마간은 알고 있어야 했다.

나는 분명 1959년 그해를 알지 않고서는 현재 내 눈에 보이는 모든 사회적 혹은 문화적 현상들의 고리를 찾아낼 수 없을 것 같은 이상한 강박 증세에 사로잡혀 있었다.

1959년의 자료를 보면서 그의 집에 들어온 물품 명세서와 당시의 시대적 상황을 맞춰보려는 생각을 하지 않은 것은 아니다. 그해 몇 월 며칠에 무슨 사건이 있었고 그게 이기붕과 그의 주변 사람과 관련이 있는 것이라면 그의 집에 출입한 사람의 명단과 대조해보고 명단이 일치하면 이 문서야말로 그 사건의 정황을 밝힐 수 있는 증거 자료일 것이라는 '혐의'를 씌울 목적이 없지 않았다. 사건에 연루된 자의 손에 물품이 들려 있다면 이를 빌미로 이 문서가 명백히 뇌물 목록이라고 판단할 근거가 될 것이라고 생각하기도 했다.

그러나 그런 불손한 목적은 곧 좌절되었다. 좌절되었다기보다는 아마 포기했다는 표현이 더 정확할 것이다. 설사 이기붕가에 출입한 인사가 어떤 사건과 연루되고 그것이 출입 일자와 맞아떨어진다고 해도, 그리고 분명히 그 사건을 전후해서 이권이나 청탁의 계기를 이 문서가 입증한다고 하더라도 정치사적인 이유가 아니라면 지금 이 시점에서 그 내용을 시시콜콜히 캐어볼 이유와 의미를 도무지 발견할 수 없었기 때문이다.

 1959년에 두드러진 정치적 사건이나 사회적 변동이 없었다는 점은 오히려 주목할 이유가 된다. 역사적인 획을 긋는 사건, 이를 테면 우리가 날짜로 기억하듯이, 8·15, 6·25, 4·19, 5·16과 같은 사건은 그 자체로 관심의 초점이 된다. 그러나 모든 사회적 변동과 변화는 사건 자체로 이루어지지 않는다. 오히려 일상적인 삶과 사회문화적 상황 속에서 드러나는 구조적인 모순과 제도적 결함 자체가 이미 변동과 변화의 동인을 내포하고 있으며 그런 맥락 속에서만 역사적인 사건을 바라보는 정당한 시각을 가져다준다. 이를테면 4·19혁명이 이전에 아무 일이 없다가 3·15 부정 선거가 터지자 갑자기 발생한 것일 수는 없는 일이다.

 1959년은 바로 '객관적인 역사'로 기록될 두드러진 사건이 없다는 점 때문에 오히려 사회의 변동과 변화가 잠재되어 있는 일상의 풍경을 보여줄지도 모를 일이다. 이를 통해 1959년에 일어난 두 가지 사건의 배경이 된, 내가 태어난 판잣집의 일상과, 풍요가 넘쳐흘렀던 권력가의 물질에 대한 인식과 소유와 분배 혹은 교환의 절차를 가늠할 수 있다면 다행이다.

 처음 할 일은 1959년 그 해에 일어났던 일을 시시콜콜 알아내는 일이다. 그러나 그것은 불가능하다. 과거를 들여다보는 일은 어떤 경우에도 절반은 상상력으로 채워야 한다. 설사 역사적인 사건을 치밀하게 기록한 객관적인 자료가 있다고 하더라도 그것이 과거에 있었던 어떤 일을 정확히 말해주고 있다는 증거는 아니다. 과거를 정확히 안다는 것은 어떤 경우에도 오만이다. 과거를 들여다보는 이유는 과거를 정확히 알기 위해서가 아니라 과거에 있었을지도 모르는 수많은 개연성의 고리들을 이해하기 위해서일 뿐이다.

1959년의 어느 곳, 어느 부분을 정확하게 드러내주는 자료는 어디에도 없다. 때로 역사는 과거에서 편의적으로 편췌한 기록들로 채워지지만 그 역시 과거의 실체라고 말할 수는 없다. 현재 우리의 일상적인 삶이 그러하듯 과거 또한 부분들의 집합으로 이루어진 전체가 아니다. 과거는 현재의 전체 속에 엮여 있는 또 다른 전체이다. 때로 역사책에서 연대별 사건별로 나열된 항목과 소재들이 그 시대의 부분인 것처럼 보일지라도, 현재가 그렇듯이 과거의 어느 한 순간도 역사의 부분인 적은 없었다.

1959년 역시 그러하다. 그 순간은 그 이전과 이후를 엮어주는 부분이 아니라 그 이전과 이후와 연결된 또 다른 전체이다. 그러니 1959년에 오롯이 접근하는 일도 가능한 것은 아니다. 아마 그해에 대해 기록한 자료나 글 그리고 1년 치의 신문을 모두 읽어본다고 해도 가능한 일은 아니다.

하지만 나에게 필요한 것은 1959년에 도대체 무슨 일이 일어났는지가 아니라 그해 1959년의 사회적 분위기, 그 사람들이 어떻게 살았고 무슨 생각을 했는가 하는 정도이다. 그것도 벅차다면 내가 태어났을 때 주변 사람들의 체취를 느끼는 정도이다. 마음 같아선 한 달 정도 그 시대에 머물면서 그들이 어떻게 살았는지 무슨 생각들을 했었는지를 보고 싶다.

하다못해 그 시대에 널리 읽힌 소설을 읽고 영화라도 한 편 보았으면 좋겠다. 그리고 될 수 있으면 몇 사람과 만나서 대화라도 나누어보고 싶은 것이다.

그건 당연히 불가능한 일이 아니다. 한 살 때의 기억은 없을지언정 서너 살 때부터의 흐릿한 기억으로 당시의 풍경을 그려볼 수 있으며, 거기에다 남아 있는 사진을 오려 붙이면 시간을 좀 더 생생하게 거슬러 오를 수 있으며, 소설을 찾아보고 신문을 뒤적이며 그들이 하는 말을 엿들을 수 있기 때문이다. 어쨌든 나는 과거를 향해, 그 과거가 현재가 될 때까지 거슬러 올라가는 모든 수단을 강구하지 않으면 안 되었다.

시간여행의 장치

과거로 가는 시간여행의 장치들이 있다. 그것도 비교적 빠른 속도로 돌아갈 수 있는 방법이 있다. 물론 기록들이다. 그리고 가장 접근하기 쉬운 기록 중의 하나가 신문이나 잡지일 것이다. 그중에서 날짜별로 이어지는 신문은 과거의 일상으로 되돌아갈 수 있는 수단으로 아주 매력적임에 틀림없다. 때로는 신문 하나만으로 한 시대의 전모를 손바닥 보듯이 읽어낼 수 있을 것 같은 착각이 들기도 한다. 하지만 신문은 어쩌면 가장 불안정한 시간여행 장치일 수도 있다.

모든 기록물들이 그러하듯이, 신문처럼 편의적으로 사실을 발췌한 기록들로 채워진 것도 없다. 신문은 항상 객관성을 앞세우지만 객관적인 사실의 기록이란 처음부터 존재하지 않는다. 신문의 명백한 오류는 그것이 항상 객관적 사실을 가장함으로써 진실을 은폐하는 수단으로 전락할 수 있다는 점이다.

신문이 다루는 사실은 늘 일상의 실체가 아니라 일탈된 일상의 범주에 속한 것이다. 신문이 선택하는 사건의 아이템들은 보편적 일상에서 벗어난 일탈의 영역 속에서만 다루어지기 때문에 보편적인 일상의 진실은 은폐되고 왜곡된다. 신문이 다루는 극악한 살인의 현장에서 살인을 둘러싸고 있는 일상의 태도와 체험, 현상은 늘 상투화된 배경 속에서만 나열된다.

옛날 신문을 보면(오늘날의 신문을 볼 때도 다르지 않지만), 신문이 드러내고 있는 사실들이 극단적으로 나뉘어져 있음을 알 수 있다. 하나는 신문이 지나치게 현실 권력(정치·사회·문화적 권력)의 흐름을 지겨우리만큼 맹목적으로 좇아다니고 있다는 사실이며, 다른 하나는 새로움의 이름 아래 극히 부분적으로 일어나는 현상들을 항상 전면에 내세우고 있다는 점이다.

또한 가치 지향이라는 이름으로 자행되는 신문의 편향된 논조, 고집스런 태도, 성급한 판단들은 사실인 것처럼 보이는 현실에 기초하고 있기 때문에 실체를 더욱 왜곡한다. 바로 신문을 가장 신문답게 유지하는 이런 태도들은 신문을 '과거를 보는 창'으로 선택하는 데 늘 주저하게 만든다.

다행스러운 것은 신문의 성향이나 논조, 혹은 편향된 태도들은 크게 문제가 되지 않을 수 있다는 것이다. 특히 과거의 신문은 더욱 그렇다. 과거의 신문은 오늘의 신문이 아니다. 그것은 이미 구문이다. 꼭 그렇다고 할 수는 없지만, 시간의 흐름은 사건에 대한 평가뿐 아니라 신문에 대한 평가 역시 자연스럽게 결정짓는다. 신문의 편향에 의해 사건과 진실은 왜곡될 수 있지만 그것은 그때뿐이다. 이를 테면 '전시 하의 황국신민이 나아갈 길'을 신문이 제시할 수는 있어도 식민지 백성이 황국의 백성이 될 수 없음은 쉽게 드러나며, 황국신민을 떠벌린 신문의 실체가 하나의 역사적 대상이 되어버리기 때문이다. 따라서 신문을 통해 보편적인 일상과 역사적인 현실의 실체를 가늠하는 일은 그 두 가지의 극단 속에 감추어져 있는 빈 공간으로 미끄러져 들어가지 않으면 안 되는 일이다. 어쩌면 그것은 신문에서 가장 신문답지 못한 구석, 신문기자들이 버린 휴지통이나 그들이 그저 내뱉은 횡설수설의 잡담 속에서 건져낼 수도 있으며, 의미심장하게 써내려간 기사 속에서 기자가 흥분하는 그 자체에 주목하면서 드러날 수도 있다.

  오래된 신문을 보는 일은 오늘날 신문을 보는 것과 다르지 않다. 신문은 언제나 일상에서 일탈을 내세우고 일상의 극단을 제시하면서 일탈을 상투화하는 일상의 도구였다. 그런 점을 놓치지 않는다면, 신문은 그 시기의 사회 분위기를 느낄 수 있는 가장 효과적인 것이기는 하다. 과거의 신문을 통해 과거의 일상 속으로 미끄러져 들어갈 수 있다면, 신문은 불안정하지만 썩 괜찮은 시간여행 장치가 될 수 있다.

신문을 가능한 몽땅 구해보는 일 자체는 가능한 일이다. 하지만 도서관이나 신문사에서 마이크로필름을 뒤져본 사람이면 그게 얼마나 어지럽고 속이 뒤집히는 일인지를 안다. 나는 항상 방대한 자료를 그 작은 마이크로필름에 담아낼 수 있다는 사실에 경탄하지만 그 빌어먹을 마이크로필름을 개발한 자들을 저주한다. 도서관에 가면 오래된 신문을 내어줄 리도 없고 눈이 뱅뱅 돌아가는 마이크로필름을 들여다보아야 하는데, 걸리는 시간도 시간이지만 도무지 몸이 견뎌 내지를 못한다. 이래저래 과거로 가는 여행은 목적지에 대한 설렘을 빼고 나면 피곤한 일이다.

지레 겁을 먹고, 어쩌면 여행에 드는 시간과 경비가 턱없이 모자라 이래저래 미루던 차에 거의 무임승차할 기회가 생겼다. 몇 사람을 괴롭힌 끝에 그리고 약간의 비용을 지불한 끝에, 급기야 나는 1959년 1년 치의 신문(동아일보)을 몽땅 복사해 책상 옆에 갖다 놓기에 이르렀다. 과거로 가는 시간여행 기차의 티켓을 끊은 것이다.

사실 신문을 처음부터 끝까지 다 읽어본다고 1959년의 실체가 눈앞에 쏙 들어올 리는 없었다. 책상머리에 편히 앉아서 옛날 신문을 슬슬 들여다보며 과거로 빠지는 체험을 즐기고 싶은 생각이 내심 더 앞섰다. 이제 목적지는 중요한 것이 아니다. 차창 밖으로 보이는 풍경에 넋을 잃고 빠져들기만 하면 되는 것이다.

몇 차례 경험한 일이지만 옛날 자료를 몇 날 며칠 들여다보고 있으면 이상한 착각에 빠지기 시작한다. 마치 그 과거로 되돌아간 듯한 느낌인데, 어느 정도 증세가 심해지면 드디어 그 당시의 언어와 이미지의 세계에 매우 밀착된 것 같은 느낌이 드는 순간에 도달하게 된다. 당시에 쓰던 용어와 말투 그리고 논리에 익숙해지고 나면 마치 요즈음 사람을 대할 때 그렇듯, 그 말을 한 사람이 어떤 사람인지, 그리고 어떤 상황에서 하게 된 말인지 그 전후 사정과 속내까지 들여다보이기 시작한다. 그러면 그때부터 과거는 살아 있는 현재로 말을 건네 오기 시작한다. 그들이 말하는 걸 금방 알아들으며, 그들이 말하려는 이야기에 동화되면서 동일한 체험을 하는 듯한 착각이 들기 시작한다.

이런 의사 체험의 과정은 사실 과거로 들어가는 매우 기본적인 절차에 불과하다. 소설을 보거나 영화를 볼 때 쉽게 빨려드는 것과 흡사한데 문제는 소설이나 영화처럼 신문과 같은 기록들이 흡인력을 충분히 갖고 있지 않다는 것뿐이다. 어쩌면 책 먼지 냄새와 아른아른한 옛 활자와 한문 투의 문장들이 그런 역할을 하는지도 모르겠다.

어쨌든 나는 한쪽에 이 방명록을 펼쳐놓고 다른 한쪽에는 1년 치 신문을 쌓아놓고 길고 지리할지도 모르는 과거로의 여행을 시작하게 되었다. 드디어 나는 내가 태어난 과거로 돌아갈 계획을 실행에 옮기게 된 것이다.

하루 치의 신문은 여덟 면, 일요일을 뺀 날짜 삼백 일 정도를 곱하면 이천사백 장, 신문을 하루에 하루 치씩 보면 삼백 일, 이틀 치를 보면 백오십 일, 사흘 치를 보면 백 일이니까 적어도 한 서너 달이면 볼 수 있겠다 싶었다. 하지만 기껏 하루에 이틀 치를 보는 것도 벅찬 일일 뿐 아니라 매일같이 들여다볼 여유가 없었기에 과거로의 여행은 말 그대로 길고 지루한 여정이 되어버렸다.

3

1959년 그해, 일상의 풍경

그해 겨울

 몇 번이나 중단되어 더 이상 미룰 수 없었던 여행을 다시 시작한 것은 2004년 봄이었다.
 그동안 나는 좀처럼 시간여행으로 뛰어들지 못했다. 1959년으로 향하는 여행을 시도할 때마다 번번이 현재로 미끄러져 내려앉고 말았다.
 과거로 가는 시간여행에는 몇 가지 요건이 필요하다. 가장 중요한 자격 중의 하나는 그 언제라도 중립적이어야 한다는 것이다. 단순히 사료를 바라볼 때 어느 쪽에도 치우치지 않는 객관적 입장을 고수해야 한다는 뜻만이 아니라 주관적인 감정이나 감상이 깃들면 여행 자체가 불가능하기 때문이다. 여행에 들어서서 그들의 말이 들리기 시작하고 그들에게 말을 걸 수 있을 때까지는 마치 투명 인간처럼 누가 뭐라고 하더라도 모른 척해야 하며 설사 능지처참할 일이 버젓이 벌어진다고 하더라도 모른 척 지나칠 수 있어야 한다. 혹시 거기에 관여하여 공연히 흥분하거나 뭐라고 말을 걸기 시작하면 어느새 시간여행 장치는 현재로 곤두박질쳐버린다는 것이 내가 몇 번의 여행에서 얻은 경험이었다.
 그런데 어찌된 일인지 그해의 자료를 들여다볼 때마다 나는 주관적인 감정을 주체하지 못한 덜 떨어진 심리 상태에 빠져버렸고 그런 상태로 과거로 들어가 보았지만 여행이 제대로 될 리도 없었다.

신문과 자료를 끼고 과거를 향한 여행에 빠져든 어느 날, 나는 1959년의 거리를 거닐고 있었다. 거리엔 쌀쌀한 바람이 불었다. 붉은 벽돌과 부서질 듯한 시멘트 벽돌이 얽혀 겨우 집 모양을 갖춘 건물과 조각난 판자들을 이리저리 얽어놓은, 가옥이라고 말할 수조차 없는 집들 그리고 엉성한 바라크 건물과 천막으로 드문드문 엮어놓은 풍경들. 그 길을 걸으면서, 이번에는 쉽사리 현재로 되돌아가지 않으리라고 생각했다.

겨울은 매서웠다. 1월 초 한파가 밀어닥쳤다. 이런 날씨에 거리로 나선다는 것은 무모한 일이다. 날씨 탓만은 아니었다. 미처 여행 짐도 풀기 전에 주위의 눈치를 살펴야 했다. 처음에는 도착하자마자 느긋하게 서울을 한 바퀴 둘러볼 심산이었다. 조선호텔이나 반도호텔과 같은 곳은 아니더라도 서울역 부근에 여인숙이라도 하나 잡아놓고 낯선 과거를 천천히 탐색할 생각이었다. 틈이 나면 내가 태어난 곳도 가보리라. 종암동 근처의 채석장을 수소문하면 찾는 게 그리 어렵지 않으리라 여겼던 것이다.

그런데 그렇게 한가하게 구경을 다닐 염을 내지 못했다. 맨 처음 맞닥뜨린 것이 한파보다 더 살벌한 보안법의 칼바람이었다. 어디를 가나 경찰의 따가운 의심을 받아야 했고 다방에 들어가 커피를 한 잔 마시려다가도 이상한 눈초리에 둘러싸여 얼른 도로 나와 버리지 않을 수 없었.

말썽도 많은 16일 이틀 동안 서울 시내의 움직임을 보면 전날과 같이 여전하게 '짬바' 대원과 '백차'들이 시중 군데군데에 산재해 가지고, 오가는 행인들의 일거일동一擧一動에 눈독을 들이고 있다. '삼엄'이 아닌

'긴장'의 연속 그대로이다. 마치 '데모여 걸려라! 삐라여 붙잡혀라!' 하고 대기 태세이다. 다방처럼 뭇 사람이 드나드는 곳엔 사찰 형사들이 늘어앉아서, 다객들의 주고받는 한마디 한마디 말에 신경을 날카롭게 쓰고 있는 모습들이 유난히도 눈에 띈다.[13]

전국에는 찬바람이 불고 있었고 새해 벽두부터 지난해 12월 24일 국회에서 폭력적 행사로 통과된 신보안법 철회에 대한 데모가 산발적으로 일어나고 있었다. 음산한 기운이 거리를 쓸고 다녔다. 잔뜩 주눅이 든 채 누군가의 눈치를 살피고 황급히 걸음을 옮기는 행인들의 종종 걸음이 날씨 탓만은 아니었다.

자유당은 새로운 보안법을 제출했다. 새로운 법은 적용 대상과 이적 행위 개념을 확대한 법안이었다. 인권과 언론 침해를 지적하는 각계의 반발이 있었지만 국회 법사위는 자유당 의원 열 명이 참석한 채 단독으로 개정안을 통과시키고 본회의에 회부했다. 야당인 민주당과 무소속 의원 80여 명이 본회의장에서 농성에 들어가자 한희석 국회부의장이 경위권을 행사했다. 3백여 명의 무장 경위(그들은 그 전날 전국에서 특채된 무술 경찰관들이었다)를 시켜 농성 의원을 끌어냈고, 자유당 단독으로 보안법 개정안과 지방자치법 개정안 그리고 예산안을 무더기로 통과시켰다. 그것이 이른바 지난해 12월 24일 벌어진 보안법 파동이었으며, 통치자의 성탄절 메시지에 포함되지 않았던 크리스마스 선물이었다.

새로운 보안법에 대한 크고 작은 반대 시위가 끊이질 않았다. 1월 13일에는 보안법 개악 반대 전국 국민대회가 경찰의 원천 봉쇄로 무산되었고 이후에도 정국은 경색 국면을 벗어나지 못했다. 국가보안법은 간첩을 색출한다는 명분으로 급조된 것이지만 실제로는 언론과 정치 활동에 제약을 가하여 차기 정부통령 선거를 자유당에 유리하게 이끌기 위한 정략 중의 하나였다. 그걸 모르는 사람은 아무도 없었다.

1959년의 살벌한 분위기 속에서, 보안법 개폐 논의가 한창인 현재를 떠올리지 않을 수는 없었다. 보안법은 정치적 기득권을 유지하기 위한 수단으로 시작된 것이었다. 그러나 보안법 폐지라는 당연한 역사적 수순은 이루어지지 않았다. 생각 같아선 보안법 폐지를 거스르는 무수한 사람들에게 사태의 본말을 보여주고 싶기도 했다. 현재는 아직 과거의 그림자를 거두어내지 못하고 있다. 내가 본 1959년의 1월은 경찰국가적 사회 분위기가 점차 팽배해져가는 모습이었다.

새해 벽두부터 살풍경한 현실을 마주해야 한다는 것은, 아무리 여행자의 입장이더라도 걱정이 되는 일이었다. 유신 말기 장갑차가 늘어서 있는 광화문 풍경이나 1980년대 매캐한 최루탄 가스에 절은 거리의 풍경을 기억하고 있는 나로서는 그 전초를 1959년에서 보아야 하는 것이 결코 유쾌한 일일 수는 없었다.

2월 2일. 오전 11시 50분경. 서대문 이기붕 의장 공관 앞 노상에서 시위가 벌어졌다. 삐라가 뿌려지고 구호 소리가 들렸다. 국가보안법을 반대하는 데모, 말이 시위지 불과 세 명이 후닥닥 벌이고 잡혀가는 데모다. '원천봉쇄'는 게릴라식 데모를 양산했지만 그마저 여의치 않았다. 하지만 이해에는 무수히 열리는 관제 데모의 행렬과 마주쳐야 했다. '재일교포 북송 반대'의 이름이 걸린 관제 데모에는 10만여 명 이상이 참가했고 시위 행렬은 일 년 내내 지속되었다.

1958년 12월 24일, 자유당은 보안법 적용 대상과 이적 행위 개념을 확대한 신보안법을 강제 통과시켰다. 보안법 통과를 저지하기 위해서 야당 의원들이 국회에서 농성을 벌였지만 경위권이 발동돼 모두 끌려나갔다.

우리의 정치사를 떠올리면 거기에는 반드시 데모가 뒤따라 등장한다. 데몬스트레이션이라는 어려운 외래어가 데모라는 익숙해진 말로 뒤바뀌어 등장한 것은 조금 더 거슬러 올라가 해방 직후부터일 것이다. 그때부터 '한국만큼 데모가 많고 데모를 좋아하는 국민도 없다'고 외신기자가 말하는 소리가 들린다. 해방 후 국가의 새로운 정체성을 담아내기 위해 수많은 스펙트럼으로 분화되었던 정치 세력이 자신들의 의견을 표출하는 수단이자 자신들의 세를 드러내기 위한 방법으로 선택한 데모는 정치적 장이 마련되지 않은 사회의 유일한 정치적 행위였다. 그리고 그 후에도 데모는 가장 강력하고 효율적인 정치적 의사 표시의 수단이었다. 데모 말고 우리에게 자신을 표현하는 수단이 있었던가.

데모는 어쩌면 슬로건으로 찌들려왔던 우리 사회의 왜곡된 양상의 한 단면일 수도 있다. 데모는 자발적인 의사 표현 수단이었지만 수없이

경위권이 발동돼 끌려나가는 야당 의원들. 2004년에 있었던 노무현 대통령 탄핵안 통과 사건을 연상케 한다.

남용, 도용, 조작되는 현실에 직면하게 된다. 의사 표현의 정당한 절차를 갖지 못한 민초들이 '민의'를 표출하는 적절한 수단이기도 했지만, '민의'를 조작하기 위한 정치적 수단이기도 했다. 관제 데모가 그것이다. 그 당시의 신문이 지적하는 대로 "민의의 진가眞假조차 구별할 수 없도록 민중을 현란케 하는" 것이 데모이기도 했다.

데모는 딱 두 가지만 있을 수 있었다. 수십만 명이 동원되어 경찰의 보호를 받는 관제 데모와 게릴라처럼 거리를 기습하여 몇 차례 소리를 지르다 도망쳐야 하는 소수의 데모. 이기붕 집에서 벌어진 데모도 그런 것 중 하나였다. 경찰국가의 사회적 분위기 속에서 자발적 참여로 일어난 대규모 데모는 엄두도 내지 못했다. 유신 시절처럼 말이다. 소규모의 산발적인 데모가 끊임없이 일어났고 경찰들은 이마저 봉쇄하기 위해 동분서주했다.

1959년 그해, 일상의 풍경 109

찌르릉! 신문사의 전화는 쉴 사이 없이 울려댄다. 수화기를 든 즉 '오늘 ×시에 ×장소에서 〈삐라〉 살포와 〈데모〉를 합니다.' 즉시로 카메라맨과 취재기자는 지정된 장소 근처에 달려간다. …… 과연! 별안간 〈삐라〉는 하늘 높이 뿌려지고 짤막한 〈푸랑카드〉를 두 손에 펼친 5, 6명의 데모 대원이 나타났다. …… 경찰은 데모 그 자체보다 신문사의 거동을 살피기 시작했다. 특히 카메라맨의 거동을 철저히 감시하였다. 신문사의 주변에는 형사들이 배치되었고 허탕을 칠 망정 사진기자의 뒤를 되도록 좇아다녀야 했다.[14]

소수의 데모는 언론 효과를 극대화하려 하고 경찰은 그 뒤를 쫓는다. '삐라'와 '플래카드'의 가시적 효과는 한 줄의 기사와 사진을 위한 고려이기도 하고 경찰의 증거 수집을 위한 배려이기도 하다. 삐라를 몇 장 흩뿌리고 현수막을 재빨리 펼쳐 보이며 사라지는 데모대와 그들을 뒤쫓는 경찰들과 신문기자들, 그리고 멀리서 망연히 두려운 눈길로 이들을 바라보고 있던 행인들의 시선에서 나는 이 모든 상황을 틀어쥐고 있는 권력의 그림자들을 먼저 보아야 했다. 거리의 풍경이 눈에 익을 때쯤 뒷덜미를 뻐근하게 쥐고 있는 보이지 않는 실체들이 벌써부터 느껴지기 시작했다.

시발택시 안에서

여행은 다시 시작되어야 했다. 가뿐한 마음으로 시작될 여행은 아니었지만 처음부터 살벌한 분위기부터 맞닥뜨려야 한다면 그걸 피할 수 있는 길을 모색해야 했다. 과거까지 기어 들어와서 쫓기듯 돌아다녀야 한다면 가뜩이나 여행으로 긴장된 몸이 견뎌낼 수 없을 것 같았다.

서울을 한 바퀴 둘러보기로 했다. 서울역으로 갔다. 먹고 살기 위해 막 기차에서 내린 시골 사람들이 두려움과 가슴 설렘으로 나서는 곳이 서울역이다. 내 여행의 출발점이 되기에 손색이 없는 곳이다. 광장을 나서면 남산이 한눈에 들어온다. 광장 건너편에 3층짜리 건물과 5층짜리 건물이 그리고 소방서가 보였지만 아직 남산을 가로막을 수는 없었다. 역전 광장에는 '찝차'(지프차)들이 즐비하다. 그건 사실 찝차가 아니라 시발始發택시다. 군용 지프를 개조해 만든 시발택시는 요즈음으로 치면 9인승 구형 코란도와 비슷하다.

수십 대의 찝차 사이로 운전수들이 담배를 피워 물고 잡담을 하고 있다. 모두 한가해 보인다. 멀쑥하게 차려 입은 사람들만 보면 달려가서 어디로 가느냐고 묻는 아이가 있다. 그들은 택시를 탈 사람들과 그렇지 않을 사람들을 한눈에 구분해낸다. 하긴 그건 내 눈으로도 어려운 일은 아닌 듯싶다. 아이의 말하는 품새를 보니 열서넛은 되었음 직한데 겉모습은 열 살이 채 안 돼 보인다. 세파에 시달린 피곤과 웃음이 얼굴에 묻어 있다. 시발택시의 호객꾼인 모양이다. 손님을 불러주고 얼마를 받는 어린 호객꾼들은 아르바이트가 아니라 생업일 것이다.

한편에는 지게꾼들이 잔뜩 모여 있고 마차꾼들도 대여섯 보인다. 하지만 지게나 마차에 짐을 실을 사람들은 보이질 않고 택시를 탈 만한 사람도 별로 없다.

택시를 탔다. 시발택시를 타보고 싶기도 했지만 낯선 사람에게 이런저런 세상 이야기를 들려줄 수 있는 사람은 예나 지금이나 택시 기사가 제격이라고 생각했기 때문이다.

"창경원 갑시다."

왜 창경원으로 가자고 했는지 모르겠다. 그냥 불쑥 튀어나온 행선지가 창경원이었다. 아마 과거의 기억 중에서 가장 즐거운 기억을 떠올리려고 애쓴 결과가 창경원이라는 말이었을 것이다.

"구경가시게요. 좋지요. 요즈음 벚꽃놀이만 한 게 또 있나요."

"요즘 벌이는 좀 어때요?"

일상적인 인사말이 끝나기도 전에 그는 푸념을 늘어놓기 시작했다.

"죽을 맛이지요. 말이 좋아 택시 기사지요. 하루살이 같은 목숨에 불과하지요."

그는 미리 준비된 말인 것처럼 쉬지 않고 말을 쏟아냈다.

"우리 같은 합승 택시들이 어떤 줄 알아요? 하루에 휘발유가 8천 환

먹히지요, 운전수와 조수의 점심, 저녁 값, 담배 값 들지요. 그리고 점심시간을 이용하여 차를 놀리지 않으려고 고용하는 '스피어 운전수'의 몫이 기천 환 들지요. 또 재수 없는 날은 가두 재판에 걸려 교통세 뜯기고 나면 차주에게 가져다주는 것은 5, 6천 환 정도가 고작인 걸요. 하루 매상고의 성적이 나쁘면 운전수는 그 날로 면파(파면이라는 말이다)되고 말지요. 하루 2백 명의 손님을 운반하여야 운전수의 명맥이 붙어 있을 정도가 됩니다. 그게 쉬운가요? 정 안 되면 그날부터 서울역전이나 을지로 6가의 합승 택시 종점에서 '먹고 대학생'이 되는 거지요. 바로 스피어 운전수로 전락하는 겁니다."

스피어는 스페어 타이어 할 때 그 스페어를 말하는 것일 게다. 그 역시 얼마 전부터 스페어 운전수라고 했다.

"우리 같은 사람들은 동료 운전수가 사고가 나야 수지가 맞는다고 할 수 있습니다. 사고가 나길 바라야 한다니…… 더러운 운명이지요. 재수가 좋으면 점심시간에 임시 운전수 서리의 직무 대리 행세를 할 수 있게 되는 거죠. 서울 시내만 해도 차량은 9천여 대인데, 운전수는 3만 명이나 됩니다. 다들 먹고 살기 힘들고 다른 일할 것도 없어서 매달리는 건데 그래서 스피어 운전수란 덤핑이 생기게 되는 겁니다."[15] 그는 자책인지 변명인지 모를 말을 하고 있었다.

"그래도 운전수는 좀 대우를 받지 않나요?" 내가 물었다. 운전수가 선망의 대상이었던 어린 시절을 떠올렸을 것이다.

"옛날 이야기지요. 오죽하면 서울시에서 운전수의 날인가 뭔가를 만들어 고생하는데 대우 좀 해주자 그랬을라구요."

"운전수의 날도 있어요?"

"6월 10일이 운전수의 날이랍니다. 그래봐야 몇 사람들만 좋은 거지만. 그나저나 웬 강도들이 그렇게 날뛰는지 이 짓도 겁나서 못해 먹겠어요. 얼마 전엔 미친 군인 장교가 지나가는 찝차에 권총을 쏘아 운전수의 목을 관통시켰잖아요. 또 운행 중인 버스에 일등병인지 뭔지가 칼빈을 쏘아 정지시킨 일도 있었구요. 그전엔 승객으로 위장한 군복 차림의 권총 강도가 택시에서 1400환인가를 강탈했다지요. 권총 강도가 극성을 부리고 있어요. 찝차를 이용한 날치기도 극성이고…… 그 뿐인가요. 미군이 저지르는 범죄가 하나둘이 아니지만, 얼마 전엔 흑인 미군 병사가 한국인 찝차 운전수에 칼부림하는 사건도 있었지요."

"살벌하네요."

"살벌하다 뿐입니까? 게다가 교통 사정도 엉망이잖아요. 정말 이 짓도 못해 먹겠어요."

그건 내가 봐도 그랬다. 서울은 그때도 교통난과 교통사고로 시달리고 있었다. 휘발유 한 방울 나지 않는 나라에 웬 자동차가 그렇게 많은가 하는 말은 근자의 이야기가 아니다. 인구 150만의 서울은 2300여 대의 트럭과 1100여 대의 버스, 2300여 대의 택시, 900여 대의 합승 택시가 굴러다니고 있었고 여기에 관용차와 자가용 그리고 군용차들이 더해 혼잡을 이루었다.[16] 지금의 자동차 수에 비할 수는 없었지만 엉망인 도로 사정과 엉성한 교통망이 그 혼잡을 더했다.

매일처럼 사고가 났고[17] 오죽하면 "이래 가지고는 백 년을 가도 교통 안전이란 바랄 수없는 '장안'이다. '치욕의 서울'이다"[18]라는 말까지 하겠는가. 사람들은 미숙한 운전 기술과 결여된 교통 도덕 탓이라고 했지만, 45년 후의 서울이라고 더 나아진 것처럼 보이지는 않는다.

"휘발유 값은 어때요? 요즘 엄청 오르고 있어 미칠 지경인데."

아차! 싶었다. 이라크 전쟁 이후로 기름 값이 천정부지로 솟아 배럴당 40달러를 한참 넘긴 것을 생각하고 튀어나온 말이었지만 다행히 그는 알아채지 못했다.

"차가 많으니 휘발유도 당해낼 수가 없겠지요. 근데 이게 다 엉뚱하게 들어가고 있단 말입니다. 사실 따지고 보면 서울에 차가 얼마나 됩니까? 기껏해야 1만여 대에 불과한데 영업용 절반을 빼면 모두 관용과 자가용들이지요. 1년간 배급 받은 휘발유 양은 약 23만 드럼이지만 각종 암거래 휘발유로 충당한 것을 합하면 실제로는 60만 드럼은 넘을 거예요. 휘발유 한 드럼은 1만 2800환인데 거기에 각종 세금인지 뭔지가 덕지덕지 붙어 휘발유 값의 절반은 엉뚱한 놈들 배부르게 하는 데 들어가고 말걸요."

서울의 인상

광화문 앞을 지나갔지만 광화문은 없었다.

조선총독부 건물(헐려 없어진 중앙청이다)은 우중충하고 음산한 게 비어 있는 건물처럼 보였다. 이승만은 일본이 사용하던 건물을 쓸 수 없다고 하여 그저 내버려두고 있었던 모양이다. 얼마 전 서울을 다녀간 서독 신문기자의 글이 생각났다. 그가 얼핏 총독부 건물에 대해 말했던 것 같다. 서울과 농촌의 풍경을 스케치한 그의 글은 당시 풍경을 눈앞에 보일 듯이 그려내고 있었다. 4월 13일자 신문 사회면에는 〈한국의 인상〉이란 그의 글이 실려 있다.

서울 거리에서 자동차 사용이 금지된다면 교통은 일대 혼란에 빠지고 말 것이다. 시민들은 차도를 아주 태연하게 활보하고 있다. 그들은 보도를 거닐면서 불편을 느낄 때가 많다. 극성스러운 슈샤인 보이, 담배 장사, 만년필 장사가 귀찮게 덤벼드는 것이다. …… '아침이 고요한 나라'로 불리는 한국의 수도 서울은 새벽 다섯 시부터 자정까지 이와 같은 소음에 차 있다. 밤 열한 시 반이 되면 통행금지 시간 30분 전을 알리는 사이렌이 울린다. 자정이 넘으면 경찰의 순찰차와 외국인들의 자동차가 이따금 거리를 달릴 뿐이다. 그때부터 새벽까지 죽은 듯한 정적이 이 도시를 지배한다. 인구 약 2백만(그중 3분지 1이 피난민이라고 한다)의 서울에는 1950년부터 1953년까지의 한국전쟁의 흔적이 여기저기 남아 있다. 일본인들이 총독부로 사용하던 건물은 속이 타버리고 겉만 괴물처럼 남아 있다. 이러한 번화가에서 얼마 멀지 않은 곳에 피난민들이 미군 천막 또는 판잣집을 세워 밀집해 살고 있다. 이곳에서 사는 어린아이들과 노인들은 눈만 뜨면 돈을 벌려고 거리로 쏟아져 나온다. 외국인들은 그들로부터 이런 말을 듣기 일쑤다. '딸라 바꾸실 것 없어요?', '고운 색시 찾으시나요?'

…… 뜨내기 장사들은 거리의 구석구석을 차지하고 있다. 담배 장사와 만년필 장사가 가장 흔히 눈에 뜨이지만 그 외에도 국산품을 비롯하여 별별 물건을 파는 장사가 다 있다. …… 일본에서 파칭코가 유행하듯이 한국에서는 당구가 대유행이다. 서울, 부산, 대구 같은 큰 도시는 말할 것도 없고 대전이나 왜관 같은 곳엘 가도 '큐'를 십(十)자로 놓고 빨갛고 흰 공을 두 개씩 그린 간판이 여기저기 눈에 뜨인다. '당구장' 근처에는 또 으레 자그마한 다방이 있어서 일 없는 사람들이 한가롭게 시간을 보내고 있다. 당구장이나 다방에 못지않게 많은 것이 기원이다. …… 이곳 '다방'에서는 마음 놓고 휴식을 갖기도 어렵다. 학생복을 입은 젊은 친구들이 구두를 닦지 않겠냐니, 자기의 납작한 나무 상자 속에 있는 상품을 사지 않겠냐고 하고 졸라댄다. 그 안에는 만년필 이외의 약이나 라이터도 들어 있다. …… 한국의 다방 문에 들어서면 벽에 연락판이 걸려 있다. 다방에 들어오는 손님 열 명 중 아홉 명은 먼저 이 연락판을 들여

다보고 혹시 자기 친구나 애인이 쪽지라도 써놓고 가지 않았나 하고 확인한다. 자기의 쪽지를 꽂아 놓고 나가는 사람도 있다. 거리, 다방, 당구장 길모퉁이에서 만나는 청년들은 모두 대학을 나온 사람들이다. 한국에서는 매년 30여 개 대학을 졸업하는 학사가 약 1만 7천 명이나 되는데 그중 절반도 마음에 맞는 직장을 구하지 못하고 있다.

'원시적인 생활'을 하는 농촌에 대한 단상은 이렇다.

남한 인구의 70~80퍼센트를 차지하고 있는 농민들은 도시에서의 상거래와는 거의 무관하게 그들의 생활 수단을 장만하고 있다. 그들은 경제 원조나 공업화 계획에서 별로 혜택을 입지 못하고 있다. 토막집에서 원시적인 생활양식이다. 버섯 같은 초가지붕은 그들의 '체념'을 상징하는 것 같았다. 납작한 흙집, 초가지붕, 벌거벗은 산은 회색과 갈색의 단조로운 음영을 만들고 있다. 초가지붕 위에 널려 있는 고추의 빛깔만이 변

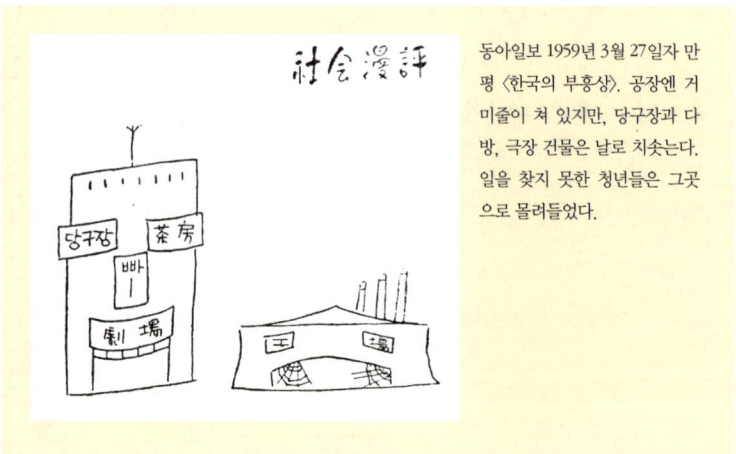

동아일보 1959년 3월 27일자 만평 〈한국의 부흥상〉. 공장엔 거미줄이 쳐 있지만, 당구장과 다방, 극장 건물은 날로 치솟는다. 일을 찾지 못한 청년들은 그곳으로 몰려들었다.

해가고 있을 뿐이다. 농민들은 도시의 소음을 모르고 있다. 그들이야말로 '아침이 조용한 나라'의 기둥이고 희망인 것이다.

그가 본 서울이 내가 지금 보고 있는 서울이다. 하지만 그의 글은 그저 서울의 인상기일 뿐이다. 나는 사람들의 우울을 바라보고 있었다.

창경원 벚꽃놀이

택시에서 내리자 창경원은 인파로 만원이었다. 이 날은 일요일이어서 그랬는지 약 8만 명의 상춘객들이 창경원에 몰려들었다. 서울 시민의 휴식처래야 남산, 한강, 정릉이 고작이었는데, 그중에서 창경원은 단연 서울 시민들이 선망하는 놀이 공간이었다. 저녁 시간을 기다려 밤 벚꽃놀이를 구경하지 않을 수 없었다. 10년 후의 기억을 떠올릴 수 있었던 것은 아이들의 손에 쥔 풍선 때문이었다. 10년 후의 봄밤에도 나는 창경원의 연못가에서 어리둥절하고 흥분된 즐거움에 빠져 있게 될 것이다.

창경원은 4월 12일부터 밤 벚꽃놀이가 열렸다. 첫날 개장 때부터 사람들이 몰리기 시작하여 연일 사람들로 북적였다. 9백여 그루의 벚나무에 1백 와트의 전등을 낮과 같이 환하게 달아놓았다. 벚꽃은 장서각을 오르는 길부터 흐드러지게 피어 그 밑으로 아베크족들이 쌍쌍이 거닐고 있고 군데군데 팝콘이나 장난감을 파는 장사가 진을 치고 있다. 술에 취한 취객은 흥얼거리며 노래를 부르고 사진을 찍느라 마그네슘 후랏쉬가 펑

펑하고 여기저기서 터진다. 벚꽃은 춘당지春塘池를 중심으로 꽃구름을 이루었고 수정水亭이 있는 춘당지의 물은 캬라멜 광고와 은행 간판 등의 네온싸인이 물에 비추어 환상적인 풍경을 연출했다. 수정안의 식당에는 달콤한 째즈 음악이 흘러나온다.[19]

창경원의 밤 벚꽃놀이는 작년부터(1958년 4월) 다시 재개되었다. 밤 벚꽃 놀이를 다시 즐기게 된 사람들은 아마 전쟁이 끝난 뒤 다시 열린 창경원에서 식민지 시절의 아련한 향수를 떠올렸을지도 모르겠다.

봄빛이 무르녹아 천산만야에 오색꽃이 방싯거리는 이때에 창경원 야앵 夜櫻(밤벚꽃)은 장안의 마음 들뜬 사람을 또한 끄러 모을 것이다. 그들의 눈총은 녀자들의 다리로, 그리고 녀자는 사나희의 꿈벅거리는 눈에 헤죽거리며 따르는 이 광경이 자못 볼 만하지 안엇던가? 그리하야 '무랑 루즈' '몬파리' 라는 영화의 세례를 받은 서울의 청춘 남녀는 모든 것에 잇서서 최첨단이어야 한다는 이 1930년을, 더구나 이 봄을, 얼마나 잘 보낼가 하고 애들을 태울 것인지[20]

일제 강점기 안석주가 말한 그대로의 풍경이 30년이 흐른 뒤 다시 펼쳐지고 있었다. 밤의 벚꽃을 다시 즐기는 사람들의 얼굴에 가난으로 찌든 표정은 없었다. 퍽 하는 소리를 내며 터지는 플래시 섬광에 하루의 즐거움을 오롯이 실어보는 한 가족, 비처럼 날리는 꽃잎에 어떻게든 자신의 마음을 실어 보내려고 안달하는 총각들과 자지러진 웃음으로 도망치는 처녀들, 그들 역시 서울 사람들이었다.

지난해 4월에 전쟁 후 처음 시작된 벚꽃놀이는 서울 시민을 달뜨게 하는 몇 안 되는 욕망의 해방구였으며, 일상의 피폐함마저도 축제를 위한 힘든 기다림일 것이라고 안위할 수 있는 유일한 순간이었다. 그러나 그곳에 모여든 서울 사람들에게 수정궁에서 흘러나오는 '달콤한 째즈' 선율이 익숙하기만 한 것은 아니었다. 밤 벚꽃놀이가 펼쳐지기 전부터 은밀히 수정궁에서 댄스파티를 열었던 사람들의 세계는 달랐다.

"홀 안의 광경은 눈이 부시도록 호화찬란하였다. 넓디넓은 홀을 휘황찬란하게 비쳐주고 있는 샹들리에 밑에서는, 육십여 명의 남녀들이 아름다운 고기 떼처럼 춤을 추며 돌아가고 있었다"고 정비석은 《자유부인》에서 수정궁의 풍경을 그리고 있다. 그런데 정비석이 《자유부인》을 쓴 것은 1954년, 창경원의 밤 벚꽃놀이가 개장한 것은 1958년이다. 창경원 수정궁은 댄스홀이 되어 누군가의 특권에 의해 이미 특수층에게 열려 있었던 것이다.

시내

 여름의 초입에 든 서울은 벌써부터 더위에 지친 모습을 하고 있었다. 그러나 여름은 적어도 의식주 중에서 두 가지, 입을 것과 잠잘 곳을 크게 걱정하지 않아도 되는 때였다. 추위에 시달리지 않을 수 있는 때가 온 것은 가난한 사람들에게는 축복이었다. 다른 때라면 몰라도 여름은 삶의 여유를 다소간 맛볼 수 있는 계절이었으며, 빈부의 격차를 심각하게 느끼며 절망하지 않아도 되는 때였다.
 삼복더위에 들어서 처음 맞는 일요일에 서울 시민 유일의 피서지인 한강에는 수천 명의 인파가 밀려들었다. 제법 화려하게 장식된 '놀잇배' 속에서 맥주잔을 기울이는 '뱃놀이패'의 모습도 보였다. 그리고 더위가 기승을 부릴 때면 수만 명의 시민들이 한강 뚝섬과 광나루로 몰려들었다. 매일같이 익사자가 발생했지만 대책은 없었다.
 한강에는 너른 백사장이 있었다. 특히 한강 철교에서 시작해 노량진을 거쳐 여의도 샛강 그리고 양화교까지 이어지는 백사장은 끝도 없이 넓었다. 백사장은 불가사의한 모래밭이었다. 그곳은 누구에게나 허용된 드넓은 놀이터였으며, 간혹 야구 시합이 열리는 운동장이기도 했다.

집 없는 사람들은 구덩이를 파고 가마니를 덮어 움이라도 지을 수 있는 소중한 집터였으며, 선거 때는 많은 사람들을 끌어들일 수 있는 정치 집회장이기도 했다. 보통 때는 공수 부대의 낙하산 훈련장이기도 했으며, 하얗게 부서져 내리는 종이 조각, 전단이 뿌려지던 곳이기도 했다. 그러다가 장마철이 되면 붉은 강물에 묻혀버려 흔적조차 없어지는 그런 곳이었다.

여름, 서울 시내는 폭염으로 찌는 듯했지만 그래도 청량한 공기는 그늘에 가면 시원한 느낌을 주었다. 세종로의 가로수 그늘 밑에서는 잡화상들이 몇 가지 물건을 내놓고 팔고 있다. 그중에는 밀짚으로 만든 여치 집에 여치를 잡아 가두고 이를 파는 여치 장수도 있었다.[21]

종로를 지나 파고다공원으로 향했다. 도심에 있는 탑동공원(탑골공원, 파고다공원)은 인근 주민과 실업자 등 매일 4만 명씩 드나드는 곳이었다. 사람들이 북새통을 이루고 있는데 대부분 할 일이 없어 눈요깃거리라도 찾는 이들이 대부분이다. 지금과 달라진 것이 있다면 모여든 사람들의 나이가 훨씬 젊다는 점이다.

플라타너스 그늘에서 냉차 장수가 노란색 물감으로 물들인 냉차를 팔고 있다. 얼음이 둥둥 떠 있는 샛노란 냉차를 한 잔 마시고 싶었지만 참았다. '냉차는 불량식품'이란 이미지는 내 과거에서 심어진 것이기도 했지만 냉차는 그 이전부터 문제의 식품이었다.

청량음료가 흔한 것일 수는 없었다. 맥주나 콜라가 없었던 것은 아니다. PX에서 흘러나온 코카콜라는 돈만 있으면 얼마든지 사서 마실 수 있었다. 그러나 콜라는 부자들만이 마실 수 있는 음료였다. 보통 사람들이 사서 먹을 수 있는 음료는 '과물수'라고 했는데 과일주스라는 뜻이지만 실제로는 식초와 색소를 타서 만든 식품이 대부분이었다. 거리에서 파는 냉차, '아이스 주스'에는 유해성 색소, 인공감미료는 물론 일반 세균과 대장균이 득실한 것으로 알려졌다.

"첫여름에 접어드는 거리에는 각종 청량음료 등 여러 가지 음료품들이 많이 나와 돌고 있으므로 군정청 상무부에서는 일제히 성분을 검사하는 동시에 각종 식료품도 검사하기로 했다. 요즘 거리에는 제조소 불명인 식초와 색소를 섞어 만든 과물수 같은 것이 나와 돌고 있는데 그중에는 불량품도 있다 하여 전면적으로 검사 실시하고 있다." 1946년 5월 7일 모 신문에 실린 기사이다. 그 이틀 뒤 미 군정청은 미군 장병들에게 조선에서 생산되는 비루를 비롯하여 사이다와 기타 청량음료의 사용도 금하였다.[22]

그런데 나는 탑골공원을 이리저리 다니다가 놀랍게도 거기서 음료수인 씨날코를 발견했다. 정확히는 어느 노인이 보고 있는 신문을 곁눈질하다가 신문의 하단에 나온 씨날코 광고를 보게 된 것이다. 사실 나는 이 책의 제목을 장미와 씨날코로 정해놓고도 씨날코에 대해서 알지 못한 채 그대로 방치해 두고 있었다. 그런데 'sinalco는 世界共通되는 名稱, OB 시날코'라는 광고가 신문에 실린 것이다.[23]

씨날코는 '시날코'이고 음료수였다. '달콤한 향기! 고상한 풍미!'를 내세운 광고의 내용을 보면 '독일 시날코 회사에서는 유럽의 가장 좋은 과일 열 가지를 고아서 짠 시날코 제-레를 세계 여러 나라의 이름난 음료 회사에 나누어 시날코라는 동일한 이름으로 판매'하고 있었으며 '동양맥주에서 시날코를 만들어 비행기 편으로 독일 본사로 보내어 정기적인 품질 검사를 받고 있음으로 세계 여러 나라의 시날코와 똑같은

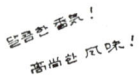

시날코 광고. 1956년부터 생산된 시날코는 열 가지 과일을 갈아서 만든 고급 음료였다. 당연히 돈 있는 사람만이 사먹을 수 있었다. 이기붕가 출입인 명부에 적힌 '씨날코'의 정체가 드러난 것이다.

품질'로 생산하고 있었던 것이다.

이기붕가에 전해진 씨날코는 바로 이 시날코 음료였던 것이고 그해 몇 차례 그의 집에 정기적으로 배달되었던 고급 음료수였다. 시날코가 처음 생산된 것은 1956년으로 돈 있는 사람에게는 인기 있는 음료수였다. 사이다는 1950년 동방청량음료합병회사에서 만든 칠성 사이다로 수돗물에 탄산을 넣은 것이었다. 1957년 동방음료에서는 스페시 코라를 만들었다.

공원의 한쪽에서 한 떼의 사람들이 웅성거리며 모여 있다. 그곳에서는 야바위꾼들이 벌이는 노름이 한창이었다. 그 즈음 '7자 놀이'라는 사기도박이 성행하였다. 칠자놀이란 有, 光, 江, 卜, 茂, 凡, 必이란 일곱 글자를 가지고 물주가 그중 한 자를 비밀리에 결정한 후 사람들이 일곱 자 중 어느 글자든지 돈을 무제한으로 걸게 하고서 맞히면 여섯 배를 내어주는 노름이다. 그와 비슷한 놀이가 아직도 서울 어디선가는 행해지고 있을 것이다.

　남산에 오른다. 수많은 사람들이 나무 그늘에 앉아 더위를 식히고 있다. 아직 케이블카도 없었고 팔각정도 없었다. 팔각정이 지어진 것은 그해 11월 18일이었다. 팔각정 현판에는 팔각정이라고 쓰여 있지 않았다. 3600만 환을 들여 지은 남산 팔각정의 이름은 우남정雩南亭이다. '이승만 대통령의 은덕을 길이 전하기 위해' 그의 호를 딴 것이다.

1959년 서울의 풍경 I

서울역

한강 백사장

한강 백사장에서 피서를 즐기는 서울 시민. 한강은 서울 시민에게 유일한 피서지였다. 정치인에게는 더할 나위 없이 좋은 유세장이었고, 집 없는 사람들에게는 훌륭한 집터였다.

1950년대 말 서울의 도로 풍경. 교통 정리 중인 경찰과 소년, 소녀의 모습이 이채롭다. 뒤로 시발택시도 보인다.

광화문

창경원

광화문 앞에는 광화문이 없었다. 일제가 조선을 침략하면서 조선의 상징이라 할 광화문을 철거해버렸기 때문이다. 대신 조선총독부가 그 자리에 들어섰다. 해방 이후에도 조선총독부는 서울의 심장부에 꼿꼿이 서 있었다.

창경궁으로 벚꽃 구경을 나온 서울 시민들. 벚꽃놀이를 하는 동안만큼은 일상의 피폐함을 잊을 수 있었다.

1959년 그해, 일상의 풍경

제법 붐벼 보이는 미도파 백화점 앞의 모습. '합승'이라는 마크가 새겨진 시발택시의 모습이 흥미롭다. 교통 사정도 안 좋았을 뿐더러 손님이 많지 않아 택시 운전사들은 무조건 합승을 해야만 한 시절이었다.

낙원동에 위치했던 문화극장과 그 뒤로 보이는 천도교 건물. 미군 지프차를 개조해 만든 승용차가 극장 앞을 유유히 지나가고 있다. 왼쪽으로는 연탄 공장이 보이고 오른쪽에는 잡상 가게가 손님을 기다리고 있다.

1959년 서울의 풍경 II

청계천 복개 공사 모습. 정부는 1957년부터 1961년까지 4차에 걸쳐 광교에서 오간수문에 이르는 청계천을 완전히 복개했다. 서울 인구가 증가함에 따라 청계천이 급속히 오염되고 교통 문제가 심각해지자 청계천을 덮고 도로를 만들기 위해서였다.

충무로에서 각종 잡화를 팔던 이동식 노점. 각종 영화 포스터가 덕지덕지 붙어 있다. 노점상에 영화 포스터가 내걸릴 정도로 영화 전성 시대였음을 보여 준다. 살림이 넉넉지 않았던 시절, 노점도 남루하지만 진열해놓은 물품도 초라해 보인다.

충무로

청계천

가난한 사람들

여름이 지나자 시련이 시작되었다.

가을 문턱에 들어선 9월 어느 날 태풍 11호가 휩쓸고 지나갔다. 그리고 언제나 그렇듯 천재의 피해는 늘 가난한 사람들의 몫이었다. 한강이 범람할 위기에 몰리고 수해를 당한 이재민들은 요즈음처럼 초등학교 등지에 수용되었다.

이재민이 수용되어 있던 용산의 어느 국민학교에는 작은 소란이 일었다. 수재민이 수용된 학교에 '낯선 사람들'이 섞여들었던 것이다. 낯선 사람들은 거지꼴을 하고 있는 극빈자들이었다. 수재민이 수용된 학교에서 그들을 발견한 경찰은 이들이 수재민이 아니기 때문에 구호할 이유가 없다며 보리쌀 석 되씩을 주고는 강제로 추방해버렸다. 이들은 한강 인도교 밑에서 살고 있던 50여 세대의 사람들이었다.[24]

엄밀히 말해서 수재민이 아닌 자들을 내쫓은 공무원들의 처사는 잘못된 것이 없었다. 그들이 기거했던 다리 밑의 거적과 천막들은 가옥이 아니었기 때문에 분명 수해로 집을 잃은 수재민이 아니었다. 극빈자들이 물난리로 잃어버린 '불법 주택'은 행정상 가옥이 아니었기 때문에 피해를 입은 것이 아니며 따라서 그들은 수재민 구호 대상에서 제외되어야 하는 사람들이다. 말하자면 그들은 수재민이 될 자격조차 없는 가난한 사람들이었던 것이다.

물이 덜 빠진 다리 밑의 모래사장으로 쫓겨 돌아온 그들에게 남아 있는 세간은 거의 없었다.

그들을 본 적이 있다. 아마 내가 그들을 만난 것은 그로부터 5, 6년쯤이 지나서였을 것이다. 한강변에 살고 있던 나는 여름철이면 그곳 백사장에서 살다시피 했다. 거기에는 가마니와 판자로 엮은 움집들이 여러 채 있었으며 둔치에는 제법 집 꼴을 갖춘 판잣집도 한두 채 들어서 있었다.

그곳의 풍경은 매일 달라졌다. 사흘이 멀다 하고 경찰들과 사복 차림의 동 서기들이 찾아와 집을 부수고 갔기 때문이다. 부수고 다시 짓고 싸우고 울고 하는 것을 구경하는 것이 할 일 없는 유년 시절 내 소일거리였다. 우리들은 거기에 살던 사람을 거지라고 부르지 않았다. 그들은 동냥을 하는 비렁뱅이들이 아니었다. 매일 아침 일자리를 찾아 집을 나서고 막노동이나 날품팔이 아니면 광주리 행상을 해서 연명을 한 사람들이다. 다만 집 기둥을 박을 땅이 모래밭 말고는 없었던 사람일 뿐이었다. 움집에 남아 있던 노인들과 아이들은 집을 지키는 일을 맡았지만 그들이 집을 제대로 지켜낸 적은 거의 없었다. 그때 나는 어렸지만 집을 지킨다는 것이 무엇을 의미하는지 분명히 알게 되었다.

지금 신문을 보고 확인한 것은 내가 보았던 그들이 이재민이 될 수도 없는, 집 없는 사람들이라는 점이다. 행정 분류상 거지들 말이다. 그리고 설사 간신히 그런 처지를 면한 무수한 사람들이 있다 해도 사정은 별반 다르지 않았다. 대개가 가난했을 때였으며, 굶주려 있을 때였다.

서울에 사는 사람들이 가난했었다면 농촌은 더하면 더했지 덜할 리가 없었다. 1958년 말 농업 실태 조사 결과에 따르면 농가 소득은 전체 소득의 37퍼센트, 농업인구는 전 인구의 70퍼센트에 해당했다.[25] 인구의 대부분이 농민이라고 할 수 있었고 그중 대부분은 영세농이며 빈농이었다.

농촌에서 자본축적이 이루어지지 않는 이유는 어찌 보면 당연했다. 당시 분석에 따르면 좁은 토지에 인구가 과밀해 있을 뿐 아니라, 도시의 실업 인구나 군 제대 인구, 노폐(노인) 인구가 끊임없이 농촌에 환송되고 있었기 때문이다. 농촌의 잠재 실업은 농촌의 과잉 취업 현상 때문이라는 것이 일반적 분석이었다. 땅은 좁은데 사람은 넘쳐나는 곳은 도시가 아니라 농촌이었다.

그 현상과 원인이 무엇이었건 굶는 사람이 적지 않았다. 춘궁기, 즉 보릿고개에 들면 이른바 양식이 떨어지는 절량絶糧 농가가 속출하였다. '초근목피', '구황작물'이란 말들이 익숙한 때였다. 매해 입이 돌아가고 굶어 죽는 사람이 마을마다 한두 명씩 있었고, 겨울을 간신히 버티고 봄이면 영양실조로 얼굴이 누렇게 뜬 채 호미와 쟁기를 손에 들어야 했다.

농촌은 대부분이 영세농이었다. 농가 수 212만 호 중에서 5단段(3백 평) 이하를 짓는 농가가 95만 호, 3단 이하가 42만 호에 이르렀다. 이들이 생산하는 곡물의 양은 자기 식구들 입에 풀칠하기도 버거웠다.

단당 생산량은 논에서 약 1석 5두에 불과한데, 3단 소출은 4석 5두를 소출했다고 보면 1인당 1년 식량을 1석으로 보더라도 5인 식구로 보면 5

난민촌의 모습. 배고픈 시절이었다. 다리 밑에는 집 없는 사람들이 움집을 짓고 연명했으며, 거리엔 거지도 많았다. 농촌은 더 심했다. 매해 굶어 죽는 사람이 생겨났다. 그런데 배고프지 않은 사람도 많았다. 분배 문제는 이때도 심각했다

두가 부족한 셈인데, 거기서 비료 외상값을 물어야 하고 고리채를 갚아야 하고, 소득세를 바쳐야 하고, 잡부금을 내야 하고, 담배도 사 피어야 하니까, 광목 한 자를 사지 못하고서도 적어도 1석 5두를 지출하여야 하므로 춘궁기를 안과安過한다는 것은 그들에게 있을 수 없는 일이다.[26]

도무지 생존의 대차대조표를 맞출 수가 없었다. 논농사가 다른 지역보다 훨씬 많았던 전라남도에서조차 춘궁기에 들어 식량이 떨어진 농민이 12만 명에 달했다.[27] 절대 빈곤에 시달리고 있던 농촌이 보릿고개를 넘기는 것은 그야말로 생존투쟁이었다. 춘궁기는, 보릿고개를 '잘 살아보세'로 없애버렸다는 어느 정치가의 망령이 2000년을 훌쩍 넘은 오늘날까지 맹위를 떨치게 할 만큼 두려운 것이었다.

그런데 놀랍게도 1959년에 쌀은 남아돌았다.

남아도는 쌀은 값이 폭락했다. 3월 현재, 쌀값 1만 1천 환은 터무니없는 가격이었다. 쌀을 수출한다는 소문이 퍼지자 쌀값이 폭등했던 때(5월)도 있었지만 이해에 쌀값은 계속해서 떨어지고 있었다. 그리고 보리가 해방 이후 가장 큰 수확을 거두어 한 가마에 3천 환이었다. 보리 한 말 값도 양담배 한 갑 값과 맞먹을 정도로 떨어졌다.

가을 기색이 완연한 10월, 본격적인 추수기에 들어서자 서울시의 쌀값이 계속 떨어지고 있었다. 한때 1만 5천 환 하던 것이 1만 환대까지 떨어졌다. 농촌에서 수확한 쌀들이 서울로 속속 밀려들었다. 서울역 화물 하역장에서는 쌀가마들이 줄기차게 내려지고 이를 실어 나를 소달구지들이 광장을 메웠다. 가끔 트럭도 눈에 보였다. 매일같이 호남 등지에서 스무 대의 화차에 9천 가마에 이르는 햅쌀이 쏟아져 들어오고 있었다.

쌀을 자급자족할 만큼 수확을 했는데 미국의 잉여농산물이 계속 도입되고 있었고,[28] 실제로 쌀의 대외 수출도 이루어지지 않았다. 어떻게든 일상생활을 유지하기 위해 필요한 돈을 마련해야 하는 농사꾼들은 생산비에서 3천 환이나 모자라는 헐값으로 쌀을 내놓을 수밖에 없었다. 11월 들어 쌀값은 나날이 떨어져 1만 환 전후까지 폭락했다. 3년간 풍작으로 식량이 과잉 상태에 있었고, 추수가 끝난 뒤 농촌에서는 쌀 투매가 성행했다.

한편에선 '식량이 과잉 상태에 있었다'고 말하는데 한편에선 밥을 굶어야 하는 '절량농가가 무수히 많았다'고 말해지는 상황, 그런 현실을 이해할 수 없다면 그건 우리의 과거, 아니 현재를 이해하지 못하기 때문일 것이다. 단순한 불균형을 거두어내고 피폐한 일상을 거두어줄 사회적인 장치를 기대하는 것은 난감한 일이다. 그런 시절이 오리라고 기대할 수 있는 상황도 아니었고 그걸 상상한다는 것은 불가능한 때였다. 그건 과거의 현상일 뿐일까? 어느 때고 마찬가지겠지만 먹을 게 없는 게 아니라 그걸 살 돈이 없다는 것이 문제였다. 절대적인 빈곤이라고 말해지는 시절조차 문제가 되었던 것은 물자의 절대 부족 그 자체가 아니라 분배의 문제였다.

물자의 부족

전쟁 이후 사회에 모든 물자가 부족했다는 것은 틀림없는 사실일 것이다. 현재의 눈으로 보았기 때문은 아니다. 일상의 살림을 지탱하는 것뿐 아니라 모든 공공 시설은 열악함 그 자체였다. 사회의 전반적인 물자 부족은 기간산업에 더 치명적이었다. 특히 전력 부족이 심각했는데, 1959년부터 1961년까지 최저 10만 킬로와트 부족으로 휴전 이후 심각한 전력 부족 사태가 올 것이란 예측이 지배적이었다.

일반 가정에서 전기를 사용한다는 것은 대단한 문화적 혜택이었다. 기껏해야 전등 한두 개에 불과한 것이었지만 전등이 설치된 집이 많지도 않았다. 어린 시절 서울에서 등잔불 시기와 호롱불 시기 그리고 전등 시기를 모두 경험했던 나로서는 전등이 처음 설치되었을 때(1966년쯤이었을 것이다) 그 찬란하고 아름다운 불빛을 잊지 못하고 있다. 30 촉짜리 전등 하나는 부엌으로 방으로 매번 필요할 때마다 벽에 달린 못에 옮겨 달아야 했다.

그보다 훨씬 전이었던 1959년 전국에서 전등을 설치한 가구는 총 375만 세대 중 17.5퍼센트에 해당하는 65만 2천 세대에 불과했다. 그

뿐 아니라 그중 3분의 2는 일정 시간만 사용할 수 있는 정액등을 사용했다. 전등의 혜택을 보지 못하는 세대가 전체의 82.5퍼센트나 되었다.[29] 전등은 대개 백열등이었으며 형광등은 '사치한 기구'여서 돈 많은 부호들의 집에서만 볼 수 있는 '현대적인' 불빛이었다.

전화는 동사무소에 가서나 볼 수 있는 물건이었다. 서울시의 전화는 총 2만 7천 대, 일반 전용이 9500대에 불과했다.[30] 전화는 그 후로도 오랫동안 부와 권력 그리고 특혜의 상징이었다. 나중에 백색전화니 청색전화니 하는 게 나오게 되고 전화 가설에 어머어마한 이권과 청탁이 오고간 데서도 알 수 있듯이 전화는 아직 일상 속에 자리 잡지 못하고 있던 때였다.

수도 사정은 더 열악했다. 서울 시민의 대부분은 동네 우물에서 물을 길어 먹고 있었다. 수도와 전기 사정이 좋지 않아 일반 시민들의 불만이 끊이지 않았다. 물론 그렇지 않은 곳도 있었다. 특권층이 모여 사는 동네엔 수돗물이 끊기는 법이 없었으며, 전기도 '특선特線'의 혜택을 받아 말 그대로 불야성을 이루고 있었다. 전력 사정이 좋지 못하고 변압기가 노후하기 때문에 일반 시민들은 툭하면 정전이 되는 사태를 겪어야 했지만, 특혜자들은 '자가용 변압기'를 비치하고 있기 때문에 전력 부족을 모르고 지냈다. 수도와 전기, 전화 등 공공 시설에서까지 특혜와 특권이 발휘되고 있었던 것이다.

그해 부족한 겨울 전기 사정을 완화하기 위해 일반 가정에서는 30와트 이상의 전기 사용을 일제 단속하고 전열 사용을 금지할 것을 강구하기도 했다.[31] 그리고 점점 악화되는 전기 사정으로 비상 배전 조치를 취할 수밖에 없었다. 당국은 서울을 일곱 구역으로 나누고 일주일에 하

동아일보 1959년 5월 26일자
고바우영감

루는 송전을 중지하고, 가정등은 해진 뒤 11시부터 다음 날 해질 녘까지 전기 윤번제를 실시하며, 그 기간 중 옥외 광고, 전광뉴스, 네온사인 등을 쓰지 못한다는 것을 골자로 한 조치를 발표했다.[32]

도전(전기 도둑질)도 끊이지 않았고 수도 요금을 둘러싸고 말썽도 많았다. 수도 요금 징수원이 수도 요금이 올랐다고 요금을 배 이상씩 받아가는 일이 빈번했다. 수도 요금 징수원과 부인들이 싸우는 것은 다반사였다. 수도 계수기가 제대로 달려 있지 않아 징수원의 전횡이 심했던 것 같은데 이것이 말썽이 나자 급기야 서울 시장이 나서 수도료가 오르지 않았다고 직접 밝혀야 하는 일까지 있었다.

사회 전반의 물자 부족은 '암흑의 시절'이라고 부를 만했다. 실제로 기차의 절반 이상은 '암흑' 상태로 달리고 있었다. 축전지의 부족(어찌 된 일인지는 몰라도 축전지는 그 당시 수입 금지 품목이었다)으로 객차 중 60퍼센트에 이르는 7백여 량은 아예 전등 시설조차 갖추지 못했다. 이로 인해 어둠 속에서 도난 사고가 빈발하고 열차로 통학하는 학생들의 풍기 문란 문제가 빈발했다.[33]

'암흑열차'만 있었던 것이 아니다. 난방시설도 없고 심지어 창문도 없는 '냉동열차'로 불렸던 기차도 달리고 있었다. 특급열차인 '통일호'와 '태극호' 정도가 그런대로 괜찮은 객차였는데 여기서도 빈대와 벼룩을 피할 수는 없었다. 화물차는 대부분 문짝이 떨어져나가 수송 도중 화물이 분실, 도난되는 경우가 많았다.

  철도는 그즈음 증기기관차에서 디젤기관차로 바뀌는 중이었다. 하지만 디젤기관차는 속도가 빨라 낙후된 철로에 균열이 가는 사고가 자주 발생하였다. 또한 디젤기관차가 속도가 빠르고 견인력이 강해 많은 물량을 나를 수 있게 되자 혹사하게 되었고 그래서 자주 고장을 일으켰다. 이럴 때마다 차고에 처박혀 있는 열일곱 대의 증기기관차를 다시 꺼내 운행할 수밖에 없었다. 내가 타보았던 증기기관차도 그런 것 중 하나였을 것이다. 증기기관차는 말 그대로 칙칙폭폭 요란한 소리를 내며 달린다. 우리나라에서 기차가 처음으로 노량진과 제물포 사이를 달린 때는 1899년, 그 이후로 증기기관차의 모습은 크게 달라진 게 없었다. 증기기관차가 이끄는 객차를 탈 때는 매우 조심해야 할 것이 하나 있다. 기차가 긴 터널을 통과할 때 기차 화통에서 나온 연기와 수증기가 뒤범벅이 되어 객차의 창으로 밀고 들어오는데, 터널을 통과하기 전에 창문을 미리 닫아놓지 않으면 낭패를 보기 십상이었다. 그런 기차들이 선로를 달리고 있었고 시내에는 전차들이 깡통 소리를 내며 느릿느릿 지나고 있었다.

일상의 경제

이해에 '돈은 씨가 말랐다'는 말이 돌았다. 돈이 없으면 당연히 물건을 살 수 없다. 경기가 좋을 리 없었다. 시발택시 운전수들의 말에 따르면 '올해는(구정을 전후로) 선물용 상자조차 변변히 전해보지 못했다'고 한다. 시중에는 돈이 돌지 않았다. 부흥 사업과 원조로 막대한 돈이 풀어지고 있었지만 어찌된 일인지 일상의 경제는 침체를 벗어나지 못한 것이다. 물가가 오른 것도 아니었다. '전년도 물가지수는 6.2퍼센트로 하락하고 실질 가치를 보유하는 통화가 3할씩이나 공급되었는데도 돈이 귀한 현상은 통화가 국내 특수층에 편재된 것이 아닌가'[34] 하는 의심을 끊임없이 불러일으켰다.

어느 누구도 분명한 지표를 가지고 말할 수는 없었지만 부가 어느 한쪽으로 쏠리고 있다는 것을 감지하고 있었다. 누구에게는 '먹고 죽으려도 없는 돈'이 누구에게는 '주체를 못 할 정도로 넘치는' 현상에 대해 드러내놓고 말할 수 있는 분위기는 아니었다. 전쟁이 끝난 후 모두 '없다'는 데 동의하고 있었고 누구는 '있다'라는 사실을 쉽게 받아들이려 하지 않았다.

물가동향 (1월 4일 도매물가)			
쌀 한 가마	11,400환	연탄 19공탄 한 개	55환
밀가루 한 포	2,250환	휘발유 한 드럼	18,000환
계란 한 줄	280환	설탕 한 포	8,200환
사과 한 상자	3,300환	화랑담배 한 갑	15환

그러나 부의 편재는 일상에 등장하는 물질에 대한 가치의 분화로 나타나기 시작했다. 그때의 물질은 소유의 배타적 특권 의식을 상징하는 하나의 가치를 드러낸다. 명품이 만들어지는 이유이기도 하다. 하지만 산업적 생산이 아직 미비한 상황에서 소유할 수 있는 물질은 매우 일상적인 수준에서의 차이에 기대고 있었다.

물질에 대한 가치의 분화는 의식의 분화와 직결된다. 국산품과 미제, 공산품과 수공품, 국산 물자와 수입 혹은 밀수 물자 등등의 차이는 단순히 물질의 품질에 의한 것뿐 아니라 물질을 소유할 수 있는 권리에 따른 차이를 드러내고, 그것은 사회의 보편적인 가치 형성에 절대적인 영향을 미친다. 미제 깡통에 쓰여 있는 영문자만으로도 그것을 소유한 자는 우쭐할 수 있고 그것은 계급적 차별 효과를 낳는다.

수박과 바나나의 사회적 가치 또한 그렇게 분화되었을까?

여름이 되자 수박 풍년이 들었다. 서울 시내 아현시장과 영천시장은 온통 수박 천지로 한 통에 70~200환에 팔렸다.[35] 서민들이 먹을 수 있는 여름철 과일은 예나 지금이나 별반 다르지 않다. 수박, 참외, 복숭아, 포도 그런 것들이다. 그리고 이른바 특수층이 먹던 '썸머 오렌지'와 '메이볼'이란 것도 있었다. 그런데 이런 것들은 값이 비싼 편이지만 작년보다 소비량이 많아지고 값도 약간 내렸단다.

바나나는 어떤가? 특별한 사람들이 먹던 바나나가 그때 있었던가? 지금은 아니지만 어릴 적만 해도 바나나를 먹는다는 것은 생각도 못 할 호사였다. 1959년에 바나나가 흔한 과일일 리 없었다. 그런데 그게 아니었다. 놀랍게도 바나나는 지천으로 널려 있었다.

"올해 들어 유난스레 서울엔 '빠나나' 사태가 났다. 과일전마다 구루마꾼마다 빠나나를 팔지 않는 곳과 사람이 없을 정도로 숫하게 눈에 띄운다"라는 말이 들린다. 그럴 수가 있었을까? 그때 바나나가 그렇게 쉽게 손에 닿을 수 있었던가?

바나나는 눈에 쉽게 띌 수 있었지만 누구나 먹을 수 있었던 것은 결코 아니었다.

어떤 옷차림을 화려하게 한 아낙네가 그 치욕적인 빠나나 한 관을 덥썩 사는 것을 보았다. 모두 열서너 개밖에 안 되는데 값이 천 3백 환, 그렇게 치고 보면 한 개에 근 1백 환 꼴이 된다. 그것을 쌀값으로 환산하면 소두 한 말치에 해당한 엄청난 고가다.[36]

바나나는 대만이나 홍콩 등지에서 들여온 것이다. 기사에 따르면 쌀 같은 것들과 바꾸어 수입했다. 바나나 한 관이 쌀 한 가마 값에 해당하는 것이니 지금으로 보아도 일반 서민들이 도저히 살 수는 없었던 가격이다. 하지만 바나나 사태가 났다고 하지 않았는가. '옷차림을 화려하게 한 아낙네'들은 분명 많았고 그들을 위해 '치욕적인' 바나나가 대량으로 수입되고 있었다. 절량농가가 속출하여 보릿고개를 넘기지 못한 사람들이 무수했던 시절이었다. 이미 물질의 소유를 둘러싼 계급적 분화와 함께 의식의 분열은 깊이 자리 잡고 있었다. 그게 보는 사람에게는 아직 '치욕적인' 현상으로 받아들여졌을 뿐이다.

새롭고 좋은 것은 누구나 갖고 싶어 한다. 없이 사는 사람들도 마찬가지다. 그러나 누구나 갖고 싶어 하는 '물건 같은 물건'은 수입품이거나 밀수품 그도 아니면 부정 군수물자 중 하나였다.

중절모인 파나마 모자가 여전히 유행하고 있었는데 고급품은 미제로 1만 환 정도했다. 하품은 7백 환짜리의 홍콩이나 대만 제품이었다. 국산품은 '있다는 소문만 있고 시장에 나온 것은 전연 없다'고 했다. 하품이더라도 웬만한 국산품은 보이지도 않았다. 있는 사람에게는 널려 있는 물건이, 없는 사람에게는 그나마 대체할 국산품조차 마땅한 것이 없었다.

국산품의 엉터리없는 품질은 정평이 나 있었다. 그즈음 한때 세상을 소란스럽게 한 '탈모비누사건'이 있었다. 국산 비누를 만들어 미군에 납품했었던 모양이다. 그런데 그 비누를 쓴 군인들의 머리털이 빠져버리는 일이 벌어졌다. 사회, 아니 국제적인 문제가 안 될 수 없었다. 그로 인해 미군에 납품했던 국산 비누는 일제 '아데카' 화장 비누와 미제 빨래 비누로 대체 공급되었다. 값으로 치면 매년 2억 7천만 환의 외화를 그대로 날려버린 셈이었다.[37] 당시 공산품의 수준을 말해주는 사건이 바로 '탈모비누사건'이었고 그로 인해 '국산품은 곧 저질'이라는 인식도 커졌다.

그 뒤 '국산품 애용'이라는 말을 무수히 들어야 했던 시절이 있었다. 적어도 그 말은 국산품에 대한 생산과 품질에 대한 정책적 고려가 집중되었던 시절의 이야기일 것이다. 그러나 그때는 그런 말조차 선뜻 할 수 있는 시절도 아니었다. 정부는 국산품을 장려한다며 8월에 국산박람회를 열었다. 이 소식은 '대한뉘우스'에도 요란하게 소개되었다. 하지만 속 내용은 말 그대로 엉망이었다. 진열장에는 상품이 제대로 갖춰지지 못했고 몇 개의 바라크 건물만 덩그러니 뚝섬에 설치되었을 뿐이었다. 여기에도 업자의 농간과 행정의 야합이 있었던 것이 틀림없었다.

그즈음에 이상한 물건이 세계적인 유행을 타고 우리나라에도 들어왔다. 훌라후프다. 미국에서 훌라후프가 등장한 것은 불과 한 해 전인 1958년이었다. 미국에서 훌라후프는 등장하자마자 폭발적인 인기를 누렸다. 어디를 가나 사람들은 엉덩이를 흔들며 플라스틱 둥근 테를 돌렸으며 미국에서는 몇 개월 만에 1억 개가 팔려나갔다. 훌라후프의 열기는 미국만이 아니다. 세계의 여러 나라에서도 미국에서와 같은 현상이 일어났는데 일본과 우리나라 역시 예외가 아니었던 듯싶다.

훌라후프가 유행하기 시작하자 이를 돌리는 '요상스럽고 해괴한 짓거리'가 '건강과 풍기상 해롭다'는 사회 공론이 돌았다. 보건사회부는 '사실상 건강에 해롭다'는 결론을 내렸다. 결국 전면적인 판매 중지를 고려 중이라는 소식도 전해진다. 훌라후프에 대한 인식도 그럴 때였다.

국산품이 없었던 이유는 자본과 시설 모든 것이 미비하기도 했지만 생산 원료를 구하기 힘들었기 때문이다. 그런데 어디나 널려 있는 질 좋은 공산품 원료가 있었으니 바로 깡통이었다. 전쟁 이후의 문화를 '깡통문화'라고 불러도 좋을 만큼 깡통으로 만든 물건이 유행했었다. 레이션 박스에 들어 있는 통조림 깡통에서 석유를 담던 드럼통까지 깡통은 일상생활 용품뿐 아니라 산업 용품까지 만들지 않는 게 없을 정도였다. 거지들의 구걸통에서 그럴듯한 접시, 등잔, 재떨이, 그리고 판잣

국산품 중에는 물건다운 물건이 없었다. 깡통 하나만 가지고 학용품에서 공산품까지 만들어 쓰는 실정이었다. 이런 시기에 수입된 훌라후프는 신기함 그 자체였다. 우리나라에서도 훌라후프는 인기 폭발이었다. 그러나 훌라후프를 과격하게 돌리면 장이 터진다는 발표가 나면서 이내 자취를 감췄다.

집의 지붕재와 심지어 자동차에 이르기까지, 쓰고 남은 깡통을 두드려 펴 만들고 활용하지 못하는 게 없었다. 1960년대까지 깡통은 없어서는 안 될 공산품의 원료였다. 학생들이 쓰는 연필(지금의 샤프펜슬과 비슷했다)과 필통 그리고 교복의 배지나 단추까지 그리고 대부분의 조악한 장난감(똑딱이 매미와 같은)들도 그 원자재는 깡통이었다.

그런 깡통 제품 말고 사람들이 가지고 싶어 한 '물건다운 물건'은 역시 현대적인 공산품들이었다. 공산품의 총아는 라디오였다. 남대문시장에 가면 미제 '제니스 라디오'나 일제 라디오를 얼마든지 구입할 수 있었다. 하지만 누구나 가질 수 있는 것은 아니었기에 라디오의 보급이 매우 부진했다.

전국의 라디오 대수는 26만 대로 집계되었으나 실제로는 약 35만 대 정도 가지고 있는 것으로 보였다. 이는 해방 전 전국적으로 30만 대,

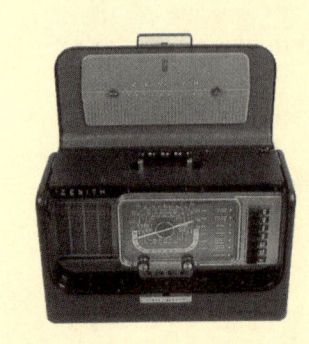
1920년대 미국에서 제작된 제니스 라디오. 1950년대에 미군이 들여오면서 국내에서 큰 인기를 끌었지만 누구나 소유할 수 있던 것은 아니다.

6·25 전에 남한만 15만 대였던 것과 비교해보면 그 보급이 매우 부진한 상태라는 것을 알 수 있다. 라디오는 대개 도시의 중산층이 소유할 수 있는 물건이었고 농촌 마을에는 단 한 대도 없는 경우가 허다했다. 열 세대에 한 대 꼴이다. 우리집만 해도 라디오를 구비한 것은 1968년 쯤이었으며 그나마 볼륨과 다이얼 스위치만 달랑 두 개 달린 광석식이었고 철사줄로 거미줄 모양의 안테나를 만들어 지붕 위에 매달아야 들을 수 있는 '야매품'이었다.

라디오 방송국 네 곳 중 전국 방송이 가능한 곳은 HLKA 한 곳뿐이었다. 주로 음악을 중심으로 내보냈지만, 일일연속극 형태의 드라마가 인기를 끌었고 그중에서 1959년 〈로맨스 빠빠〉가 홈드라마로 제작되어 인기를 끌었다. 라디오 보급은 지지부진했지만 이해 말 금성사에서 국산 라디오를 생산하기 시작해 보급이 급속히 확산될 전망이었다.

텔레비전은 거의 없었다. 아니 그렇지는 않았다. 통계적으로는 몇 천 대에 불과했지만 실제로 텔레비전 수상기는 수만 대에 이를 것으로 추산되었다. 하지만 그해엔 텔레비전이 있어도 별 소용이 없었다. 방송이 되지 않기 때문이다.

2월에 HLKZ 텔레비전 스튜디오가 불에 타 독자적인 방송을 내보내지 못하고 있었다. HLKZ-TV방송은 1956년 6월 처음 등장했다. 개국식에는 이기붕과 서울시장 김태선도 참가하는 등 성대하게 출범했다. 불타버린 스튜디오는 쉽게 복구되지 않았고 기껏 주한 미군 방송인 AFKN 채널을 빌려 저녁 시간인 오후 7시 30분부터 8시까지 하루 30분 정도 방송을 내보내고 있는 실정이었다. RCA 흑백 텔레비전도 시가는 약 30만 환, 일반인들로선 엄두도 못 낼 가격이었다.

라디오와 텔레비전도 거의 없던 시절, 신문에서는 '뷔데오 테이프의 출현'을 알리고 있었다. 비디오테이프가 등장했다는 기사는 비디오테이프의 원리와 이점 그리고 영화에 미칠 영향을 소개하면서 "앞날에는 텔레비 수상기를 써서 가정주부들이 테이프로 된 영화를 식료품상이나 상점에서 빌려다 텔레비 스크린에 투사할 수 있게 될지 모른다"고 하였다. 30년도 더 지나서 일어날 일들을 신문은 친절하게 알려주고 있었다.

냉장고는 전기세탁기, 텔레비전과 더불어 문명의 이기라고 불렸다. 그중에서 "위생상 꼭 필요한 전기냉장고와 선풍기는 주부들이 꼭 갖고 싶은 욕망"이었다. 냉장고는 얼음냉장고와 가스냉장고, 전기냉장고가 있었다. 전기냉장고는 90~95리터로 칸막이 세 개, 얼음 얼리는 접시 한 개, 붙박이 깔개 등이 부속품으로 있다. 소모 전력은 50~100와트이며, 가격은 23만 환에서 큰 것은 48만 환에 이른다. "파란 푸라스틱 부채에 반짝이는 테를 두르고 천천히 돌아가는 모양만으로도 시원한" 선풍기는 12인치와 16인치가 있다. 80와트의 전력이 필요했다. 값은 3만

환에서 5만 8천 환이다.[38]

얼마 전까지 부잣집의 대명사였던 피아노는 당연히 고가품이었다. 고급 양옥으로 지어진 문화주택에서 들려오는 피아노 소리는 천상의 음악이었다. 그 음악은 하늘거리는 블라우스를 받쳐 입은 소녀의 하얀 손에서 흘러나올 것이다. 신문에는 가끔 "고급 순 독일제 이바하, 바이스, 심멜 각종 피아노가 입하"되었다는 광고가 실렸다. 피아노는 대당 1백만 환 정도였다. 거금이다. 그래서 뇌물로도 쓰였다.

1월, 체신부 직원들이 발전기 등을 업자들에게 구입하면서 관계 직원 일곱 명이 845만 환에 이르는 액수의 뇌물을 받아 챙긴 사건이 터졌는데 그 뇌물 목록에는 피아노 한 대도 있었다고 했다.

모든 게 부족했던 때라고 모든 게 없었던 것은 아니다. 백화점에 가면 살 수 있는 물건은 얼마든지 있었다. 단지 돈이 없었을 뿐이다. 연말을 맞아 선물을 주고받는 풍경에서도 드러난다. "백화점에 천야만야 쌓여 있는 외래품의 호화로운 연말 매출 선전에 비하면 서민들의 구매력은 그저 평일의 매상고를 약간 상승할 정도"였다. 간단한 화장품과 5천 환 정도의 목걸이나 귀걸이 등이 서민들의 연말 선물용이다. 10만 환대를 넘는 고급 가구나 귀금속 그리고 대형 'X마스 케익'을 사는 사람은 따로 있었다. 미도파, 동화, 신신, 화신 등 주요 백화점에는 주로 양품점에 사람이 몰려 2만 환 안팎의 '쫄'이나 간단한 '울 샤츠' 정도가 비교적 잘 팔려나갔다. 시장에는 선물용으로 가장 많이 애용되는 '사과궤짝'만이 산더미처럼 쌓여 있었다.[39]

PX물품

모두가 가난했었다고 말하지만 부를 잡을 수 있는 절호의 기회는 도처에 널려 있었다. 부흥의 기치를 내건 사회 곳곳에는 권력에 연줄을 대어 사업권을 따내거나 장사로 한몫을 잡을 기회가 없지 않았다. 모든 게 불법일 수는 없었다. 그러나 이 시기, 이곳에 와서 느낀 것이지만 불법과 합법의 경계는 애초부터 존재하지 않았다. 기회가 있으면 잡는 것이고 그렇지 못하면 낙오하는 것이었다. 여기에 도덕과 합법성과 가치를 운운하는 것은 사치스러운 일인 듯 보였다.

PX물품. 그것도 그런 것 중의 하나였다. 그것은 원천적으로 부정 입수된 군수물자였지만 아무도 그것을 불법으로 인식하는 사람은 없었다. 심지어 언론에서조차 공공연히 PX물품으로 장사하는 법을 상담해주는 난이 있을 정도였다. 먹고 살기 힘든 세상에서 '부정'은 그 순간에만 조심해야 할 범죄였으며 그 순간을 제외한 모든 일은 서로 장려해야 할 일들이었다.

국내의 소비재 생산은 수요를 따라가지 못하는 상황이었다. 산업 전반의 낙후된 사정으로 보아 이는 당연한 일이다. 그 공급과 수요의 엄청난 간격을 메운 것은 밀수품과 PX물품이다. 따라서 이런 물품들을 취급하는 것은 부를 축적할 수 있는 가장 손쉽고 빠르며 때로 권장되어야 할 일이었다. 어차피 수요를 대체할 수 있는 물건이 생산되기 전에는 그것이 불법이든 합법이든 '사회적 요구'에 부응하는 일이었다. 특히 PX물품은 '밀수품도 아니고 정규의 수입품도 아닌, 그러나 시장에 산더미처럼 쌓여 있는 상품 아닌 상품'이었다.

> 마술도 아닐 터인데 큰 도시의 시장마다 부정 미 군수물자는 마차나 트럭으로 그리고 아낙네의 치마폭 속에 숨겨져 뭉치로 궤짝으로 들어오고 날개 돋혀 팔리고 있는 것이다. 양담배, 커피, 쥬스, 양주, 과자, 화장품, 귀금속, 일용품, 의류, 양품, 카메라, 시계, 필름 등등 이루 헤아릴 수 없는 물품이 쏟아져 나오고 있지만 세금도 안 붙고 또 원래가 대량 생산된 제품인지라 워낙 값싸게 먹힌 이 상품계의 '사생아'는 웬만한 다른 '정규 상품'을 얼씬도 못하게 하고 날로 인기(?)가 높아가고 있다.

> 여름철을 맞이 하여 불티처럼 나가는 코카콜라, 펩시콜라, 각종 쥬스는 말할 것도 없고 심지어 일본산 아사히 비-루(맥주), 삿보로 비-루 등과 함께 부릇바이저(버드와이저), 슈릿즈 등 각종 외국산 비-루는 서울 시내만 해도 하루에 몇 천 궤짝이 거래되어 소비되고 있는지 추산조차 할 길이 없다.[40]

그중에서 기호품이었던 담배와 커피의 수요는 엄청났다. 당시 1년에 전매청에서 판매되는 담배는 약 120억 본이며 1년에 우리나라 사람이 소비하는 양담배의 수량은 5억 내지 10억 본(약 150억 환어치)으로 추산하고 있었다. 하지만 양담배의 수요는 커피에 비하면 극히 부분적이었다. 전국에 흩어져 있는 커피의 90퍼센트 이상이 PX에서 흘러나온 것이었다. 10개월 동안 수입된 커피의 양이 10만 파운드인데 이는 국내 소비량의 20분의 1에 불과한 것이다.

물건에 따라 다르지만 국산품은 물론 수입되는 물품들도 PX물품에 비교해도 경쟁이 되지 않았다. 특히 커피의 경우 가격 경쟁 면에서도 PX 커피가 시장의 우위를 점하고 있었다. 커피의 정식 수입 가격이 파운드당 평균 1700환 정도인데 PX에서 대량으로 유입된 커피로 인해 시장 가격은 1400환에도 미치지 못했던 것이다. PX물품으로 인해 수입이고 생산이고 가격 경쟁할 엄두도 못 내고 있는 실정이었다. 국내 생산과 무역을 위축시키는 이런 PX물품에 대해 가끔 한미합동 단속이 있었지만 그건 표면적인 제스처에 불과했다.

PX물품이 시중으로 쏟아져 들어오는 현상은 상식적으로 이해할 수

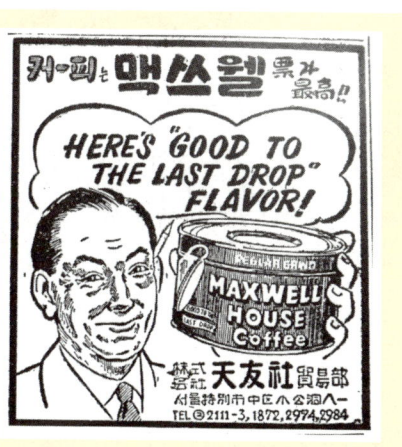

커피 광고. 당시 커피와 담배의 수요는 엄청났다. 그런데 시중에 유통된 커피는 대부분 PX에서 흘러나온 것이었다.

1959년 그해, 일상의 풍경 153

없는 일이기도 했다. 군수물자를 빼돌리는 일이 합법적인 것이 아니라면 어떻게 그토록 많은 물자가 시중에 유통될 수 있었을까? 군부대 관련자들 그리고 그들 주위에서 어정거리는 사람들이 몰래 빼돌리는 물자가 그토록 많을 수 있었을까?

명백히 불법인 PX물품이 어떤 경로로 누구에 의해 빼돌려지는지를 알아내는 것은 위험한 일이다. 알고도 말할 수 없는 사정이 있다. 현장을 가보자.

여기는 ××PX 뒷마당. 어느 날 오후 비교적 한가한 한나절이다. 몇 사람의 직원이 분명히 물건이 들어 있는 듯한 궤짝 몇 덩이를 들고 나와 쓰레기를 모아둔 데다가 던지고 간다. 그 직원이 사라진 지 1분이 못 되어 부르릉 하고 트럭이 들이닥치더니 쓰레기 더미에 차를 대놓고 쓰레기를 싣는다. 놀라운 일은 불과 1분 전에 갖다 놓은 물건 외에도 쓰레기 더미 속에는 굉장한 양의 물건이 감추어져 있는 일이다.

몇 분 후 그 물건들을 쓰레기 속에 교묘히 감춘 트럭은 다시 부르릉 소리를 남기고 어디론지 사라져버렸다.

시내 부유한 계층이 살고 있는 주택지. 어떤 문화주택 앞에 군용 트럭 한 대가 서고 가득 실었던 궤짝이 바삐 풀려 집안에 들어가고, 얼마 지난 뒤에 다른 민간 트럭 두 대가 와서 각 물건을 싣고 사라져버렸다.

그 궤짝 속에 맥스웰 표 커피가 가득 들어 있는 것을 지나가던 사람이 알 리 없다. 그리고 그 군용 트럭이 어디서 온 어느 소속 트럭인지도 알 길이 없다. 그러나 그 소속을 아는 이웃 사람이 있다 해도 섣불리 그 비밀을 입 밖에 냈다간 어느 깡패에 능지가 되도록 두들겨 맞을지 모르고 무서운 후환을 꺼려 입 다물고 있어야 할 판이다.
그래서 그 문화주택의 주인공이 가끔 집으로 PX 책임자나 또는 레이션 부레익 다운(물자 창고) 책임자 등을 초대하는 일이 있고, 몇 장의 이슈 스립브(송장)를 가지고 창고에서 PX물건을 실은 트럭이 PX로 가지 않고 이 문화주택으로 직행하는 일이 있다 해도 이 내막을 아는 사람은 드물며, 후일 PX 책임자에게 딸라가 보내지는 경우도 이 거래를 아는 사람은 극소수이며—비밀은 빈틈없이 지켜지고 있다 하니 믿을 수 없는 이야기(?)이기도 하다.[41]

이 글을 쓴 기자조차도 그 문화주택의 주인이 누구인지를 말하지 못할 만큼 부정 군수물자는 군부 혹은 정치적 실세나 그의 비호 아래서 조직적이면서도 공연히 거래되고 있었음을 보여준다. 그렇게 빼돌려진 물량에 비하면 '하수도 구멍을 기어 들어가서 물건을 훔쳐 내온다든지, 양공주들이 미군이 들고 나오는 물건을 받아서 넘기는 수량 등은 모두가 극소량'에 불과했다. 그저 '먹고살기 위해' 일반 사람들이 빼돌려 유통한 것은 사실 전체 규모에서 보면 문제가 되지도 않았다는 말이다.

부정 군수물자를 빼돌리기 위한 온갖 기기묘묘한 수법이 동원되었고 그러한 이야기들은 전설이 되어 사람들의 입에 오르내렸다. 전쟁 중에 고지를 점령한 무용담이나 기차 위에 간신히 올라타고 피난길을 떠날 수 있었던 회고담만큼 흥미진진한 이야깃거리이기도 했다. 실제로 PX 물자를 가득 실은 화물열차가 운행 도중 터널을 통과할 때 화차 한 대가 감쪽같이 터널에 떨어지고, 눈 깜짝할 사이에 그 화차에 실려 있던 PX물자가 교묘히 처분되는 사건도 있었다고 하며, 트럭 정도의 차떼기

1959년 그해, 일상의 풍경

가 아니라 배 한 척분이 한꺼번에 빼돌려진 경우도 있었다고 했다.

양키 물건

'PX물자도 아니고 정규 상품'도 아닌 물건들도 나돌아 다녔다. 밀수품이다. PX물자를 빼돌리는 것과 함께 밀수는 가장 효율적인 사업 아이템이었다. 1956년부터 1958년까지 3년간의 밀수품 누계는 64억 환, 6300여 건이었다. 드러난 것만 그랬다. 선박 밀수는 부산, 여수, 목포, 마산 등지에서 주로 이루어졌고 일본과 홍콩, 미국의 물건들이 들어왔다. 일본 물건이 가장 많았고 그 본거지는 대마도였다. 밀수는 주로 밤에 이루어졌다. 부산 오륙도 앞바다. 밀수꾼들이 '전마선'을 타고 플래시를 깜박이면 여기저기서 수십 척의 배들이 모여들었고 일대는 해상 밀수품 야시장이 벌어졌다. 부산 시내 광복동 거리의 점포마다, 국제시장의 창고마다 밀수품들로 넘쳐났고 전국 각지로 팔려나갔다.[42]

국산 공산품이 거의 없던 상황에서 장사를 해서 먹고살기 위해서는 PX물품 혹은 수입된 외국산 물품 장사를 하는 것이 가장 바람직한 일이었다. 어찌되었건 서울에서 장사하던 사람의 상당수는 부정 군수물자에 달라붙어 있었던 사람들이라고 말할 수도 있었다.

PX물품 혹은 수입품은 '양키 물건'이라고 불렸다. 양키 물건이 대규모로 거래되는 곳은 남대문시장. 전쟁 후 '도깨비시장'으로 불리던 그곳은 소총이나 군용 담요에서 심지어 전차와 대포까지도 살 수 있는 곳이라고도 했다. 남대문시장은 양키 물건이 도매로 이루어지면서 '양키시장'이라고도 불렸다. 이곳에서는 일상으로 쓸 군용 물건뿐 아니라 사람들이 선물 혹은 뇌물로 가장 선호하는 양주와 통조림을 얼마든지 구할 수 있었다. 양키 물건을 취급하는 장사는 가장 많은 이문이 남는 장사로 알려져 있었다.

신촌에 사는 한 미망인이 양키 물건을 파는 장사를 하고 싶었다. 어떻게 시작해야 할지 모르는 그녀에게 경영 상담을 맡은 것은 신문이었다. 신문에 소개된 경영 상담을 살펴보자.

문: 상업에 경험이 전무한 중년 미망인이올시다. 각종 병조림, 주류, 국산 및 양키물 통조림, 건과자 등을 주상품으로 아담한 식료품 소매점을 경영하고자 합니다.

답: 일산과 미제에 따라 다르다고 할 수 있습니다. 양키 병주류에도 〈죠니워카〉, 〈하파〉, 〈백마白馬〉 등 그 종류가 10여 종이나 되며 통조림, 건과자乾菓子도 여러 종류가 있어 일률적으로 말하기는 어렵지만 통조림이건 양주이건 간에 나오는 것이 미군 부대를 통해야 하므로 가급적이면 양부인 등을 통해서든지 미국 PX에서 직접 나오는 것을 받는 것이 제일 좋은 방법이며 일단 도매상을 거친다면 이윤은 아주 박할 것입니다. …… 도매상에 관해서는 특히 양주는 '가짜'와 진품을 구별하기 매우 곤란하므로 신용 있고 잘 아는 데를 택해서 거래해야 합니다. 도매점은 남대문시장(양키시장)에 가면 얼마든지 있습니다. 통조림에 관해서는 미제나 일제는 양주의 경우와 같으며 국산 통조림(특히 군용)은 취체 대상임으로 안심하고 판매할 수 없고 분제 우유와 같은 합법적인 수입 물품은 그 수입 상사의 대리점을 거쳐 나오므로 이윤이 박합니다. …… 소규모로 하더라도 자본금 50~70만 환 정도는 있어야 합니다. 양키 물품은

생산가에 의해서 값이 정해지는 것이 아니고 그때그때 사정에 따라 물품이 귀하게 되면 마음대로 호가하게 되므로 믿을 만한 도매상과 거래해야 하며 특히 양주는 크리스마스를 전후하여 가장 경기가 좋으므로 속히 개업하는 것이 좋을 것입니다. 그리고 상점의 위치도 고급 소비층이 사는 주택가든지 왕래가 번잡한 로타리가 적당할 것입니다. 참고로 현재 제일 많이 팔리고 있는 양키 물품의 도매가격을 적어보겠습니다.

양주(남대문시장 시세) : 〈죠니워카〉 3700환, 〈하파〉 3700환, 〈백마〉 2800환, 〈발렌타인〉 2300환, 〈카나다〉 2300환, 〈샴펜〉 2300환, 〈CB포도주〉 1500환, 〈드라이 징〉 1500환. 양주는 이 도매가격보다 2, 3백 환 비싸게 소매합니다.

통조림 및 양과자 : 〈도롭브스〉 650환, 〈파인쥬스〉 60환, 〈파인애플〉 550환, 〈토마도쥬스〉 180환, 〈병瓶커피〉 700환, 〈맥스웰커피〉(병) 700환, 〈NES커피〉 620환, 〈비너스 콩〉 530환, 〈코카콜라〉(1상자) 4300환, 〈맥주〉 4200환, 〈복숭아〉 800환. 이것들은 약 50환 정도의 이윤을 보면 잘 보는 것입니다.[43]

분명 부정 군수물자에 대한 세간의 인식은 부정적이지 않았다. '통조림이건 양주이건 간에 가급적이면 양부인 등을 통해서든지 미국 PX에서 직접 나오는 것을 받는 것이 제일 좋은 방법이며 일단 도매상을 거친다면 이윤은 아주 박하다'는 친절한 안내가 그걸 말해준다. PX에서 물건을 받는 건 매우 당연한 사업 수단이었다. 거기서 수단과 방법을 가리지 않고 값싸게 빼돌릴 수 있으면 성공을 보장 받는 장사였다. 모로 가도 서울만 가면 되었고 뭐가 되었든 돈만 벌면 장땡이었다.

사회상 그리고 일상

나라 밖에서는 새로운 세계가 열리고 있었다. 이해에 일어난 일을 간단히 살펴보자.

피엘 카스트로가 이끄는 쿠바의 반군이 아바나에 입성해 권력을 장악했다. 티베트의 수도 라사에서는 중국의 통치에 반대하는 봉기가 발생했다. 중국은 군대를 동원하여 이를 진압했고, 23세의 티베트 영적 지도자 달라이 라마는 인도로 망명했다. 이라크에서는 쿠르드족의 반란이 일어났다. 쿠르드족 반도들이 이란 및 터키 영토와 인접해 있는 이라크의 동북부 지대 이르빌에서 벌어진 두 군데 전투에서 캇셈 정부군을 격파하였다. 6월엔 140년간 영국의 통치를 받고 있던 싱가포르가 독립했다. 수상으로는 좌파인 인민 행동당의 지도자 이관유가 유력하다고 한다. 9월 소련의 로켓이 달에 도착, 냉전 체제 속에서 우주 점령의 경쟁은 더욱 가속화되고 있었다. 1950년대 말 국제 정세에서 가장 눈길을 끄는 것은 미국과 소련의 우주개발 게임이었다. 냉전의 연장으로 벌어진 미소 간의 우주 선점 프로젝트는 세계인에게 매우 흥미로운 구경거리이기도 했다. 소련이 1월 2일에 달 로켓을 발사하자 미국은 뒤이어 사람을 태운 로켓을 '월세계'에 발사하겠다고 발표하는 등 미소의 각축이 점입가경이었다. 미국 편이었던 한국은 은근히 미국이 승리하기를 고대하며 로켓과 우주에 대한 일반의 관심을 불러일으키고 있었다.

미국에서는 히피의 등장을 알리는 서곡으로 비트족beatniks 혹은 '비트 제너레이션'이라고 불리는 인간들이 등장했다. 이들은 낭만적인 개성을 추구하고 기성세대에 맞서는 자유분방한 젊은이들이었다. 그들은 고도의 기계문명에 대한 반항과 이성적인 것에 대한 부정, 그리고 원시적인 본능을 표출했다. 기성세대는 청소년의 일탈 혹은 비행청소년쯤으로 이해하고 있었다. 미국에서 이들은 엘비스 프레슬리, 제임스 딘 세대이기도 했다. 1957년 잭 케루악Jack Kerouac의 소설 《노상路上》, 앨런 긴즈버그Allen Ginsberg의 시詩들은 이들 비트족이 추종하는 문학이었다. 이는 영국의 오스본으로 대표되는 '노한 젊은이들', 프랑스의 '앙티 로망'의 추세와 어느 정도의 공통점을 가지고 있기도 했다.

서구 젊은이들의 반사회적 경향이 미국 문화를 아낌없이 받아들였던 우리 사회에 영향을 끼친 흔적은 별로 없었다. 1950년대는 우리가 세계의 사회적 문화적 변동을 일상으로 체득하기에 너무도 궁핍한 시대였다. 다만 엘비스 프레슬리의 노래가 명동의 음악 감상실에서 흘러나오곤 했을 뿐이었다.

전후에 실존주의가 유행을 했고 1959년에도 여전히 그것은 주요한 지식의 아이템이었다. 사르트르, 베르그송, 키에르케고르 등의 사상이 빈번하게 소개되었고 실존주의 영향 아래 있던 '안훨멜'(앵포르멜) 미술이 들어오기도 했다.

새로운 문화적 흐름은 아니었지만 미국 문화의 영향은 절대적이었다. 아니 그것은 일제 강점 시기 이후에도 일본 문화의 영향이 지속되고 있던 상황에서 보자면 분명 새로운 문화였다. 미국은 파병과 원조로 표상되는 군사와 경제의 지배자들이었으며 새로운 문화를 전해주는 문명 시혜국이기도 했다. 미국과 소련의 대리 전쟁으로 치러진 한국전쟁에서 남한 쪽의 대리자였던 미국이 그런 지위를 갖는 것은 당연해 보였다.

미국 내에서 베스트셀러였던 《추악한 미국인》, 《의사 지바고》, 《챠타레부인의 연인》이 한국에서도 그대로 출판되고 있었다. 1955년 1월부터 1959년 1월까지 외국 서적의 국내 도입 상황을 보면 미국 서적이 단연 많아 167만 4천 권, 일본 서적이 93만 1천 권, 영국 서적이 18만 3천 권 등이었다.[44] 일본 서적이 많았던 것은 30대 이상이 거의 일본 서적을 통해 새로운 사상을 흡수하고 있었기 때문이다.

해방 후 정부는 일본 문화와 일본어에 대한 대중적 절연 정책을 써왔다. 이 때문에 이득을 보는 사람들은 이른바 '사회 지도층'이었다. 이들은 새로운 세대와 대중들이 일본 말과 일본 문화를 모르고 있다는 사실을 이용하여 일본에서 받아들인 새로운 정보나 지식을 모방하고 이를 독창적인 것으로 주장하기 일쑤였다. 영화 시나리오나 소설 그리고 학문적인 저작에 이기까지 일본 작품의 표절, 모방, 번안이 횡행한다는 것이 지적되었고 그때마다 사회적인 물의를 일으키기도 했다.[45]

당시 학생들이 읽은 책은 내가 어릴 때 읽은 책과 다르지 않았다. 헤르만 헤세 《차륜밑에서》, 알퐁스 도데 《파리의 애수》, 펄벅의 《북경에서 온 편지》, 사르트르의 《유물론과 혁명-실존주의 맑쓰주의 비판》, 제

1950년대 말 해외 풍경

프랑스 제5공화국 출범(1958)

헝가리 반소 운동(1956)

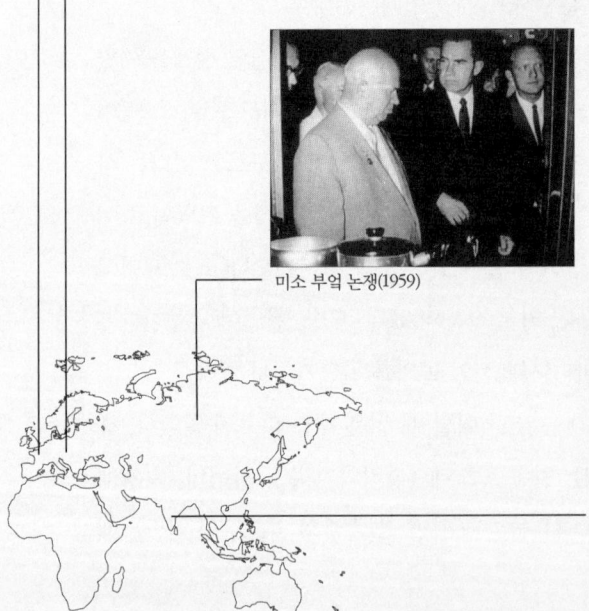
미소 부엌 논쟁(1959)

달라이 라마 인도로 망명(1959)

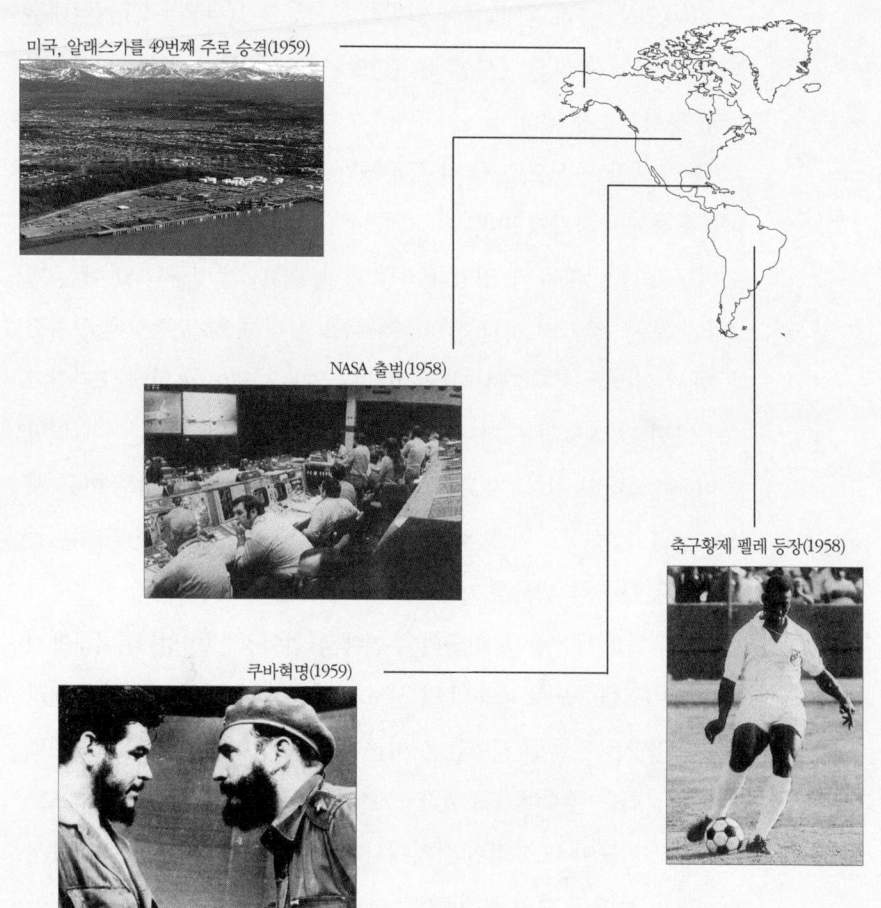

1959년 그해, 일상의 풍경　163

임스 조이스 《젊은 예술가의 초상》, 버지니아 울프의 《댈러웨이 부인》, 나보코프의 《로리타》, 키에르케고르의 《죽음에 이르는 병》, 그리고 톨스토이 《인생독본》 등이 널리 읽혔다. 잡지로는 《자유문학》, 《현대문학》, 《세계》, 《신태양》, 《사상계》, 《명랑》, 《화제》 등이 있었고 《미국의 소리》가 창간호를 냈다.

전후 미국을 중심으로 한 서구 문화의 유입은 자연스러워 보였고 일상의 풍경도 마찬가지였다.

'미군의 날'이라는 게 있었다. 5월 16일, '제10회 미군의 날'에는 탱크와 야포 등 갖가지 미군 장비들이 서울 시내 중앙청 광장에 펼쳐졌다. 매년 열리는 전시 행사이다. 미국은 우방을 넘어선 혈맹 국가였고 틈만 나면 그 친밀감을 대내외적으로 과시했다. 7월에는 인천에 입항한 미 제7함대의 기함 '센트 폴' 호를 맞아 서울운동장에서는 야구 시합이 열렸고, 중앙청 광장에서는 '7함대의 밴드 연주회'가 열리는 등 한미 간 문화 교류 행사를 가졌다.

미국 문화의 대부분은 미군의 주변에서 얻어진 것이었다. 미군에서 흘러나온 PX물품으로 미제의 맛을 보지 않은 사람은 없었다. 초콜릿과 껌으로 입맛을 길들인 사람들은 미군에서 흘러나온 잡지를 보고 새로운 서구 문화를 흡수하기도 했다. 그즈음 서구 미술을 휩쓸었던 앵포르멜 미술도 미군이 보고 버린 잡지에서 구경할 수 있었다. 대중문화에서 미군의 쇼 무대는 거의 절대적이었다. 1950년대부터 활동한 연예인들의 대부분이 미8군의 쇼 무대를 통해 배출되었다. 미군을 상대로 한 음악과 춤과 공연이 고스란히 우리의 대중문화로 자리 잡았다.

미군이 주둔한 이후 '화양', '유니버살', '성진', '동일', '아주' 등 미군 쇼 무대에 연예인을 공급하는 용역 회사들이 생겨났고, 여기에서 신중현을 비롯하여, 김 씨스터즈, 김치 캐츠, 한명숙, 현미, 쓰리 시스터즈, 최희준, 위키 리, 김상국 등 수많은 연예인이 춤과 노래를 불렀다. 의정부, 파주, 문산, 동두천, 송탄, 부산 등지의 미군 클럽들을 무대로 연예인들은 달러를 벌어들였다. 미8군 쇼 무대는 많을 때는 264개나 있었고, 여기에 고용된 연예인에게는 월 평균 8~12만 달러, 연간 120만 달러가 주어졌다. 수출로 벌어들이는 외화 100만 달러보다 많은 액수였다.[46]

이들이 벌어들인 달러는 '연예불'이라고 했다. 외화인 달러는 그 성격에 따라 각기 불려졌다. 선교회 등 종교 단체나 종교적 목적으로 쓰이는 달러는 '종교불', 관광 목적으로 쓰이는 달러는 '관광불' 이런 식이다. 공연을 보고 지불하는 달러는 '연예불'이 된다(이런 달러들은 공정 환율인 500환 대 1불로 교환되는 것이 아니라 시세에 따라 다르게 교환되는데 이를 테면 11월 시중에서 교환되는 종교불은 1070환 대 1불이었다).

미군 주변에는 거기서 근무하던 한국인 노무자뿐 아니라 그보다 훨씬 많은 사람들이 일자리를 만들고 있었다. '슈샤인 보이'들이 있었고, 전쟁통에 미군들이 먹고 남은 음식물로 꿀꿀이죽을 만들어 먹던 사람들도 있었으며 그들이 만들어낸 '부대찌개'도 있었다.

미군이 부르는 팝송은 우리에게 친숙해졌으며 그들이 벌이던 댄스파티도 유행처럼 번졌다. 그로써 '자유부인'도 생겼다. 자유부인은 해군 장교 구락부를 찾는다. 회현동에 있었던 엘씨아이, 거기서 춤바람이 난다. 창경원의 수정궁에서도 춤을 추었다. 일부에 국한되었겠지만, 댄스

1959년 그해, 일상의 풍경　165

홀과 카바레는 새로운 문화의 풍속도로 자리 잡았다. 곳곳에 댄스홀과 카바레가 생겨났고 이들은 여러 가지로 사회 문제를 일으켰다.

이 무렵 미군 쇼 무대에서 펼쳐지는 저속한 '스트립쇼'가 댄스홀과 카바레에서 공공연하게 성행하고 있었다. 어찌된 일인지 댄스홀과 카바레의 쇼는 통금 시간이 지난 후에도 버젓이 공연되었다. 비밀 댄스홀도 있었고 '백주에 난무하는' 군상을 잡아들이기도 했다. 을지로 4가의 '아르바이트 홀' 등 두 곳의 무허가 카바레에 각각 3백 환, 2백 환의 입장료를 내고 들어간 남녀 48명이 연행되기도 했다.[47]

댄스와 클래식

문화적 가치의 충돌만이 사회적 문제가 된 것은 아니었다. 새로운 문화는 새로운 사업을 낳고 그것은 곧 특권과 특혜로 연결되었다. 경제적인 특혜는 복마전의 양상을 띠고 나타났다. 댄스홀과 카바레를 열 수 있는 권리도 예외는 아니었다. 그래서였는지 남대문의 미도파 백화점 5층에 있던 댄스홀 '2·1클럽'과 유명한 LCI카바레는 각각 6천만 환, 카바레 '서울구락부'는 1천만 환의 세금 포탈 혐의를 받기도 했다.

이해 크리스마스이브에 모든 댄스홀은 초만원을 이루었다. 야릇한 흥분을 자아내는 새로운 문화를 향유하기 위해서 사람들이 몰려들었다. 느긋하게 댄스홀을 훔쳐보려던 사람들은 발길을 되돌려야 했다. 어떤 댄스홀은 초저녁인 일곱 시경부터 손님이 넘쳐 아예 문을 닫아걸고 더 이상 손님을 받지 않을 정도였다. 댄스홀에는 전문 댄서들이 있었다. 댄서들은 "이브닝드레스에 멋진 목걸이까지 걸치는 등 최고도로 성장을 하였는데 홀 안에는 풍선까지 둥둥 떠 있고, 가면 안경까지 마련한 곳도 있었다." 댄스홀에 몰려든 손심들은 "물론 모두가 오바나이트 태세"였으며, 댄서들은 화대를 받고 춤을 추어주었다. 1만 환이 공정 가격이었다.[48]

새로운 풍속이라고 말할 수는 없지만 전쟁 후 서구 음악을 감상하는 곳도 늘었다. 서울의 음악 감상실은 주로 명동에 몰려 있었다. 클래식만 틀어주던 '르네쌍스', 클래식과 경음악을 겸했던 'SS'와 '돌체'. 그리고 경음악을 중심으로 하는 '쎄씨봉', '은하수' 등이 있었다. 미도파 백화점 부근에는 샹송을 틀어주던 '시온'이 있었다. 이곳을 찾는 사람들은 매일 2천여 명에 이른다. 대부분은 대학생들이었다.[49]

이들이 주로 듣는 음악은 왈츠보다 탱고, 〈카르멘〉보다 〈춘희〉나 〈라보엠〉이며 독일 가곡보다 이탈리아 민요, 도리스 데이, 빙 크로스비보다 폴 앵카를 더 선호했다. 음악 감상실에서 가장 많이 신청되는 곡은 〈10영창〉, 〈세레나데〉, 〈휴모레스크〉, 〈소녀의 기도〉, 〈엘리자를 위하여〉, 〈임모랄 클래식〉에 수록된 곡들이었다. 오페라 곡으로는 〈춘희〉, 〈라보엠〉, 〈토스카〉 그리고 〈경기병 서곡〉과 〈시인과 농부 서곡〉도 즐겨들었다. 교향곡은 〈운명〉, 〈비창〉, 〈신세계〉, 〈미완성〉, 〈전원〉 등을 선호하며 경음악으로는 엘비스 프레슬리, 폴 앵카, 팻 부은 등이 휩쓸고 있었으며 샹송도 많이 듣는 편이었다.

물론 거리에서 들리는 노래들은 이런 것들이 아니었다. 누구나 흥얼거리던 노래들은 당연히 유행가였다. 라디오 연속방송극 〈장희빈〉이 인기를 끌면서 그 주제곡을 부른 황금심의 노래 〈장희빈〉이 많이 팔려 나갔고 현인이 부른 〈꿈이여 다시 한 번〉도 영화 주제곡이었다. 1950년대 불린 노래들은 때가 때인 만큼 전쟁을 노래한 것이 많았다. '님께서 가신 길은 영광의 길이옵기에'로 시작하는 〈아내의 노래〉(1951), 〈굳세어라 금순아〉(1951), 〈전우야 잘가라〉(1952), 〈이별의 부산정거장〉(1953), 〈단장의 미아리고개〉(1956)가 그러한 노래들이다.

매춘

전쟁 이후 많은 여성들이 '먹고살기' 위해 매춘으로 내몰렸다. 당시 매춘의 상당수를 차지한 것도 이른바 '양공주'들로 불리는, 미군을 상대로 한 접대부들이었다. 매춘은 도처에서 행해지고 있었다. 남대문 경찰서는 매일 밤 열 시만 되면 창녀와 깡패로 버글버글했다. 경찰서에 잡혀온 여자들 중에는 대학생들도 있었다. 대학을 졸업한 '인테리'도 끼어 있는 '고등 창녀'들은 조선호텔 앞에서 주로 외국인을 상대로 몸을 팔고 있었다.[50]

매춘은 공공연히 이루어지는 불법이었고 경제적 어려움으로 내몰린 여성들의 사회적 비극이었지만, 그런 비극을 희극으로 전환시키는 데 천재적인 능력을 발휘한 사람들도 있었다. 정부 관리들이었다.

어느 날 정부는 접대부에게 교양 교육을 하기로 했다. 교통부에서 발표한 것에 따르면 '외래 관광객과 주한 유엔군 장병들의 접대에 만전을 기하기 위하여' 관계 부처의 협조를 얻어 외국인 상대 접대부들을 대상으로 등록제를 실시하는 한편, 정기적으로 교양 강습을 할 것이라고 했다. 그들의 조치에는 국가와 민족을 생각하는 '갸륵한' 뜻이 담겨 있었다. 관료들은 미군의 접대에 만전을 기함으로써 '접대부들이 우리

나라 고유의 미풍을 간직하도록 하여 민족의 품위를 유지하도록' 하기 위한 것이라고 서슴없이 말할 수 있는 사람들이었다.[51] 그런 갸륵한 뜻이 후에 기생 관광을 정책적으로 육성하는 의지가 되었음은 두말할 필요도 없다.

당시 매춘으로 내몰린 여성의 수효는 집계되어 있지 않으나 상당히 많은 수가 있었음을 짐작할 수 있다. 보건사회부가 작년(1958년) 1년간 집계한 것에 따르면 댄서, 접대부, 사창, 위안부 등으로 구분되어 있는 매춘 혹은 매춘 관련 여성들 39만 명에 대한 검진 결과 그중 위안부의 66퍼센트가 성병을 보균하고 있다고 밝히고 있다.[52]

일상의 표면

시장거리의 먼지 나는 길옆의
좌판 위에 쌓인 호콩 마마콩 멍석의
호콩 마마콩이 어쩌면 저렇게 많은지
나는 저절로 웃음이 터져나왔다

모든 것을 제압하는 생활 속의
애정처럼
솟아오른 놈

(유년의 기적을 잃어버리고
얼마나 많은 세월이 흘러갔나)

여편네와 아들놈을 데리고
낙오자처럼 걸어가면서
나는 자꾸 허허……웃는다

무위와 생활의 극점을 돌아서
나는 또 하나의 생활의 좁은 골목 속으로
들어가면서
이 골목이라고 생각하고 무릎을 친다

생활은 孤絶이며
비애이었다
그처럼 나는 조용히 미쳐간다
조용히 조용히……

김수영, 〈생활〉, 1959년

김수영의 말대로 생활은 고독이며 비애였던가. 사회의 표면에 드러난 일상을 훑어보자.

'썸머타임'이란 게 있었다. 서머타임은 때가 때이니 만큼 '일광 절약 시간'으로 불렸다. 이해의 일광 절약 시간은 5월 3일부터 9월 19일까지. 통금도 물론 있었다. 통행금지 시간은 한 시부터 새벽 네 시까지. 하지만 7월부터는 남파 간첩의 수가 증가하고 범죄가 야간에 일어나는 것을 막기 위해 통금 시간을 한 시간 연장하여 자정부터 네 시까지로 정했고 그것은 1980년대 초까지 이어졌다. 그걸 증명하려는 듯 한 해 내내 무장간첩 출현, 고정간첩 체포, 북측에 의한 어선 납치가 끊임없이 발표되었다. 대검 정보부의 '귀신 잡는' 오제도 검사는 1959년 1월부터 5월 말 현재까지 검·군·경에 검거된 괴뢰간첩 및 부역자 총수는 290명으로 작년 같은 기간에 비해 세 배나 많은 것이라고 발표했다. 사람들은 간첩이 아니라는 걸 증명하기 위해서라도 시민증과 도민증을

동아일보 1959년 9월 3일자 만평 〈통금 한 시간 연장〉. 남파 간첩과 범죄가 증가하고 있다는 이유로 이승만 정부는 통금 시간을 한 시간 연장했다. 실적을 내세우기 위해서 멀쩡한 사람을 간첩으로 둔갑시키는 일이 빈번히 일어났음은 말할 것도 없다. "간첩은 안 잡히고 이런 놈만 걸려듭니다."

들고 다녀야 했다. 시·도민증을 폐지하자는 여론이 있었으나 자유당은 "간첩 색출에 필요하고, 불심검문을 할 수 있는 계기가 되고, 간첩 기소의 증거물이 된다"는 이유로 존속하기로 했다.[53]

준전시 상태의 불안한 사회였지만 '베비서울선발대회'도 열렸고, 향학열에 불타는 중학교 입시 학원이 성업 중이었으며, '정상적인' 사회에 진출하기 위해 사투리 교정과 표준어를 가르쳐준다는 강습 학원도 있었다. 거리의 건물에는 타이프, 미용, 편물, 속기, 요리, 경리, 양재 등의 간판이 눈에 띄었다.

신문에는 '엽기적인 그녀'가 등장하기도 했다. 표범을 도끼로 찍어 잡은 여장부가 있었다고 하는데 표범은 약 7척에 이르는 크기였다.[54] 지금은 사라진 표범을 그렇게나마 확인하는 것은 반가운 일이다.

삶의 터전

사회는 먹을 것도 부족하고, 일자리도 없는데 인구는 많았다. "외무부에서는 해마다 증가하는 인구에 따른 농촌 노동력의 과잉과 이로 인한 이농자, 실업자의 증가 문제를 해소하는 방안으로 중남미 제국에 한국인 집단 이주 교섭을 적극 추진할 것으로"[55] 알려졌다.

서울의 주택난은 인구의 도시집중 현상으로 갈수록 심화되었다. 이 해에는 유례없는 건축 붐이 일었다. 1월부터 10월까지 1만여 동의 건물이 세워졌고 집을 짓는 데 평당 10만 환씩 들어갔다고 보면 근 30억여 환이 건축 자금으로 쓰였다.[56] 토지 소유자와 건축업자는 황금시대를 맞았다. 그러나 집 없는 사람들의 부담은 오히려 늘어갔다. 주택자금 융자라는 것이 있었지만 신청 절차도 복잡한 데다가 시일도 오래 걸렸다. 무주택자에게는 전혀 도움이 되지 않았고 엉뚱한 장사꾼만 혜택을 보았다.[57] 수없이 집이 지어졌지만 집 없는 사람들은 이루 헤아릴 수도 없었고 그나마 지어진 집마저 온전한 것들이 아니었다. 시멘트 블록을 세우고 루핑으로 지붕을 씌운 집들은 사정이 그나마 나은 편이었다. 달동네나 개천 변뿐 아니라 어디를 가나 판잣집들이 즐비했다. 무허가 불법 주택이 대부분인 판잣집들은 언제든 철거될 수 있는 불안한 삶의 공간이었다. '청계천 변이 불결하다'라고 내뱉은 서울 시경 국장의 한마디에 계고장이나 행정 조치 하나 없이 천변의 판잣집 20여 채가 졸지에 강제로 철거되기도 했다.[58]

열악한 주거 환경은 수많은 전염병을 돌게 했다. 서울시는 여름철의 각종 전염병을 예방하기 위해 열흘 간격으로 DDT를 공중 살포했다. 1, 2월을 동계 쥐잡기 실시 기간으로 정하여 '애국반'을 동원하고 각급 학교에 일인당 두 마리 이상씩 잡도록 독려하기도 했다. 식량을 축내는 쥐들을 잡기 위한 살서제, 푸라톨과 모노-후라톨 광고가 그치지 않고 등장했다.

그러나 여름철이면 어김없이 장티푸스, 뇌염, 유행성출혈열이 돌았다. 7월에는 독나방이 갑자기 출현하여 피부염 환자가 늘기도 했다.

하수 시설이 미비한 열악한 환경 속에서 파리와 모기가 들끓었다. 여름이면 시중에는 제서제와 방충제들이 날개 돋친 듯 팔려나갔다. 그러나 이런 방충제들은 농약이나 화공 약품을 불법으로 조제해 만든 것들이 많았다. 불법 제조된 파리약을 방 안에 뿌려 두 어린이가 중독되어 사망하는 일이 일어나기도 했다.

8월 6일 경남 창녕에서 괴질이 돌아 15명이 사망했다. 유사 뇌염이었다. 진짜 뇌염도 맹위를 떨쳤다. 8월 22일, 뇌염 환자 99명이 발병하여 그중 28명이 사망한 것을 시작으로 9월 25일부터 한 명의 환자도 발생하지 않을 때까지, 뇌염 환자는 2천여 명이 발생하여 무려 5백여 명이 사망했다. 어마어마한 숫자였지만 이것은 이전보다 훨씬 나아진 수치였다. 지난해 그러니까 1958년 뇌염 환자는 모두 6856명, 그 가운데 3분의 1인 2166명이 사망했다. 그 대부분은 열 살 이하의 어린아이들이었다.

적지 않은 나환자들이 구호의 손길을 받지 못한 채 돌아다녔다. 전라도 남해에서는 나환자가 병을 치료하겠다고 공동묘지에 매장된 시신을 파내어 해골을 고아 먹는 끔찍한 일도 있었다.[59]

불결한 환경과 영양 부족은 사람들의 건강을 끊임없이 위협했다. 그래서였는지 신문에는 약 광고가 끊이지 않았다. 약품은 영화 다음으로 많았던 광고 아이템이었다. 주로 비타민제가 단골로 등장했다. 원기소,

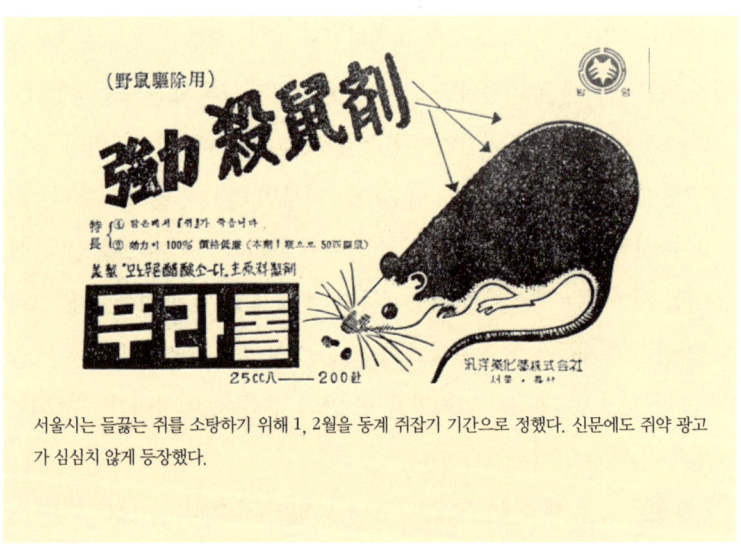

서울시는 들끓는 쥐를 소탕하기 위해 1, 2월을 동계 쥐잡기 기간으로 정했다. 신문에도 쥐약 광고가 심심치 않게 등장했다.

비타이스트, 비타톤, 헥사비타민, 사이티닉, 에비오제가 그런 것들이다. 하지만 기억하건대 원기소와 에비오제와 같은 고소한 맛의 비타민제를 누구나 얻어먹을 수 있는 건 아니었다.

 영양제 혹은 비타민제는 '허약한 체질의 사람들'에게 만병통치약처럼 알려지기도 했다. 그것은 광고에도 고스란히 반영되어 있다. 예를 들면 포라민 V정은 '한국 최초의 특수영양조혈강장제'로 소개하고 있다. 그 효능은 무려 스무 가지가 넘는데 '영양불량, 발육부진, 허약체질, 체중감소, 피로권태, 식욕부진, 신경쇠약, 각종 빈혈, 정력감퇴, 산전산후, 수술전후, 각종 출혈, 각종 화상, 골절창상, 각종 궤병, 노화방지, 간경화 방지, 간질환, 결핵비타민과 아미노산결핍증' 등이다. 피가 되고 살이 되는 '종합아미노산+미네랄+비타민제'인 만병통치약이다.

 팔려나간 약의 면면을 보면 당시에 널리 퍼졌던 질환의 종류를 알 수

약 광고도 끊이질 않았다. 그만큼 건강·영양 상태가 좋지 않음을 간접적으로 보여준다.

1959년 그해, 일상의 풍경 175

있기도 하다. 위장약으로 노루모정, 이루미나겔, 소화제인 훼스탈, 간장약으로 프로헤파룸, 폐결핵약으로 아시아지트, 아미녹스, 신경증약으로는 알포스, 디피론이 있다. 영양부족이나 위생 불량으로 생긴 버짐이나 기계충도 흔해서 '기계좀, 돈버좀, 무좀'을 치료하는 트리코휘틴, 기생충을 박멸하는 후아딘과 구충왕 등이 있고, 여드름약으로 핌푸레스, 성병약으로 임질/요도염 치료제들이 빈번하게 소개되었다.

미신과 슬로건

그해 겨울의 초입, 서울의 거리를 걷다보면 집 앞이나 상점 앞에 죽을 쑤어 내버린 것이 여기저기 눈에 띄었다. 동지가 아직 되지 않았으니 팥죽은 아니다. 거기엔 콩나물이 섞여 있고 조밥도 끼어 있으며 색동오라기도 섞여 있다. 병마나 재앙을 쫓기 위해 벌인 '무지한 부녀들의 소행'이었다. 이런 "미신적 악습이 다시 기승을 부리는 이유는 감기가 유행하고 있기 때문이었다. 감기 귀신을 쫓아내기 위해, 감기가 들면 먹는 콩나물이 거기에 섞여 있던 것이다." 지금은 거의 볼 수 없는 '죽 쑤어버리기'와 '무꾸리(무당이나 판수 등에게 길흉을 점치게 하는 일)'가 유행했다. 괴질이 돌거나 아니면 입시철이 되거나 선거철이 되면 점을 치러 다니고 무당을 불러 푸닥거리를 하는 게 하나의 풍속이었다. 그리고 이런 행위는 '좀 있는 집안'일수록 더 심했다. "요사이 유식, 무식층이건 지위의 고하를 가릴 것 없이 무꾸리가 대유행이다. 다른 계급은 고사하고 감투 썼다는 가정들에서 더욱 그것이 성행하는 듯하다. 그리고 감투가 크면 클수록 심하다"고 했다.[60]

이런 사회에서 일어난 박태선 장로 사건은 오히려 그렇게 허무맹랑한 일은 아니었다. 박태선 장로 사건은 그 이전 해부터 최대의 사회적 이슈이기도 했다. 박태선은 교회 내에서 벌어진 상해 사기 사건으로 재판 중이었다. 공판에서 검찰 측은 재판 중에 '박 피고인의 피와 전기 감전 관계'를 감정해줄 것을 요청했다. 그것은 박 피고가 공판정에서 "자기 피가 피가름한 것이기 때문에 썩지 않고, 자신이 감람나무이기 때문에 전기가 통하지 않는다"고 주장했기 때문이다. 법원은 그의 피를 중앙혈액은행에 보내 감정을 정식 의뢰하는 동시에 경전(경성전기)의 전기 기술자를 동원하여 직접 감전 여부를 시험해보기로 결정했다고 한다.[61] 시험 결과가 어땠는지는 알 수 없다. 정말 전기를 살에 대고 스위치를 올렸을까? 지금은 상상할 수 없는 중세의 재판과 같은 일이다. 그러나 이런 어처구니없는 일이 개인적인 영역에서 일어나는 것만은 아니었다.

7월 18일. 부산공설운동장에서는 대형 사고가 발생했다. 2만 5천 명의 관중이 야구 시합을 보던 중 소낙비가 쏟아졌다. 관중들이 비를 피하려 한꺼번에 운동장 밖으로 몰려나오는 바람에 67명이 깔려 죽고 수백 명이 부상하는 일이 벌어졌다. 이 사건에 대해서 대부분의 사람들은 '공중도덕의 무질서'가 낳은 비극으로 이해했다. 그래서 경찰 당국은 사건 뒤에 '집단 도덕 앙양 강조기간'이라고 쓰인 현수막을 곳곳에 내걸었다.

오늘날까지 그렇듯이 사회적 문제의 해결 방식에서 슬로건은 가장 효율적인 정책 수단이었다. 교통사고가 빈발하면 '교통안전 강조기간'을, 쓰레기가 널려 윗사람에게 지적당하면 '청소 강조기간'이란 현수막을 내걸었다. '캠페인 공화국, 슬로건 사회'의 전형이다. 슬로건이란

동아일보 1959년 5월 23일자
고바우영감

인민들의 '자발적 강제'를 통해 책임을 불특정 다수에게 전가하는 무능한 정부의 전형적인 수단이었다. 슬로건의 강제는 그 내용이 실현 가능한 것인지 그렇지 않은 것인지를 가리지 않는다. 슬로건은 도무지 실현 가능하지 않은 내용을 담아낼수록 인민들로 하여금 심리적 억압과 열등감을 느끼게 하며 이를 통해 권력에 대한 인민들의 수동적 태도를 강화한다. 그것이 오랫동안 '절약'과 '근면'과 '성실' 혹은 '반공'과 '방첩'과 같은 추상적 슬로건이 내걸렸던 이유이다. 그리고 당시는 도덕마저 '집단적'으로 '앙양되어야 하는' 사회였다.

  집단 도덕이 정치적으로 강요되면 낯설지 않은 풍경이 펼쳐진다. 대통령이 행사차 지나가는 연도의 인파들은 손에 태극기를 들고 만세를 외쳤으며 그들의 머리 위에는 '이 대통령 출마 절대지지'라는 현수막이 나부꼈다. 슬로건은 도덕을 마비시킬 뿐 아니라 정치적 의식조차 마비시키는 교활한 통치 수단이라는 걸 곳곳에서 벌어진 정치적 풍경들은 입증하고 있었다.

태풍 사라호

7월 1일. 오랜 가뭄 끝에 장맛비가 시작되었다.

장마와 수해는 매년 거쳐야 할 천행과 같은 것이었다. "우리나라의 수해는 숙명과 같이 해마다 일어나는 일이며, 농림부가 수해 통계를 과소평가하고 내무부가 과대평가하는 것은 판에 박은 듯이 되풀이되는 일"이었다. 대책은 없었다. "수리 사업 등을 에워싼 이권 개입, 상식화한 정치적 부패"로 수해 대책은 늘 뒷전으로 물러나 있었다.

7월 2일. 서울 최고 76밀리의 비. 6월 30일부터 내린 비는 2일까지 계속되어 장마 피해가 속출하기 시작했다. 산이 무너지고 축대가 내려앉고 죽고 다치는 사람이 10여 명에 이르렀다.

7월 6일. 한강에 홍수주의보가 내렸고 비는 4, 5일 더 계속될 듯했다. 전국적으로 하천이 범람하고 교통이 두절되기도 했으며, 흙 언덕이 무너져 압사하는 사태가 발생했다.

7월 7일. 홍수경보. 한강은 경계수위에 육박했고 백사장 상인들이 피난했다. 강우량은 서울이 183밀리, 강릉이 206밀리.

7월 11일. 최고 400밀리의 강우량을 보인 이해 여름 장마 피해는 총

34억 환, 이재민 7천 명, 건물 피해 3천 동, 사망 56명, 실종 54명. 하지만 이것은 비교적 큰 피해를 내지 않은 정도라고 했다.

8월 4일. 10년 만의 폭서. 3일 서울 지방의 최고 기온은 36.2도. 그때부터 8월 하순까지 가뭄으로 시달렸다.

8월 21일부터 26일까지 내린 폭우로 농지 침수와 도로 유실, 건물 3백 동의 피해가 있었다.

9월 1일. 9호 태풍 '존' 기습. 폭우로 한강은 위험 수위를 돌파하고 이재민 7500명, 사망 20여 명에 피해액 20억여 환. 건물 2천 동이 파손되었다.

그러나 아직 사라호가 오기 전의 일들이었다.

역사적인 태풍, 사라호는 그해 9월 16일 9시. 905밀리바의 14호 태풍으로 시작되었다. 사라호는 동지나해 남부 해상에서 접근 중이었다. 그러나 기상대에서는 이 태풍이 우리나라에 상륙하지 않고, 많은 강우량도 없을 것이며, 추석인 17일 대체로 개고 보름달도 볼 수 있을 것이라고 전했다. 17일. 태풍은 북북동쪽으로 계속 북상 중이어서 대한해협으로 통과할 것으로 예측되었다. 기상대는 삼남 지방에 폭우로 인한 피해가 우려된다는 내용의 태풍 경보 제2호를 내보냈다.

이날 이미 부산은 정전과 함께 모든 교통이 두절되었다. 이재민이 4600명이나 발생했으며 태풍이 상륙한 통영에는 3백여 세대가 침수 피해를 입고 실종자가 발생하기도 했다.

9월 18일. 태풍은 2시경 울산을 거쳐 동해로 빠져나갔다.

불과 2, 3일 동안, 아니 실제로는 단 두 시간 만에 일어난 태풍의 피해는 아무도 상상할 수 없는 것이었다. 주로 남부 지역을 강타한 태풍은 1만 5천여 동의 가옥을 파괴했고 2만 6천여 명에 달하는 이재민을 낳았다. 선박 360척 파손에 사망 64명, 실종 22명 등 281명의 사상자를 냈다. 남부 지역의 통신망은 완전히 두절되었고 다리 유실과 침수, 도로와 철로 유실로 경부선이 불통되는 등 교통망 역시 두절되었다.

그러나 그 피해 상황은 교통망이 복구됨에 따라 전모가 밝혀지기 시작해 삽시간에 눈덩이처럼 불어났다. 태풍은 부산, 여수 등지에 막대한 피해를 냈다. 사망 120여 명, 실종 192명. 부상은 322명에 달했고, 4만여 채의 건물이 파괴되었고 970여 척의 선박이 피해를 입었다. 또 이재민은 5만 4천 명이 넘었고 농경지 약 70만 정보가 침수 혹은 유실되었다. 도로가 유실된 곳만 1만 5천여 군데에 달했다.

이러한 피해 역시 전모가 모두 밝혀진 것은 아니었다. 9월 22일 경찰이 집계한 사상자 수는 사망 603명. 실종 246명을 비롯해 3300여 명을 넘었고, 건물 피해 12만 7천여 동, 선박 9천여 척 등 피해액이 660억 환을 넘었다. 그러나 언론 보도에 따르면 피해액은 1천억 환을 넘을 것이라 했다.

정부는 사후 대책위원회를 만들고 복구 사업을 개시한다며 부산을 떨었다. 의연금을 걷기로 했다. 수재 의연금의 뿌리가 그토록 깊은 것인 줄은 처음 알았다. 아마 내가 태어나던 때(그 이전이었겠지만)부터 지금까지 단 한 해도 거르지 않고 수재 의연금을 거두는 '미풍양속'이 지겹도록 계속되고 있는 것이다.

의연금이란 사전적인 의미와 달리 '자발적 세금'이다. 가장 만만한 대중오락의 장인 극장 관객에게 서울은 100환, 지방은 50환을 내도록 했고, 또 다른 만만한 대상인 학교와 공무원에게 부과하여, 국민학생은

부산, 여수 지역 등을 강타한 사라호 태풍은 안 그래도 없이 사는 서민의 가슴을 할퀴고 지나갔다. 기상대는 태풍 피해를 전혀 예상하지 못했다.

10환, 중고생 30환, 공무원 300환, 금융회사 직원 300환 등 '풍수해 구호기금'을 모금했다.

수재 의연금 모금 실적은 지지부진했다. 몇 달 후 극장에서의 모금 성적이 부진하자 당국은 각 극장을 수사하는 한편, 경찰관이나 세무 관리를 입회하는 일도 벌어졌다(그즈음 극장의 탈세는 빈번한 일이었는데 당국은 이를 빌미삼아 세무조사를 들먹이며 의연금을 채우려 했다).

정부의 최종 태풍 재해 추산액 집계에 따르면 피해액은 1043억 환, 이재민은 98만 명, 사망 560명, 부상 2400명, 실종 250명 등이었고, 건물은 15만 동 이상이 파괴되었다.[62]

각 도 당국이나 국회 조사반 차원의 조사도 이루어졌다. 물론 조사가 공정하게 이루어질지에 대해서는 회의적이었다. 구호 자금을 더 많이 받아내기 위해(그리고 빼돌리기 위해) 실제 피해액보다 엄청나게 많은 피해액을 통계로 제시하는 경우가 비일비재했다.

정부는 피해 복구 작업을 벌였지만 수재 의연금은 제대로 모이지 않았고 그나마 중간에서 착복하는 관리들이 많았다. 수해 지역을 방문한 이승만의 모습.

구호 자금이나 물자를 도중에서 착복하는 관리들도 적지 않았다. 이를테면 집이 전부 무너진 사람들에게 3만 환씩 보상하였는데, 어찌된 일인지 면의회 의장, 부의장, 면서기, 이장, 이서기, 이들의 친척들 그리고 수해대책위원의 가옥조차 죄다 유실되거나 파손된 것 천지였다. 물론 서류상이다. 그들은 3만 환 내지 5만 환을 받아갔으며, 그 대신 실제로 집이 유실되거나 손해를 입은 사람들에게 한 푼도 돌아가지 않는 일이 허다했다.

교육에 몰린 사회

없이 사는 사람에게 유일한 희망은 자녀 교육이었다. 그리고 있는 사람이 기득권을 유지하기 위한 방편 역시 자녀 교육이었다. 오늘날 한국을 만든 동력의 반을 엄청난 교육열에서 찾을 수 있다는 말은 사실일 것이다. 계층 상승의 수단으로 인식되었던 교육은 맹목적이었으며 그것이 교육의 부재를 낳았다는 말도 틀리지 않은 말이다.

그러나 교육이 모든 것을 보장해주지는 못했다. 당시 누구나 무슨 일이든 해야 했지만 일자리는 없었다. 전국 51개 대학에서 배출되는 대학생은 1만 5500명 정도인데 그중 15퍼센트만 취직이 가능했다.[63] 그런데도 교육열은 높았고 그것은 병적이었다. 수치만 다를 뿐 오늘과 다를 게 없었다.

4월 1일 국민학교들이 일제히 개학했다. 그때는 4월이 입학 시즌이었다. 졸업과 입학을 즈음해서 전국은 입시의 소용돌이에 휘말리게 된다. 2월에는 각 중학교의 합격자 명단을 신문에서 일일이 발표한다. '해마다 되풀이되는 입시 지옥'을 한탄하는 신문은 한편으로는 한갓 아이들의 시험인 중학 입시의 모범 답안을 다투어 게재하면서 오히려

입시 열풍을 부채질하고 있었다.[64]

중학교 입시는 지금의 대학 입시가 그렇듯이 모든 사회적 관심의 중심이었다. 그해 국민학교 졸업자는 약 55만 명인데 중학교 입학 정원은 19만 명에 불과했다. 입시 날은 언제나 전쟁이었다. "이날 새벽부터 부형들과 자가용 또는 관용차, 택시 등으로 각 지방 학교에서 모여든 수험생과 학부형들로서 시험 학교 정문은 일대 혼란이 일어났었다."[65]

중학교의 입시 과열은 국민학교 5, 6년생의 체력이 해마다 저하되는 원인이기도 했다.[66] 모두들 세칭 일류병이 만연되고 있다고들 한탄이었으며, '일류학교에 대한 집착이 창의성을 떨어뜨린다'는 상투적 지적이 그때부터 똑같이 반복되고 있었다.

이런 과열된 입시 열풍 속에서 과외가 등장하는 것은 필연이었다. 서울 시내 초·중학교에서 상급 학교 진학에 대비하여 '진학지도위원회'와 같은 그룹을 만들어 과도한 과외 공부를 시키고 이에 따른 비용과 담임교사 생활비 명목으로 한 사람당 몇 천 환씩을 다달이 걷고 있어 사회적 물의를 일으켰다. 어느 국민학교에서는 성적순 1번부터 12번까지 학생들에게 무조건 '일류학교에 책임지고 입학시킨다'는 조건으로 담임교사 집에서 과외 공부를 시키고 8천 환을 걷기도 했다.[67] '돈 있는 자모'들은 교사를 '계'로 매수하기도 했다. 계를 든 교사는 돈 한푼 내지 않고 차례가 되면 계를 탈 수 있었다. 담임에게 '교실유지비' 명목으로 돈을 받는 교장도 있었고, 어떤 교장은 학부모들과 다방에서 만나 성적을 의논하며 돈을 받기도 했다.[68]

입학에 유리한 학교로 전학하기 위해 편법을 쓰는 경우도 지금과 다르지 않았다. 서울시 교육위원회에서는 학구제(학구를 정하여 그 학구

안의 아동을 정해진 학교에 취학시키는 제도) 위반 아동들에 대한 단속을 실시하였는데, 덕수, 교동, 제동, 수송, 장충, 미동 등 세칭 일류 국민학교에는 평균 150~200명의 학구제 위반 아동이 적발되었다. 서울대 신입생 모집에서는 서울대와 부속 중·고등학교, 부속 국민학교의 교수, 부교수, 교원, 서기에 이르기까지 관계 직원의 자녀들에게 무려 2할의 점수를 가산하여 일반 수험생과 격심한 차별 조치를 취해 입학시켰다는 비리가 밝혀지기도 했다.[69] 흔히 입시병이라고 불리는 사회적 병폐의 뿌리는 너무 깊었다. 해마다 입학기가 되면 각 학교 교장실은 물론 시 교육위원회의 교육감을 비롯한 국·과장급 직원에게 수많은 입학 청탁이 들어왔다.[70]

  교육에 대한 예산이 적지 않지만 교육 환경은 여전히 열악했다. 서울에서는 해마다 국민학교에 입학한 신입생들에게 '책상값' 명목으로 3천 환을 받았다. 1959년부터는 받지 않기로 했지만 서울시 교육청은

동아일보 1959년 6월 6일자 만평 〈삼부제 수업〉. 교육 예산이 부족해 한 교실에서 삼부제 수업을 할 수밖에 없는 교육 환경을 풍자하고 있다. 당시 중학교 입시는 지금의 대학 입학만큼이나 치열했다. 이미 중학교 때부터 입시 전쟁은 시작되었다.

이를 번복해 다시 받기로 했다. 예산이 부족했던 탓이다. 국민학교 학생 수에 비해 교실 1천여 개가 부족한 형편이어서 시내 학교는 삼부제 수업을 면치 못했다. 교육비 부담은 예나 지금이나 매우 높았다. 그해 중·고등학교와 대학교로 들어간 공납금은 361억 환이 넘었고 이는 그해 2월 말 현재 한국은행 발행고 1168억 환의 31퍼센트를 차지할 만큼 막대한 금액이었다.[71]

사회적으로 교육에 대한 지대한 관심은 입시에 대한 것이었지 교육 그 자체에 대한 것은 아니었다. 예를 들면 1958년 8월부터 학교 환경의 정화를 강력히 추진한다고 하여, 학교에서 3백 미터 인근에 교육상 유해 시설 신설 금지 등의 규정이 만들어졌지만 6개월 만에 흐지부지되어 다방이나 유흥가들이 신설되기 시작했다.

신문은 청소년에게 정신적인 악영향을 주는 장면의 예로 1월부터 3월까지 신문의 영화 광고를 들었다. "포옹하는 장면, 키스하는 장면, 격투하는 장면, 권총을 겨누는 장면, 여자 신체 노출 장면(어깨 이하 무릎 이상) 등"이 그러하다는 것이다.[72] 대부분의 영화 광고가 신문에 실린다는 것을 신문이 모를 리 없었다. 오늘날 폭력 장면이 너무 많다는 텔레비전 방송의 내용을 지적하는 것도 텔레비전이듯이, 교육의 부재는 부재의 표면적 현상을 지적하는 매우 짧은 순간의 분노로 표출될 뿐이었다.

학생들의 건강 상태도 엉망이었다. 전국 초·중·고등학생 39만 3934명의 대변검사 결과 거의 전부가 회충 아니면 십이지장충, 디스토마균 등 어느 한 가지를 가지고 있는 것으로 나타났으며 건강진단을 한 결과 남학생 중 22퍼센트 여학생 중 23퍼센트가 충치, 폐결핵성 질병, 트라코마 질환 등 각종 질병에 걸려 있는 것으로 나타났다.[73]

영화를 보러 가다

　영화는 대중문화의 총아이다. 요즘에는 이 말에 약간 이의를 제기할 수 있겠지만 적어도 1959년은 그렇게 말해야 할 것이다. 우리나라 영화 산업이 가장 활발한 시기는 최근일 것이다. 한 영화가 관객 1천만 명을 돌파하는 흥행도 흥행이려니와 영화가 문화뿐 아니라 산업의 한 귀퉁이를 차지하고 있는 때도 이즈음이다. 1950년대 말과 1960년대 초 역시 상황은 달랐지만 영화가 대중문화의 전부라고 말할 수 있는 시기였다. 역사상 영화가 가장 많이 만들어지던 때였으며 모든 문화와 산업의 핵심적인 역할을 담당했다고 말할 수 있는 시기였다. 오락이나 구경거리가 절대적으로 부족했던 시기에 영화는 볼거리를 충족시킬 수 있는 거의 유일한 매체였다. 수없이 들어온 외화를 통해 미국을 중심으로 한 서구 문화를 흡수할 수 있었으며 수없이 만들어진 영화를 통해 감성과 생각을 표현했다.
　영화가 시민들의 가장 큰 오락거리로 절대적인 위치를 차지하고 있지만, 극장 수는 전국에 207개로 인구 10만 명당 1관 꼴이었다. 연간 일인당 영화 관람 횟수는 0.5편으로, 대부분 도시에 사는 사람들에 국

한되었다.[74]

　이해에 이중과세에 대한 논란이 벌어졌고 그 결과 신정을 쇠기로 하고 나흘간의 연휴가 주어졌다. 극장가와 당구장이 연일 북새통이었다. 주요 극장에는 하루 1만 명이 넘는 관객이 몰렸다. 추석과 구정이 극장가의 대목이었다. 주로 부녀자층을 겨냥한 멜로물이 주류를 이루고 있었다. 신정 극장가는 을지극장에서 〈잊을 수 없는 모정〉을, 국제극장에서는 〈자나깨나〉를 상영하고 있었고, 단성사에서는 진 켈리와 나탈리 우드의 〈풋사랑〉이 상영 중이었다.

　1959년은 많은 영화가 만들어진 해이기도 했다. 1959년 5월 28일 하루 동안에 서울 주요 극장에서 상영된 영화를 보면 무려 20편에 이른다. 상영관에 올려진 영화를 보면 〈재회〉(단성사), 〈그 여자는 행복했던가〉(수도), 〈유관순〉(국도), 〈흥부와 놀부〉(국제), 〈청춘배달〉(명보), 〈푸른 눈동자〉(대한), 〈사형대의 에레베타〉(아카데미), 〈사막의 달라스〉(을지), 〈아인亞人의 토지〉(세기 시네마), 〈세계를 그대 품안에〉(명동), 〈들장미〉(중앙), 〈카우보이〉(경남), 〈코로라도의 혈전〉(서대문), 〈3인의 신부〉(평화, 성남), 〈누구를 위한 순정인가〉(계림), 〈나이롱 봉이 김선달〉(자유), 〈사모님〉(천일), 〈파리의 비연〉(초동), 〈고바우〉(동양), 〈영원한 내 사랑〉(경도) 등이었다.

　영화 장르는 애정과 사극, 그리고 코미디였다. 외화 역시 서부극을 중심으로 한 오락 영화나 전쟁, 애정 영화가 대부분이다. 국산 영화 혹은 방화라고 불리는 국내 영화들은 주로 코미디 오락 영화이거나 삼각관계를 중심으로 한 연애 영화들이다.

　김지미가 주연을 맡았던 〈비오는 날의 오후 3시〉라는 영화의 줄거리를 따라가 보면 그즈음 전형적인 한국 영화의 패턴을 읽을 수 있다.

비오는 날의 오후, 빠고다 공원 벤취에서 절망에 빠져 있는 여인 김지미 金芝美와 기연을 맺고 이민李敏은 급속도로 사랑에 빠져든다. 웨딩마치를 올리고 초야를 준비하는 날, 전사한 줄 알았던 김지미의 약혼자 최무룡崔茂龍이 포로수용소를 구사일생으로 탈출하여 돌아온다. 신부는 신랑에게 가지 않고 부상해서 돌아온 최무룡에게 달려갔으나 그 마음은 두 남성들을 왕래하여 끝내 결단을 내리지 못하고, 그녀는 죽음으로써 결말을 짓는다.[75]

전쟁과 사랑이라는 주제를 통속적으로 그려내는 전형적인 줄거리이다. 통속성은 관객을 끌어들이는 수단이었지만 관객들은 통속성 때문에 영화를 버리기도 한다. 너무 유사한 소재의 영화가 많았고 매너리즘에 빠진 제작으로 관객들은 염증을 내었다. 극장은 불경기에 빠졌다. 더욱이 외국 영화 상영에 세금을 부과하기 위해 정부가 발행한 입장권을 사용하게 한 이후, 외화 상영을 기피하는 지방 극장이 늘자, 로열티가 싼 싸구려 외화가 잔뜩 들어왔고 이는 불경기를 더욱 가속시켰다.

흥행이 전반적으로 침체했음에도 불구하고 국산 영화의 기획은 여전히 붐이었다. 1959년 제작된 영화는 110편 정도였다. 50여 개의 군소 제작사가 난립하여 영화제작은 투기성을 벗어나지 못했다. 이제 막 프로듀서 시스템과 스타 시스템이 도입되고 있을 무렵이었다.

이해의 영화는 〈고종황제와 안중근〉이 흥행에 성공하면서 〈이순신〉, 〈독립협회와 청년 이승만〉 같은 전기 극영화의 기획이 붐을 이뤘다.

〈청년 이승만〉 등 전기극 영화와 컬러로 제작된 〈춘향전〉 등이 눈에 띌 뿐 대체로 저급 코미디물과 유사 멜로드라마와 신파극들이 주류를 이루었다.

은막을 주름잡던 주연급 배우는 10여 명 정도였다. 이들은 보통 20여 편에 출연했지만 겹치기까지 합치면 30~40편에 이른다. 이들의 수입은 편당 1백만 환 정도, 영화 한 편당 제작비는 평균 3500만 환 정도였다.

어느 날 〈자유부인〉이라는 영화를 보았다. 1959년에 나온 영화나 한 편 보았으면 좋겠다고 생각했지만 마땅한 것이 없었다. 〈자유부인〉이 만들어진 것은 1956년이다. 수도극장에서 개봉되어 '공전의 히트'를 기록했다. 정비석의 소설이 원작인 이 영화는 1950년대의 세태를 알기에는 그런대로 괜찮은 편이다. 그러나 영화를 보는 내내 나는 뭔가 서먹한 기분을 느껴야 했다. 이야기의 설정은 현실을 반영하고 있으면서도 비현실적인 느낌이 더 강했던 것이다. 그게 오래된 영화를 보면서 늘 느꼈던 이질적인 감수성에서 온 것만은 아니었다. 처음부터 끝까지 영화에서 지속된 어색한 대화와 배우들의 무안한 듯한 표정 연기 속에서 나는 과거의 실체가 어쩌면 당시부터 왜곡되고 있었을지도 모른다는 생각을 하게 되었다. 영화는 분명 춤바람난 대학교수 부인의 행각을 비판적으로 그리고 있다. 그러나 영화의 상당 부분은 댄스홀의 풍경을 보여주는 데 할애하고 있다. 내가 보기에 그 영화는 현실에서 나타나는 가치관의 혼란에 주목하기보다 새로운 유행과 문화에 대한 대중의 호기심을 자극하기 위한 것이었다. 감각의 욕망에 도덕의 외피를 씌운 문화적 생산물. 당시에 그 영화를 보았던 많은 사람들의 시선도 영화가 가리키는 방향과 다르지 않았을 것이다.

　옛날 영화들이 주는 어색함은 과거의 사실들이 보여주는 어색함과 닮아 있다. 감정의 솔직함이나 감각의 이끌림에 도덕적 외피를 씌워야 하는 이중성은 현실의 왜곡된 풍경을 만들어낸다. 대중문화, 아니 문화 예술은 일상적인 이율배반적인 가치를 현실로 뭉뚱그려 놓는다. 그게 과거로부터 현재까지 줄곧 우리의 사회 문화적 현상을 바라보는 도식적인 줄거리를 만들어내고 있었을 것이다. 그 현실의 어색한 풍경이 진실은 아니다. 세태는 거기서 발견되지 않는다. 문화적 혹은 예술적 생산물들은 시대의 반영이지만 시대는 그 안에서 뒤틀려 있다.

　인기 있는 여배우는 〈어느 여대생의 고백〉, 〈동심초〉의 최은희, 〈꿈은 사라지고〉의 문정숙, 〈배견부인〉의 이민자, 〈유정무정〉의 도금봉, 신인 배우로 김지미와 엄앵란 등이었다. 남자 배우로는 최무룡과 김진규가 최고의 자리를 차지하고 있었고, 이민, 윤일봉, 김석훈, 황해, 박노식 등의 활동도 활발했다. 그리고 조연급 배우로 김승호, 최남현, 허

당시는 영화 역사상 가장 많은 영화가 만들어진 시기였다. 영화가 대중문화의 전부라고 해도 과언이 아니었다.

장강이 활동했으며 신인 배우는 황해남, 남궁원, 이대엽 등이 눈에 띄었다. '청춘스타' 신성일은 아직 데뷔 전이었다(그는 1960년 〈로맨스 빠빠〉로 등장했다). '베이비 스타'로는 〈자유결혼〉의 박광수, 〈구름은 흘러도〉의 김영옥 그리고 〈10대의 반항〉의 안성기가 있었다.

영화가 대중들의 사랑을 한 몸에 받았던 것과 달리 영화 산업은 늘 말썽이었다. 탈세와 부정으로 항상 시끄러웠고 정치인들과 깡패들이 주변에 얼쩡거렸다. 거기에다 3월에는 시나리오 표절 시비로 떠들썩했다. 영화제작이 급격히 늘고 시나리오 공급이 달리자 외국(특히 일본) 시나리오를 표절하거나 번안하여 제작하는 관행이 만성화되다시피 했다. 직접적인 도화선이 된 것은 극영화 〈조춘早春〉이었다. 일본 작가의 〈진심眞心〉을 표절해 말썽이 일었다. 〈조춘〉뿐 아니라 이미 제작이 완료된 〈나비부인〉의 대본 등 그동안 제작된 상당수의 영화가 표절 의혹을 받고 있었다.[76] 영화에서 표절, 번안, 모작은 창작의 이름으로 경쟁적으로 행해지고 있었다. 사실 영화뿐이 아니었다. 어떤 신문의 연재소

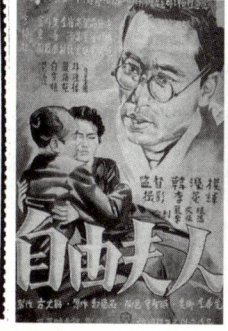

1959년 5월 28일 하루에만 서울 주요 극장에서 총 20편에 달하는 영화가 상영되었다.

설은 수십 회에 걸쳐 스토리 내용뿐 아니라 그 표현 형식 자체까지 일본 원작을 그대로 베껴놓은 게 실리기도 했다. "일본 문화의 절연 정책이 사이비 문화인의 일본 작품 표절의 온상이 되고 있다"는 지적이 일었다.[77]

외화

일본 문화는 '간접적'으로 미국 문화는 '직접적'으로 수입되었다. 수많은 외화가 상영되었다. 들여온 외화의 50퍼센트가 〈백주의 결투〉, 〈하이눈〉과 같은 서부극이었다. 게리 쿠퍼, 버트 랑카스터, 존 웨인 등 서부극의 주인공들이 인기를 끌었으며 그렌 포드, 로버트 테일러, 커크 더글러스, 헨리 폰더, 안소니 파킨스, 찰스 헤스톤, 돈 머레이 등이 인기 스타였다.

장차 이 땅의 수많은 '헐리웃 키드'를 생산해낼 미국 영화의 모판은 1959년에도 확실히 준비되어 있었다. '주옥같은 명화'들이 줄줄이 펼쳐졌다.

잉그리드 버그만의 〈누구를 위하여 종은 울리나〉, 그레고리 펙과 오손 웰스 주연의 〈백경〉, 카추샤로 알려진 〈부활〉, 제니퍼 존스 등의 〈보바리 부인〉, 함프리 보가드와 잉그리드 버그만의 〈카사부랑카〉, 스티브 리브스의 〈헤라크레스〉, 나타리 우드, 진 켈리 주연의 〈풋사랑〉, 로버트 테일러와 데보라 카가 주연한 〈쿼바디스〉, 잉그리드 버그만, 그레고리 펙 주연의 〈망각의 여로〉, 장 가방 주연의 〈레미제라불〉, 데보라 카, 율 브린너 주연의 〈여로〉, 알프레드 히치콕이 감독을 맡고 잉그리드 버그만과 케리 그란트가 주연한 〈오명〉, 율 브린너 주연의 〈카라마조브의 형제〉, 율 브린너, 찰튼 헤스톤, 안소니 퀸 등이 나온 〈대해적〉 등등.

이 영화들은 내가 중·고등학생이었던 1970년대(아마 그 이후로도) 텔레비전의 '명화극장'을 통해 대부분 접할 수 있는 것들이었다. 미제 초콜릿과 할리우드의 이미지에 길들여진 감수성은 우리가 태어나면서부터 수없이 되풀이되어 이제 DNA에 각인된 유전인자가 되었다.

영화 〈부활〉은 탈세 소동으로 시끄러웠던 명보극장에서 상영했는데, 관객 9만 5천 명을 돌파하여, 1957년의 〈바람과 함께 사라지다〉(8만 5천)를 깨뜨리고 최고의 외화 흥행을 기록했다. 그 당시 프랑스에서는 '누벨 바그'란 말이 유행하고 있다는 소식도 전해졌다. 한편 대한극장에서 상영 중인 영화 〈여로〉에 대한 검열도 있었다. 율 브린너 주연의 〈여로〉는 헝가리의 반소 사태를 주제로 하고 있었는데, 대사 중 소련을 은연중 찬양하는 내용이 들어 있다는 것이다. 검찰정보부는 '사상적인 불순함'을 검열하고 수입 경로를 조사했다.

4

불한당들의 사회사

뉴스를 보다

1959년을 바라보면서 나는 자꾸만 어느 한쪽으로 쏠리는 듯한 불안의 심리에서 벗어나지 못했다. 과거를 바라보면서 한편으로는 자꾸 미래의 현재를 의식하게 되었고 현실의 모든 모순의 그림자들을 과거 속에서 찾으려 하는 자신을 발견했다. 과거로 간 시간 여행은 자꾸만 비틀거렸다. 현재를 떨쳐버리지 못한 과거 여행은 위험하다. 적어도 현재로 돌아가 '시간의 거리'를 가질 때까지 과거에서 현재를 기억하지 말아야 했다. 그러나 어찌된 일인지 처음부터 내내 나는 과거와 현재를 구분 짓는 어떤 분명한 선을 그을 수 없었고, 현재와 과거를 끈질기게 이어주는 끈을 의식하지 않을 수 없었다. 그것은 나중에 과거를 역사의 한 귀퉁이로 이해하는 데 실패할지도 모른다는 것을 의미했다.

나는 되도록 정치와 권력의 그림자로부터 멀리 떨어진 곳을 찾아다니고 싶었다. 그리고 여행의 시작부터 맞닥뜨렸던 보안법 파동의 암울한 분위기에 다시 휩쓸리고 싶지 않았다. 그러나 내가 찾아낸 모든 자료들 속에는 범죄와 부패를 둘러싼 권력의 그림자들이 무수히 어른거렸다. 피하고 싶었지만 도무지 어디를 가나 그 그림자들은 불쑥불쑥 나타나 시야를 흐릿하게 만들었다.

그들은 사회의 구석구석을 파고들어 일상을 장악하고 삶을 결정지었으며 세상을 끊임없이 분열시키고 있었다. 모든 상황을 틀어쥐고 있는 권력의 실체들을 끝내 외면할 수 있을까? 사람들이 그렇게 극장에 몰려든 것도 나와 같은 기분 때문은 아니었을까?

권력의 음험한 실체를 피하지 못하고 맞닥뜨린 곳은 오히려 극장이었다. 일상에서 일탈하는 유일한 통로에 그들은 먼저 자리를 잡고 앉아 있었던 것이다. 기억하는가? 아버지의 손을 잡고 캄캄한 극장 안을 더듬을 때, 막 시작을 알리며 울려 퍼지는 귀에 익은 음악 소리, '대한늬우스'의 시그널 뮤직, 일상에 은밀히 틈입하는 지배자의 숨소리 그리고 요란하게 표어를 들려주던 뉴스의 마지막 장면, 애국가가 울리고 마지못해 일어서야 하는 어색한 번잡스러움. 물론 대한뉴스와 애국가가 영화에 대한 기대를 누르지는 못했다. 그랬음에도 기억을 더듬어보면 지배자에 대한 강박적 두려움이 대한뉴스를 통해 각인되었다는 것은 분명하다.

그 대한뉴스를 보았다.

1959년의 극장에 간 사람들이 한 번이라도 보았을 그 대한뉴스를 오늘날 책상 앞에 앉아서 다시 볼 수 있다는 것은 참으로 놀라운 일이다. 인터넷은 간단히 시공간을 무너뜨린다.

단기 4292년 1월 5일. 대한 늬우스, 제195보.

"단기 4292년 새해가 이 나라의 발전을 축복하며 밝아왔습니다"로 시작되는 첫 뉴스는 대통령 동정부터 내보낸다. 첫날 이 대통령과 프란체스카 그리고 아들 이강석이 신년 하례객을 맞는다. 삼권분립의 기초 아래 세워진 민주국가임을 천하에 공표하듯이 입법·사법·행정부의 삼부 요인들이 들어온다. 이어서 그의 권력을 받들고 있는 자유당 간부들, 그리고 또 다른 권력의 실세였던 대한부인회의 여인들, 그들은 엎드려 세배를 올린다. 뒤따라 외교 사절, 유엔군 장성들을 접견한다.

나는 이제 막 첫날의 첫 번째의 뉴스를 보기 시작했을 뿐인데 대한뉴스는 너무 쉽게 그 전모를 드러낸다. 거의 모든 대한뉴스는 '경무대 소식'으로 시작된다. 1980년대의 '땡전뉴스'[78]와 마찬가지로 뉴스의 앞자리를 장식할 특권을 최고의 통치자에게 배려한다는 의지로부터 비롯된 뉴스의 굳건한 체제이다.

뉴스는 그날 이 대통령이 삼부 요인들에게 "우리는 삼권을 분립이 아니라 옳은 의미에서 합립하여야 한다"고 말씀하셨다고 전한다. 이상한 말이다. 그리고 이승만은 두 개의 휘호를 내린다. 그중 하나는 임진왜란 때 선비들의 합심과 단결을 호소하는 선조대왕의 어록. 다른 하나는 '뭉치면 살고 흩어지면 죽는다', 그의 트레이드마크가 된 요지의 글이다. 경무대 소식은 대통령의 일상과 그의 유시를 전하고 있었다.

다음은 '자랑스러운' 군사 소식. 최신식 '마타도아' 유도탄이 배치되

어 공개되었다. 지금은 말하기도 껄끄러운 최신식 핵탄두를 장착한 유도탄이다. 사정거리 500~600마일로 무시무시한 위력을 발휘할 것이라는 소식이다.

뒤이어 "우리나라 최대의 문화의 전당이 될 우남회관의 상량식이 열렸다"는 소식이 전해진다. 이승만의 호를 따서 이름 붙인 우남회관은 4700명을 수용하는 건평 2894평의 문화시설로 연말에 준공할 예정이란다. 스크린은 상량식의 고사 장면을 비추고 있다. 뉴스는 전쟁 고아 기금 마련을 위해 예술인들과 신문인들이 눈 내리는 거리에서 자선 모금 운동을 하고 있는 장면으로 넘어가고 이어 지난해 12월 '정부 수립 10주년을 기념하는 공보실 사업으로 우리의 고전 예술을 외국인들에게 소개하기 위해 개관된' 원각사에 대한 소식을 전한다.

그리고 경쾌한 음악 속에 펼쳐지는 해외 소식. 드골 대통령 취임과 캐나다 몬트리올의 얼어붙은 운하, 영국 런던의 네 쌍둥이의 첫돌, 미국의 '로오라'(롤러) 스케이트 게임, 스페인 마드리드에서 벌어진 투우와 이를 참관하는 프랑코 총독의 모습으로 끝을 맺는다.

1년 치 뉴스를 보는 데 꼬박 사흘이 걸렸다. 10분 남짓한 대한뉴스는 일주일에 하나씩 1년에 50회가 상영되었다. 나는 흑백 영상 사이를 비

집고 1959년 일상의 풍경을 찾으려 애를 썼다. 철도 공사를 하는 인부들의 남루한 모습에서, 스케이트 대회가 열리는 얼음판 너머의 야트막한 지붕들까지, 하다못해 외국인들의 초대 만찬을 벌인 어느 고관집의 가구들까지 화면의 구석구석을 좇아다녔지만 삶의 풍경은 늘 미심쩍은 모습으로 다가왔다. 그 시대를 생생하게 영상으로 보여주는 자료를 눈앞에 놓고도 나는 거기서 과거를 읽어낼 수는 없었다. 달을 가리키는 손가락 끝이 자꾸 거치적거린 것처럼, 뉴스는 과거를 또렷한 영상으로 비쳐주었지만 내가 본 것은 스크린에 흑과 백으로 비쳐진 음울한 시대의 그림자일 뿐이었다. 스크린에 비친 풍요로움의 제스처에서 어쩔 수 없는 남루함을 보는 일도 즐겁지 않기는 마찬가지였다.

그해, 제195보에서 제245보까지, 대한뉴스는 철저하게 통치자의 후광을 만들어내기 위한 것이었다. 끝없이 반복되는 똑같은 형식의 뉴스를 한꺼번에 보면서 나는 진저리를 쳐야 했다. 예전에 영화를 보러갈 때 그랬던 것처럼, 그 당시 사람들도 그저 그런 통과의례로 여겼을까?

꼭 그런 건 아니었다. 1994년 막을 내리기 전까지 대한뉴스는 일상에서의 일탈을 위한 공간까지 쫓아와 철썩 달라붙는 거추장스러운 절차들만은 아니었다. 1950년대 시공관에서 '보도 영상'을 상영하는 날

   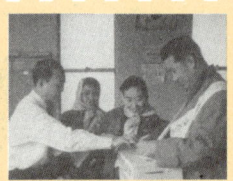

에는 이를 보기 위해 수많은 시민들이 몰려들었다. 그즈음 영상은 극이건 뉴스건 하나의 구경거리였다. 대한뉴스건 뭐건, 담고 있는 내용이 무엇이든지 움직이는 그림이면 충분히 구경할 만한 가치가 있었다. 구경거리에 대한 맹목적인 집착을 빌미로 권력의 이미지는 더욱더 깊숙이 일상의 삶으로 스며들었다.

나는 대한뉴스를 통해서 1959년을 볼 수 있는 것이 아니라 대한뉴스를 1959년의 풍경으로 바라보아야 한다는 사실을 받아들여야 했다. 나는 잠시 대한뉴스가 권력의 홍보매체였다는 사실을 잊고 있었다.

1959년의 풍경으로서 대한뉴스는 몇 가지 이야기를 지독히 반복해서 전하고 있었다. 흑백의 영상 속에서 그 누군가가 그토록 말하고 싶었던 이야기들을 간추리면 이렇다. '이승만은 살아 있습니다', '아직 전쟁은 끝나지 않았습니다', '반공만이 살길입니다', '우리는 점점 좋아지고 있습니다', '미국은 좋은 나라입니다', '이 나라는 하느님의 나라입니다', '세상은 즐겁습니다.'

그 이야기를 대강만 전한다.

이승만의 독무대

이승만과 프란체스카의 일거수일투족에 주목하는 이유는 대통령이 불철주야 얼마나 집무에 정진하고 있는가를 보여주기 위함이다. 이승만의 국무는 사람들을 만나는 일로 시작한다. 그들에게 훈장이나 임명장을 수여함으로써 최고의 통치자임을 각인시킨다. 그가 만나는 각료와 정치가들 그리고 외국인들은 그의 건재함을 과시하기 위해 등장하고, 시민과 군인, 운동선수, 소년소녀 가장들은 그가 얼마나 너그럽고 온화하며 친밀한 통치자인지를 말해주는 수단이다. 그리고 그는 그때마다 '유시'를 내리고 '말씀'을 전하여 국민들에게 '교시'한다.

그는 모든 국사에 치밀하게 관여하고 세심하게 배려하는 지도자로 비친다. 남산에 세워질 국회 의사당 기공식에서 이 대통령은 현장에 직접 나와 건축될 설계도를 보면서 일일이 지시를 하고 '경치 좋은 곳에 국회를 짓게 되어 기쁘고 국사가 더 잘 될 것으로 믿는다'는 덕담을 잊지 않는다.

이승만의 소박하고 인간적인 모습도 반복 상영된다. 진해의 별장에 체류하는 동안 울창한 숲에서 손수 낫과 톱으로 잔가지를 정리하기도 하고(239호), 새봄을 맞아 시민들에게 경무대를 개방하기도 한다(210

호). 활짝 꽃이 핀 벚나무 사이로 일반 시민들은 줄을 잇고, 이승만 대통령 내외는 시민, 어린이, 상이용사들을 접견한다.

그는 가는 곳 어디서나 국민들의 환호와 절대적인 신임을 받는다. 논산훈련소를 시찰하고 백마강을 구경하는 길에서는 부여 시민의 환영대회가 열리고(232호) 전주 시찰 길에는 환호하는 군산 시민들을 만나며 전주공설운동장에서는 대통령 환영대회가 열린다. 그가 가는 곳이면 어김없이 이런 행사가 반복된다.

이승만은 곳곳에서 자신의 치적을 기리는 현장에 들른다. '우남회관'을 가보기도 하고 남산 위에 '우남정'으로 이름 붙여진 팔각정의 낙성식에 참석한다(240호). 그뿐인가 중앙대학교는 도서관을 건립하면서 '우남도서관'이라고 이름을 붙인다(237호). 모든 건 이승만으로 '올인' 되고 있었다.

충성은 날마다 계속된다. 첫 번째 노동절을 기념하는 행사가 서울운동장에서 개최되었을 때도, 노동자들은 '빵, 자유, 평화'라고 적힌 띠를 두르고 '이 대통령의 유시를 받들어 조국 재건에 몸 바칠 것을 결의하는 힘찬 구호를 외치며' 거리를 행진한다(205호).

이승만 대통령의 생일은 온 나라의 축제이다. 시공관에서 열린 그의

불한당들의 사회사 205

탄생 기념 학도 예술제에서는 유치원생에서부터 대학생까지 출연해 합창, 연주, 무용을 공연한다(208호). 그 모습은 '낯익지만 낯설은' 북한 아동들의 깜찍하고 어색한 춤과 닮았다.

이승만의 아들 이강석은 황태자로서 뉴스의 초점이다. 그가 미군 포트베닝 보병학교에서 군사학을 수학하기 위해 도미(198호)하는 모습부터 7개월간의 군사학을 마치고 돌아올 때(215호) 그리고 그가 한강 백사장 상공 1500피트에서 낙하산 투하 시범(223호)을 보이는 모습까지, 뉴스는 충성스러운 배려를 잊지 않는다. 물론 그가 돌아오는 길에 공항에 마중 나온 프란체스카와 박마리아의 모정 어린 그림도 놓치지 않는다.

아직은 전쟁 중

전쟁은 아직 끝나지 않는 뉴스의 아이템이다. 군대의 최신식 무기, 대규모 군사작전뿐만 아니라 병영의 세세한 움직임도 끊임없이 상영된다. 휴전 후 규모가 가장 큰 4개국 합동 기동훈련인 '눈 속의 용' 작전(197호), 한·미 합동 '거북이 상륙' 작전(212호), 자유 월남 도시 사

이공 항에 도착한 '해군 원양 기동훈련단' 소식(206호) 등 군사작전은 끝나지 않은 전쟁을 말하고 있다. 물론 6·25 때 부서진 촉석루를 재건하기 위해 설악산에서 나무를 베어 나르는 군인들의 모습(211호)과 미스 해병 선발대회에 나온 깜찍한 처녀들의 모습(210호)도 놓치지 않는다.

뉴스는 이렇게 말하고 있는 듯하다. "국민들은 불안 심리와 안정 심리를 동시에 지니고 있어야 한다. 항상 준전시하에 있음을 잊어서는 안 되며, 그렇다고 승리에 대한 불신도 가져서는 안 된다. 끝나지 않은 전쟁에서 군대는 사기가 충천해야 하며 그들에 대한 후방의 전폭적인 지원이 절실하다"고.

전쟁의 공포와 미진하게 남아 있는 불안의 요소는 '고맙게도' 미군에 의해 제거된다. 광복절에 열린 미 공군의 공중 보급 시범(227호), 한강 백사장에서 펼쳐진 싼다버즈 곡예부대의 공중 쇼(243호)만이 아니다. 미국의 초대형 항공모함 인디펜던스호(200호), 대륙간 탄도유도탄 발사 실험 성공(201호), 북극의 얼음 속에서 수소유도탄을 발사하는 핵잠수함 스케이트호(209호), 탄도탄 발사 능력을 갖춘 최초의 원자력 잠수함 롱비치호(224호) 등 미국의 막강한 군사력이 한국의 군사력인 것

처럼 화면을 장식한다.

전쟁에서 이기려면 투철한 반공 의식으로 무장되어 있어야 한다. 6·25 9주년을 맞아 여러 행사들이(220호) '엄숙히' 진행되었다. 멸공 통일의 결의를 새롭게 다지는 기념식이 서울운동장에서 거행되고, 육·해·공군의 시가행진이 벌어진다. 대한 반공 예술인단은 부산과 서울에서 예술제를 개최했고 양훈, 곽규석, 신카나리아, 서영춘 등이 출연한다.

이보다 앞서 뉴스는 국민회 청년 건설대가 대한 반공청년단으로 개명하고 1월 22일 시공관에서 발족식(198호)을 가졌다는 소식을 전한다. 그날 대한 반공청년단 각 도 대표 일행은 이승만 대통령을 예방하는 영광을 누린다. 한국 반공예술인단 대표 일행 역시 이승만 대통령을 예방한다(206).

수없이 반복해서 열린 재일교포 강제 이북 송환 반대 궐기 대회는 그해 뉴스의 주요한 초점이다. 시민과 학생들, 여야 정치인, 공무원, 사회단체 등 약 13만 명이 참가한 가운데 이승만 대통령의 대일 정책을 절대 지지한다는 현수막이 내걸린다. 반공 앞에는 여야도 없다. 야당 의원인 조병옥, 유진산이 연설을 하고 김정렬 국방부 장관, 김일환 내무

부 장관, 최인규 장관 등이 참석한다. 서울대학교 학생, 중·고등학생들이 '일본의 붉은 노예 행위를 폭로 분쇄하자' 라는 플래카드를 들고 가두 규탄 대회를 벌이는 모습도 보인다. 반일 반공 데모는 계속된다(201호) (202호) (219호) (233호) (244호).

한국은 세계 반공 국가임을 내세운다. 티베트 반공 의거(208호, 209호)와 공산군의 라오스 침략(231호)이 소개되고, 우리 민족의 반공 역량을 전 세계에 보여주는 제5차 아세아 민족 반공 대회 개막(216호)도 알린다.

부흥과 건설을 통해 산업과 생산은 비약적으로 발전하고 있으며 그 속에서 평화로운 일상을 사는 사람들은 향상된 문화를 누리고 있다고 뉴스는 전한다.

충북선의 개통과 건설 중인 충주 비료 공장과 발전소의 시운전(206호), 6·25로 파괴되었던 청량리 역사의 복구 준공식(239호), 파괴된 춘천 발전소의 복구(243호), 능의선 기공식(239호). 이처럼 전쟁으로 파괴된 시설들이 속속 복구되고 있다. 집을 잃은 수재민을 위한 79채의 주택이 건설되고(243호), 한강 수해 수재민을 위한 연립 주택이 지어진다(228호).

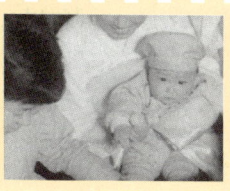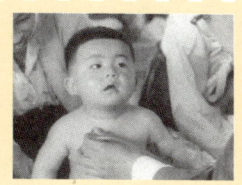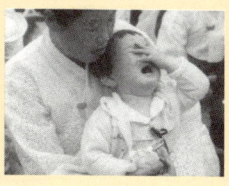

산업도 발전한다. 을지로 대성 가구점에서 열린 최초의 국산 서양가구 전시회(212호), '산업 발전의 눈부신 모습을 보여줄' 국산 박람회(218호), 서울 오장동에 지어지는 현대식 시장(204호), 수출되는 나전칠기, 인삼, 샘표간장 등이 소개되는 국산품 전시장(242호), 오키나와 유구로 수출되는 쌀 3500톤(210호), 첫 국산 라디오(244호), 국산 로켓의 2번째 발사 시험(225호), 국산 객차 두 량 제작(228호) 등이 소개된다. 물론 대부분은 대통령의 치적이다.

부흥의 기치 아래 일상의 시민들은 행복한 삶을 누리고 있다. 봄을 맞아 창경원으로 꽃 구경을 나온 가족들(210호), 신록의 계절을 맞아 숲을 찾아 휴식을 취하는 사람들(213호), 삼복더위를 피해 강과 바다를 찾은 시민들의 모습(224호)이 비친다. 덕수궁 뒤뜰에서 열린 우량아 대회(214호), 어린이날을 맞아 거행되는 다채로운 행사(212호) 그리고 세계 미인대회에 참가할 1960년도 미스코리아들이 선발(215호)되기도 한다.

미국은 좋은 나라

미국은 전쟁으로부터 우리나라를 지켜주었을 뿐 아니라 막강한 군사

력으로 전쟁의 불안을 해소해주는 존재이다. 그들은 선교사를 통해 불쌍하고 가난한 동포를 구원해주는 구세주이며 우리의 이웃이다. 당연히 미국은 세계에서 가장 훌륭한 나라이며 그들은 우리의 이상이며 존재의 근원이다. 미국 소식은 마치 국내의 소식처럼 빈번하고 세밀하게 전해진다.

연말연시 자선기금으로 구입한 쌀 50가마니와 미국 기독교인들이 보내온 옥수수 가루 3백 포대를 골고루 나누어주는 구세군 활동(205호)이 소개된다. 하와이에서 온 구호 의류품을 고아들에게 전달하는 미군, 그들은 트럭과 헬기로 구호 의류품을 전달하고 아이들에게 손수 옷을 입혀준다(199호). 주한 외국 민간 구호 단체에서는 울릉도 주민에게 구호품을 전달한다(202호).

분명 미국은 문화의 전파자이며 매개자이기도 하다. 따라서 무엇이든 미국 소식이라면 뉴스의 중심이다. '자유세계 15개국을 순방 중인 미국인 관광단' 21명이 고궁과 서울 일대를 관광하는 모습(205호)이 보이기도 하고, 미국의 유명한 흑인 가수 골든 게이트 일행의 내한 공연(206호), 미국 홀리데이 온 아이스쇼 팀이 펼치는 우리나라 최초의 빙상 쇼(232호)가 소개된다. 미국의 세계적인 영화감독인 존 포드 씨가

'조용한 아침의 한국'이라는 문화영화 제작을 위해 내한(212호)한다는 소식도 전해진다.

미국 내의 소식도 국내 뉴스처럼 다뤄진다. 백악관에서 열린 미 국무장관 허터의 취임 선서식(212호), 전 미 국무장관 덜레스의 장례식(217호), 서유럽을 여행 중인 미국의 아이젠하워 대통령(231호), 미 국무성 구주 담당 차관보로 전임되는 다우링 미 대사(234호) 등등. 미국의 49번째와 50번째 주로 각각 편입된 알래스카와 하와이(206)를 소개하면서 하와이의 주 승격이 '인종차별을 타파하려는 미국의 인도 정신의 발로'였음을 잊지 않고 말해준다.

한국 해군 및 해병대 육성에 기여한 미 제7함대 사령관 퀴벨 제독에게 훈장을 수여(209호)한 일은 단순한 뉴스이다. 살아 있는 미국인의 동상이 제작되기도 한다. '국토방위와 경제 재건에 많은 공로를 남긴' 주한 경제 고문 콜터 장군의 동상이 이태원에 제막(236호)되고, 6·25 당시 미8군 사령관이었던 밴프리트 장군의 동상 제막식(236호)도 비친다.

이 땅은 하느님의 나라

로마 교황청의 그레고리 베드로 15세, 아가지아니안 추기경이 진해 별장으로 이승만 대통령을 예방하고, 로마 교황 요한 23세가 이승만 대통령에게 주는 금메달 전달식(204호)이나 기독교 대한 감리교회 여선교회 일행이 이승만 대통령 내외를 예방(211호)하는 내용은 얼핏 대통령의 단순한 동정으로 보인다. 그러나 한국 YWCA회관 봉헌식(230호) 내용을 보면 기독교 행사조차 단순히 기독교 내의 행사로 그치지 않았다는 것을 보여준다.

9월 3일 YWCA 회관 봉헌식 행사에는 프란체스카 여사, 박마리아 여사, 다우링 미대사 부인 등이 참석한 가운데 문교부 장관이 대독한 이승만 대통령의 치사가 있었다. 화면은 친절하게도 지난 8월 하순, 완성 단계에 있는 YWCA 신축 회관을 시찰하는 이승만 대통령의 모습을 보여준다.

이승만의 행보에 기독교 관련 기관이나 단체가 심심치 않게 등장한다. 진해 별장에서 서울로 돌아오는 길에 전주 예수병원을 시찰해 어린 환자들에게 선물을 주기도 하고 예수병원 내에 있는 간호 고등기술학교를 시찰(228호)하기도 한다.

대한 예수교 장로회 선교 75주년 기념식(233호)에는 공보실장의 축사가 등장한다. 축사만이 아니다. 서울 영락교회에서는 '공보실 주재하에' 한국 기독교 신교 창립 75주년 기념식이 거행된다(235호). 전성천 공보실장의 개회사가 있고, 최인규 내무부 장관도 참석한다. '우리 민족을 계몽한 데 힘쓴' 선교사들에게 정부를 대표해서 기념품을 증정하고 한국의 집에서 축하 만찬이 벌어지며, 원각사에서 선교사 위로회가 개최된다. 이승만이 젊었을 때부터 꿈꾸어왔던, 한국을 '완전한 예수교의 나라로 만들겠다'는 의지가 영상 곳곳에 비쳐진다.

세상은 즐겁다

　대한뉴스의 해외 소식은 세상의 이야기를 전한다. 거기에는 또 다른 세상이 펼쳐진다. 강아지들이 경주를 벌이고 그레이스 왕비가 아이를 낳고, 우주 탐사선이 등장하며 수영복 패션쇼가 열린다. 엄숙하고 의미심장한 뉴스 끝에 발랄하고 천진한 뉴스들이 해외토픽이란 제목으로 등장한다.

　절반은 역시 미국 이야기로 채워진다. 시시콜콜한 동네 이야기에서

첨단 과학의 놀라운 사실까지 미국에 대하여 알아야 할 것은 너무 많다. 네덜란드 로테르담에서 공연하는 미국의 아이스 발레단(196호), 위스콘신에서 개최된 빙상 선수권 대회(201), 뉴욕 맨해튼 거리 도시 구역제 실시(203), 미국 플로리다의 이색적인 수상스키(203), 미국의 베스트셀러를 영화화한 〈인생모방〉 시사회에 참석한 나타리 우드, 로버트 와그너 부부(204호). 플로리다에서 자전거와 함께 소개되는 원피스 수영복(204호), 미국 곡마단의 베를린 공연(206호), 미국 동해안에서 산타로오자호 충돌(208호), 펜실베이니아에서 수직 이착륙이 가능한 새로운 비행기 시범(210호), 미국 네바다에서 국제 항공 및 우주 대회 개최(211호), 미국 원자력 잠수함 조지 워싱톤호, 수중에서 탄도탄 발사(219호), 미국 캘리포니아 여자 수영대회(224호), 우주 탐사선 익스플로러 6호 14번째로 발사(227호), 멕시코 대통령 미국 방문(236호) 등등.

해외 소식은 앞서 전했던 경무대 소식이나 슬로건으로 짜인 반공 뉴스와 군사 뉴스, 그리고 홍보용임을 숨기지 않는 산업 뉴스가 전한 프로파간다의 의미심장함과 곧 상영될 본 영화의 오락성 사이의 괴리를 메우기 위한 전략인 것처럼 보인다. 그리하여 거기에는 시시콜콜하고 사소한, 그러나 넋 놓고 바라볼 수 있는 일탈적인 영상으로 채워진다.

눈사태로 고립되어 유령의 마을이 되어가고 있는 알프스 산맥의 한 마을(203), 문예부흥기의 거장 틴토레토가 그린 '제자의 발을 씻는 예수'라는 성화 발견(203), 런던에 있는 그리스인과 싸이푸라스인의 환영을 받으면서 교회에 참석하는 그리스 대주교(204호), 서독 바르비제에서 열린 불구자들을 위한 스키 경기(204호), 정계에서 은퇴한 처칠 경의 회화 개인전(206호), 바퀴가 여섯 개 달린 트럭(206호), 영국령 아프리카 로데시아의 고성능 벌목 기계(207호), 네덜란드의 사이클 경기(207호), 프랑스의 이색공중 곡예사의 결혼식(208호), 아프리카 열대지방에서 흑인 환자들을 치료하고 있는 슈바이처 박사에게 기증된 얼음 덩어리(209호), 아프리카의 튀니지에서 벌어진 낙타 씨름 경기(210호), 중공의 탄압을 피해 히말라야산맥을 넘어 인도에 안착한 달라이 라마(211호), 런던 시계탑 백년맞이 행사(212호), 세계에서 유일한 독일의 벼룩 서커스단(212호), 우주여행을 한 원숭이(217호), 영국에서 제작한 인공접시의 시운전(219호), 미스 독일 선발대회(219호), 세계 최초의 비행 자전거(224호), 곡마단의 말을 탄 사자(227호), 장난감 자동차 경주(236호), 모나코의 그레이스 왕비 소식(237호), 마가렛 공주와 염문이 있던 타운센트 대령, 마리루스 지마슈 양과 약혼 발표(237호), 강아지 경주(237호) 등등.

대한뉴스가 끝나면 곧 영화가 시작될 것이다.

전쟁의 흔적들

  극장에서 돌아오면 간단치 않은 일상으로 밀려들어야 했다. 그리고 세상은 대한뉴스가 간헐적으로 보여주듯 여전히 전쟁의 여파에 시달리고 있었다. 1950년대를 말하면서 전쟁 이야기를 피해갈 수는 없는 노릇이다. 전쟁이 끝난 지 5, 6년이 지났건만 사회 도처에는 전쟁의 흔적이 너무 많았다.

  전쟁은 영화의 한 장면처럼 기억으로 남아 있는 활극이 아니라 현실이자 일상이었다. 전쟁은 적과 아군이 목숨을 걸고 싸우다 누구는 승리하고 누구는 패배하는 것으로 끝이 아니다. 그것으로 깨끗이 끝장을 낼 수 있는 것이라면 전쟁은 영화에서처럼 멋진 한판의 결투일 수도 있었다. 죽고 다치는 사람만 남는 게 아니다. 죽고 실종된 남편의 수만큼 많은 전쟁미망인들, 부서진 집들의 수만큼 들어앉을 자리를 잃어버린 수많은 이재민들, 오갈 곳 없이 떠돌아야 하는 걸인과 고아들, 먹을 것 하나 남아 있지 않은 황폐화된 살림살이. 전쟁은 포성이 울리고 총칼이 번득이는 공포의 순간보다 그 후의 더 지리하고 고통스러운 세월을 강요한다.

사회의 곳곳에 남아 있던 전쟁의 흔적은 부서진 집들이나 황폐해진 들판만을 말하는 것이 아니다. 겉으로 드러난 전쟁의 흔적들은 수많은 부흥 사업과 재건 사업으로 상당히 복구되었고 단지 어찌할 수 없는 남루함만이 존재할 뿐이었다. 전쟁의 자취들은 거리를 활보하고 있는 무수한 군인들과 도처에서 발견되는 무기의 형태로도 남아 있었다. 전쟁이 끝난 뒤 사회는 군인 중심으로 움직이는 것처럼 보였다. '민중의 몽둥이' 였던 경찰들도 군인들에게는 꼼짝 못 하고 쥐어 사는 세상이었다.

총기 사건이 빈발했다. 군인과 경찰에 의한 총기 난동 사건 말고도 강도나 절도에서 총기가 등장하는 일은 매우 흔했다. 시발택시나 가정집에 권총을 들고 강·절도 행각을 벌이는 일이 다반사였다.

그해 12월 10일까지 서울에서만 각종 폭발물 사고로 여섯 명이 사망하고 74명이 중경상을 입었다. 양평에서는 매몰된 폭발물이 터져 아버지와 아들 세 명이 죽기도 했다. 폭발물은 대부분 6·25전쟁 당시 유기된 것들이었다. 일 년 동안 적발된 무기만 해도 1714개에 이르렀고 색출된 폭발물은 1만 865개에 달했다.[79]

폭탄과 총알이 무기로만 쓰인 것은 아니다. 무기는 고철로 변해 환금의 수단이 되었다. 땅을 파다 탄피 더미를 발견한 아이는 횡재를 한 것이다. 그러나 불발탄을 건드려 손목이 날아가거나 목숨을 잃는 경우도 적지 않았다. 길거리 엿장수에게 M2 소총을 내어주고 20환어치의 엿을 바꿔 먹는 일도 버젓이 벌어지고 있었다.[80]

신문에 등장하는 하루 동안 일어나는 주요 사건 사고는 군대, 경찰,

미군과 관련된 내용이 주를 이뤘다. 3월 29일자 하루 치의 사회면을 보면 육순 노인을 폭행한 경찰관, 미국인이 쏜 총에 맞아 위독해진 소년이 있었고, 상관의 폭행에 병사가 맞아 죽은 사건을 1년 4개월 만에 집으로 통지해 문제가 되거나 작업 중인 미군 트럭을 습격해 금품을 강탈한 사건 등이 기록되어 있다.

군인들이 저지른 범죄는 단순한 폭행에서 강도에 이르기까지 다양한 형태로 빈발한다.

칼빈 총으로 시가 4만 5천 환의 재봉틀과 1만 5천 환을 강탈하고[81], 택시 승객으로 위장한 군복 차림의 권총 강도가 1400환을 빼앗기도 했다.[82] 어떤 장교는 지나가는 지프차에 권총을 쏘아 운전수의 목을 관통시키는가 하면 달리는 버스에 일등병이 칼빈을 쏘아 정지시킨 일도 있었다.[83] 열차 안에서 군인들이 패싸움을 벌이고,[84] 군인들이 순경에게 집단 폭행을 가하기도 하며,[85] 새벽에 달리던 버스 안에서 헌병이 권총을 난사하여 승객 한 명이 즉사하고 한 명이 중태에 빠지는 일도 있었다.[86] 극장에 무료 입장을 하려다 거절당한 장교가 부하들을 동원하여 극장의 종업원을 집단 폭행한 사건이 일어나는가 하면,[87] 남의 결혼식 피로연에서 대접이 시원치 않다고 총질하기도 했다.[88] 게다가 포주의 집을 방화한 미군,[89] 69세의 노파를 능욕한 미군[90] 등 군인들의 범죄는 끝없이 이어졌다.

전쟁이 끝난 뒤 군인들은 더 이상 사회에서 반드시 있어야만 하는 존재는 아니었다. 군대는 잠재적인 폭력이라는 점에서 하나의 권력이었다. 유감스럽게도 군대는 일상적인 폭력의 형태로 그 존재를 드러냈다. 군인들의 일탈적인 행위는 빈발하는 총기 사고에 그치지 않았다. 현역 군인들이 수시로 무임승차를 자행하고 차장에게 폭행을 가하는 일이 빈번했다. 그러자 버스 업자들이 교통 당국에 몰려가 진정하는 일[91]조차 벌어졌다. 사회는 군복을 입은 사람들을 무서워했고 그들에 대한 경계의 눈초리를 거두지 않았다.

도둑과 깡패

전쟁 통에 집 밖으로 내몰린 사람들은 어른, 아이 할 것 없이 '먹고살기 위한' 범죄의 세계에 몸담을 수밖에 없었다. 범죄의 대부분은 그 형태가 무엇이든 생계형 범죄였다. 아이들은 더 속절없이 범죄에 빠져들었다.

그해의 끝 무렵인 11월, 남대문 경찰서가 새 청사를 만들었다. 남대문 경찰서는 새로운 청사에 입주한 '기념'으로 수도의 관문이라고 할 수 있는 '남대문 일대의 명랑화'를 내걸었다. 그리고 창녀, 포주, 날치기, 들치기, 깡패, 좀도둑 등을 일제히 단속하기 시작했다. 그러나 어찌 된 영문인지 단속된 사람들은 대부분 아이들이었다.[92] 그것도 20대 전후의 청년이 아니라 나이 어린 소년, 소녀들이었다. 전쟁과 가난에 의해 거리로 내쫓긴 아이들이 건전한 사회를 위해 제거되어야 할 대상이 되어버린 것이다.

'사회의 명랑화'에서 소외된 사람들이 할 수 있는 일이 무엇이었을까? 무수히 많은 도둑들과 깡패들이 있었다. 식칼로 배를 가르는 일도 있었고, 쇠몽둥이가 삽자루보다 더 익숙했던 치들도 있었다. 을지극장을 무대로 한 깡패들과 집단 패싸움을 벌인 '돼지파', 미군 부대를 중심으로 활동하면서 PX물자를 갈취했던 파주 일대 126명의 깡패들, 공갈강도 상습범으로 일망타진된 '벙어리강도단', 미도파와 남대문시장을 주름잡던 '사자파', 열여덟 살 먹은 청년을 쇠망치로 두들겨 팬 '간난이'의 '북창파', 숲 속에서 홀연히 나타나 학생들에게 금품을 갈취하던 미아리 고개 부근의 패거리, 종로와 동대문에서 활개쳤던 '한강', '탁부리', '찐사이'가 몸을 담았던 '문아리파' 등등. 그중에서도 불과 열일곱 살의 '뱀 대가리', 열다섯 살의 '똥개', '까불이', '짤짤이' 등은 성북동과 돈암동 일대에서 자전거와 자동차 부품을 뜯어내고 학생들을 상대로 공갈을 일삼고 금품을 갈취하던 열두 명의 '꼬마 공갈단'이었다. 강도와 절도범에 꼬마란 말이 자주 붙어다녔다. 그만큼 소년 범죄가 많았다. 라디오와 시계를 강탈한 꼬마 강도, 트럭에 뛰어든 일곱 명의 소년 절도단, 날치기가 전공인 십대 '빅토리단', 여대생의 만년필을 훔친 아홉 살짜리 소매치기, 변기를 주로 훔쳤던 꼬마 10인 절도단. 거기다 서부영화에서처럼 달리는 화물 열차에 뛰어올라 화물을

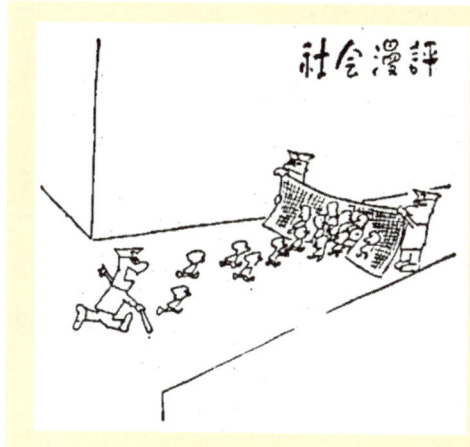

5월 25일자 만평 〈마구잡이 소년범 단속〉. 수많은 도둑과 깡패들이 사회를 지배했다. 그런데 이들은 대부분 전쟁 통에 거리로 내몰린 사람들, 특히 소년, 소녀들이었다. 경찰의 단속에 걸리는 사람도 만만한 아이들이었다. 전쟁과 가난은 아이들을 범죄자로 내몰았다.

털어가는 열차 갱단도 있었다. 가히 '불한당들의 사회사' 이다.

1월부터 6월 말까지 서울에서 일어난 범죄는 살인 6, 살인미수 6, 강도살인 1, 강도상해 22, 강도 72, 강간 5, 방화 5, 절도 6687, 상해 71, 사기 73, 공갈 112, 기타 범법 2,571, 총계 1만 940건이었다. 하루 평균 60건의 사건이 일어나고 그중 절도 사범이 60퍼센트 이상을 차지하고 있었다.[93]

건빵 도둑에서 탱크 도둑까지

'험악스러운' 강도나 절도에 비해 '우아하게' 벌어지는 범죄는 역시 횡령과 사기 따위의 부정 및 부패 사건들이다. 이런 일은 물자가 빈약한 일상의 공간보다 군수물자의 이동이 상시로 있었던 군대에서 더 자주 일어났다. 엄격한 규율이 지배하는 계급 사회가 부정에 더 허약하게 노출되어 있었다는 것은 단단한 권력이 부패에 더 취약하다는 것을 말해준다. 얼마 전까지 '모든 사회적 부패의 근원이 군대' 라는 말은 군대에 갔다 온 사람들은 누구나 자연스럽게 받아들일 수 있는 '진리' 였다. 그만큼 군대 내 부패의 골은 깊었다.

군대 내에서의 부패는 지위 고하를 가리지 않고 벌어졌다. 차이가 있다면 위로 올라갈수록 횡령의 규모가 커지고 아래로 내려갈수록 작아진다는 것뿐이었다. 1980년대까지 군대에서조차 공공연하게 불리던 노래 중에는 '건빵 도둑놈' 인 일병부터 시작해 '탱크 도둑놈' 인 대장에 이르기까지 부패의 행태를 풍자한 것이 있었다.

군부대의 물건을 횡령하는 것뿐 아니라 군수물자를 빼돌리는 것은

단속을 하고 있는 교통 경찰. 군용 타이어를 장착한 자동차 단속이 시작되자 수십 대의 버스와 택시는 운휴에 들어가야만 했다. 타이어 값도 폭등했다. 그만큼 군수물자 횡령 실태가 심각했다.

매우 흔한 일이었다. 가장 소박하고 단순한 것은 군수물자를 사적으로 이용하는 것이다. 군인들에게 군수물자는 공과 사의 구분이 없었다. 특히 지프차의 불법 운행이 잦았다. 군용인 지프차를 전용하는 게 문제가 되자 육군에서는 3월 1일부터 군부대의 지프차에서 포장을 제거하도록 했다. 부녀자 등을 태우지 못하게 하려는 것이었다.

그해 일어난 '303 수송관리단 사건'에는 장교와 하사관 등 모두 서른두 명에 이르는 간부급 군인들이 부패에 연루되는 바람에 이를 적발한 당국에서조차 처리에 고심했다. 구속된 한 소령은 강생회라는 단체로부터 140만 환을 사취하고 연료 442드럼을 불법으로 매각하여 102만 환을 챙겼고, 다른 장교는 하사관 봉급 75만 환, 쌀 여섯 가마, 건빵 네 상자를 착복했다. 또 중위 한 명은 휘발유 62드럼을 유용한 혐의를 받고 있었다. 한 부대에서 지휘 고하를 막론하고 물품과 돈의 유용과

불한당들의 사회사 223

횡령, 착복이 말 그대로 '철저하게' 벌어지고 있었던 것이다.

4월에 육군본부는 세 명의 장성을 징계위원회에 회부했다. 임선하 소장은 군용미와 휘발유를 횡령해 거금 4천만 환을 가지고 호텔과 세단 한 대를 구입한 혐의로, 이춘경 준장은 신탄과 연탄 등 장병 연료비와 부대 운영비를 개인 착복한 혐의로, 이형석 소장은 저탄장 관리권을 모 정당 충남도당에 이양하면서 약 7천 톤(5천만 환)의 부족량을 발생시킨 혐의였다.

군대와 관련된 부정행위가 사회에 미치는 파장이 적지 않았다.

'부산 타이어 재생창 사건'을 보면 이게 단순히 군대 내에서 이루어진 착복과 횡령의 문제가 아니었음을 보여준다. 작년 그러니까 1958년 9월부터 1959년 2월까지 부산 타이어 재생창에서는 타이어 3360여 개가 재고 부족으로 판명됐다. 누군가 빼돌렸다는 이야기다. 시가로 3천만 환에 해당된다. 군수물자 단속 과정 중 그 유출 경로를 조사하면서 장교 20여 명이 연루되었음이 밝혀졌다.[94]

국방부에서는 군용 타이어에 대한 일제 단속을 벌이기로 했다. 민간인들이 군용 타이어를 사용하는 것을 적발하려 한 것이다. 그러나 단속은 엉뚱하게 또 다른 사회 문제를 낳고 말았다. 전국에서 운행되고 있는 각종 자동차 1만 7800여 대가 거의 모두 군용 타이어를 한두 개씩 장착하고 있었고, 그 수량은 약 5만여 개에 달하는 것으로 파악되었다. 군용 타이어를 빼돌린 게 하루 이틀 사이에 벌어진 일이 아니었다. 일제 단속이 강력히 실시되면 모두 민간 타이어로 교체해야 했다. 그러나 국산 타이어의 재고량은 고작 2만여 개밖에 되지 않아 전국적으로 심각한 운행 마비 상태가 올 것이 예견되었다.

실제로 군용 타이어를 끼운 자동차에 대한 일제 단속이 시작되자 서울에서 35대의 버스와 51대의 트럭, 19대의 택시가 운휴 상태에 들어갔다. 곧 국산 타이어 값은 7만 환 하던 것이 이틀 만에 8만 9천 환으로 뛰었고 자동차 운임이 올라가면서 생필품 값도 덩달아 뛰는 등 파장이 급속도로 번져나갔다. 6백 대의 시내버스 중 타이어가 압수되어 운행 정지된 버스가 56대, 단속이 두려워 운행하지 못하는 버스가 1백여 대에 달했다. 시내여객 운수조합 측은 군용 타이어를 자진 납부할 경우 운행 정지될 버스는 모든 버스의 절반인 3백 대에 이른다면서 단속을 미뤄줄 것을 요청하기도 했다.

이 사건의 여파로 결국 국산 타이어 값은 두 배로 뛰었다. 단순히 물자 부족에서 온 해프닝이었다고 치부하기에는 부정의 골이 너무 깊었고 그걸 수습하는 일조차 만만치가 않았던 것이다.

1년 동안 일어난 군대 관련 부정 사건을 띄엄띄엄 살펴보면 이렇다.
1월 29일, 자동차 부속품 대량 처분 횡령으로 병기兵器단 장교 수배.
2월 18일, 시가 389만 환에 이르는 공군용 '알미늄' 부정 매각 처분 사건 판결.
2월 23일, 양구군의 제3전차 대대에서 포탄피 6백 개와 소총탄피 세 가마 등을 40만 환에 부정 처분.
2월 25일, 병참부 이 대위, 식용유 1백 드럼을 시가 약 8백만 환에 매각한 혐의로 입건.
2월 27일, 26사단 유령 병력을 만들어 3천만 환의 국고금을 횡령.
4월 14일, 부산의 육군 인쇄 공창에서 이종화 대령 등 네 명이 약 1400

백만 환에 달하는 육군의 책자 제본용 '실'을 유출 매각.
4월 19일, 군 보급품을 부정 처분한 '제7기지창 석유 부정 사건'에 연루된 10여 명 입건.
6월 9일, 헌병사령부는 미군이 증여한 운동구와 의자 등을 매각 처분하고, 중앙 목장의 소를 임의 처분했으며, 여비 행정비 등을 임의 유용하는 등 3천만 환의 국고금을 횡령 착복한 네 명의 장교를 조사 중.
7월 7일, 정병감실 사건, 수천만 환에 달하는 정부 재산을 배임 횡령한 혐의로 김근배 준장을 구속.
7월 8일, 영등포의 제2보충대에서 병력용인 비축미, 식용유, 기타 보급품 약 1천만 환어치를 횡령.
7월 18일, 병참 기지창에서 사병들이 공모하여 양말 수백만 환어치를 부정 처분.
11월 8일, 농림부로부터 군 첩보미 1천여 석을 외상으로 지급 받아 상인에게 빼돌린 군 첩보미 횡령 사건.

1959년 1년간 빼돌리다 적발되어 압수된 군수물자는 50만 6천 점에 이르고 액수로는 3억 1488만여 환에 이르렀다. 발각된 것만 그랬다. 적발되어 압수된 것은 말 그대로 빙산의 일각에 불과했을 것이다. 군의 망실 물자는 파악이 되지 않을 정도로 엄청나게 많았다. 그러나 어찌된 일인지 이에 대해서는 단 한 차례도 제대로 조사된 적이 없었다. 조사했다고 하더라도 드러내지 못했다. 전면적인 부패는 전면적으로 덮어두지 않을 수 없는 일이다.
11월, 국회에서 군대의 망실 물자에 대한 감사 발표를 둘러싸고 여야가 대립하게 되었다. 그런데 국회의 국방위원장이란 자(유용식)는 망실된 물자에 대한 결과를 발표하지 말아야 한다는 '엉뚱한' 주장을 했다. 그는 "한국은 피원조 국가이기 때문에 원조 국가가 우리에게 물자를 기증하지 않는 한, 군에 보급된 물자는 원조국의 소유라고 보아야 한다"면서 "망실 물자를 조사해 발표하는 것은 국가적으로 이롭지 못하다"는 주장을 펼쳤다.[95] 우리가 받은 물건은 주인이 따로 있는데 잃어버린 사실을 주인이 알면 좋을 게 없지 않느냐는 논리였다.

군대의 횡령과 부정은 집단적인 부패증후군이라고 말할 만했다. 그러나 지금 그때 일어난 부패의 행태를 냉소적이거나 마냥 비판적인 시각으로 바라볼 수만은 없는 까닭이 있다.

지금은 어떤지 모르겠지만 나처럼 20년 전쯤에 군대에 갔다 온 사람은 그 말의 의미를 안다. 나 역시 그런 범주에서 벗어나지 못했다는 걸 말하고 있는 중이다. 지금 들여다보고 있는 1959년의 상황과는 다를 테지만 20여 년 전에도 부패에 기꺼이 동참하고 동조하는 분위기는 매우 자연스러운 현상이었다. 장교나 하사관들이 군대 물자를 사사로이 전용하는 것은 하나의 특권이었으며 사적인 용무에 사병을 부리는 것은 당연한 일이었다. 그리고 윗사람의 사적인 용무에 차출되는 것이 사병들에게는 특혜이기도 했다. 그리고 내가 도둑질을 해본 곳도 군대에서였다. 대검에서 모포와 숟가락에 이르기까지 모자라는 내무반의 물자를 채우기 위해 창고를 털거나 다른 내무반에 잠입하는 일은 자연스럽고 당연한 행동이었으며, 그것은 비난받거나 경멸해야 할 행동이 아니라 고무되고 존경받는 행동이었다. 그저 모포 한두 장을 훔치는 것쯤은 일상적인 일이었으며 재물 창고를 대규모로 털었을 때는 당직

사관의 은근한 부추김도 있었다. 그것이 '군대는 요령'이라는 말이 의미하는 핵심이기도 했고 세속적인 처세의 절대적인 가치로 받아들여졌다.

부패는 물자와 관련된 것만은 아니었다. 예를 들면 군대가 아무리 싫었기로 1959년 의가사제대 신청서의 3분의 2가 거짓으로 작성되기도 했다. 1월부터 8월까지 접수된 의가사제대 신청 6608건 중 4500건이 심사 결과 허위 작성된 것으로 드러났다.[96]

무능과 부패의 한계

전쟁은 멀쩡한 사람들을 비렁뱅이로 만들었고, 사창가로 내몰았으며, 도둑과 강도로 돌변하게 했다. 물론 모두가 그랬던 것은 아니다. 전쟁이 끝난 뒤 권력은 전쟁의 부산물을 챙길 수 있는 권리를 가진 세력으로 변해버렸다. 부정과 부패와 횡령과 사기를 저지를 수 있는 사람은 권력의 주변에 있던 선택 받은 사람들이다. 그런 짓은 적어도 돈과 물자 있는 곳 근처에 얼쩡거릴 수 있는 특권이 있어야 저지를 수 있는 범죄들이었다. 정부와 군대에 부정과 부패가 만연했다는 것은 오직 그곳에 그럴 권리가 있었기 때문이다. 거기서 소외된 사람들, 쥐꼬리만 한 권력도 연줄도 없는 사람들이 할 수 있는 범죄는 강도, 절도, 매춘일 수밖에 없었다. 새삼스럽게 알게 된 것이지만 당시의 범죄에는 두 가지 유형이 있었다. 간접 범죄와 직접 범죄. 손에 피를 묻히느냐 아니냐는 오직 사회의 계급에 따라 명백히 갈라졌다. 분명 1959년에 특권층이 있다면 간접 범죄를 저지를 수 있는 사람들을 말하는 것이었고, 그들은 '강도'가 아니라 '부정'을 저지를 수 있는 권리를 가진 사람들이었다. 당시는 권력의 근처에 얼쩡거리지 않으면 도무지 아무 일도 할 수 없는 상황이었다. 군대가 물자를 둘러싼 횡령이 중심이었다면 정부는 전방위에서 부정이 자행되는 곳이었다. 모두들 정부에 줄을 대지 못해 안달인 이유는 간단했다. 정부의 재정 규모는 국민 소득의 4분의 1이나 되었던 데다 특별 회계까지 합친 재정 규모는 국민 소득의 8할을 차지했다. 정부가 아니면 돈 나올 구멍이 없었다.

공무원을 중심으로 한 부정이 많을 수밖에 없었다. 특히 ICA 자금으로 들어온 물자, 비료, 시멘트 등을 횡령하는 사건이 매일같이 터진다. 그전에도 서울 시경은 여섯 개 사업 관청을 중심으로 공무원의 부정을 강력 수사하는 등 경제 사범 수사에 주력한다고 발표했다. 1월부터 연달아 터진 체신부 공무원 부정 사건, 심계원 독직 사건, 기업의 세금 포탈 사건, 명보극장과 카바레 등 유흥업소의 잇따른 공무원 관련 세금 포탈 사건의 여파였지만 그게 실효를 거두리라고 믿는 사람은 없었다.

동아일보 1959년 1월 21일자 만평 〈부정 콩쿨〉. 권력이 있는 곳에 조직적이고 전면적인 부정 부패도 있었다. 정치권은 물론 군대, 말단 공무원에 이르기까지 부패가 만연했다. 그러나 이들이 적발되는 경우는 극히 드물었다. 부패는 공공연한 사실이었지만, 드러나지는 않는다. 부패가 부패를 감싸준다. 그렇게 조직적이다.

어느 때도 마찬가지지만 공무원들의 부정 사건이 적발되는 경우는 드물었다. 3월 2일 야당은 특정 기업에 대한 특혜 금융을 규명하라고 요구한다. 태창방직에 대하여 이미 80억 환을 융자한 데 이어 또 15억 환의 대출 혐의가 있다는 것인데, 정치권의 조직적이고 전면적인 부정은 공공연한 사실이었다. 특혜 금융이라는 말은 그 후에도 수십 년간 우리에게 매우 익숙한 단어가 되었다.

정부는 부정에 무능을 더하고 있었다. 정부가 소유하고 있는 공기업의 비효율과 비합법적인 경영은 도가 지나쳤다. 당연히 공기업을 민영화하라는 비판이 높았다. 이런 비판은 공기업에서 민영화한 기업이 정부기관보다 훨씬 많은 이익을 낳는다는 사실이 알려지면서 더욱 설득력을 얻었다. 예를 들면 1958년 하반기에 시내 네 개 은행들의 이익금이 10억 환을 넘어섰는데 그것은 은행을 민영화한 결과였다. 모두들 그전까지 은행하면 "사바사바의 복마전이요 관권을 등에 걸머진 정상배政商輩거나 금융 부로커가 아니면 돈을 꿀 수도 없었다"[97]고 믿었다. 그런 현실에서 벗어나 은행이 민영화하면서 이익을 내자 정부에 대한 불신은 더욱 높아졌다.

부산 범칙물자 공매 사건

정부의 무능과 부패는 총체적인 정치적 역학관계에서 이루어졌다. 그 실상을 보여주는 사건이 바로 부산 범칙물자 공매 사건이었다.

1월. 부산의 밀수 물자 처리 공매장에서는 때 아닌 난투극이 벌어졌다. 표면상으로는 공매 입찰 과정에서 벌어진 단순한 집단 싸움인 듯이 보였지만 내막은 꽤 복잡했다. 사건은 밀수품을 처리하는 과정에서 이미 예고되었다.

물자의 부족, 특히 공산품의 부족은 수많은 밀수품 거래를 낳았다. 적발된 밀수품은 공매를 통해 일반에게 불하되어왔다. 그러나 밀수품 공매가 국내 생산의 위축을 가져온다는 비난이 일자 정부는 공매된 밀수품을 재가공한다는 전제조건으로 공개 입찰에 부쳤다. 당연히 생산 공장을 가진 기업에 낙찰되어야 했다. 그러나 공매를 통해 밀수품을 가져간 사람들은 밀수품을 전문으로 취급하는 상인들이었다(포마드나 크림 등 화장품의 경우에도 일반 상인에게 직접 공매하면 일시에 시중에 흘러나와 생산업자에게 타격을 주기 때문에 국산 원료와 이것을 혼합해서 다시 생산하여 국산품으로 매각하기로 한 것인데, 이것 역시 지켜지지 않았다). 공매하는 자리는 온갖 이권과 사전 조작으로 아수라장이 되기 일쑤였다. 특히 공무원들은 입찰 공고 시간과 입찰 방식을 조작하여 특정인에게 저가에 낙찰되도록 불법을 자행하곤 했다.

당시 밀수하다 압류된 물건의 액수가 70만 환 이상이면 검찰에서, 그 이하면 세관에서 관할하게 되어 있었다. 막대한 이익이 걸려 있는 범칙 물자를 손에 넣으려고 상인들은 그야말로 사투를 벌이곤 했다. 공매 때면 '황금풍'이 분다는 소문이 돌았다. 상인들은 낙찰을 받기 위해 수단과 방법을 가리지 않았다. 상인들이 정부 공무원이나 정치인들과 결탁하는 일은 비일비재했다.

2년 전인 1957년에도 이미 부산 검찰청에서 공매 과정에 말썽이 있었고 한동안 이런 공매는 중지되었다. 그런데 이후 전국적으로 몰수 확정된 물자의 액수가 10억 환에 이르게 되었다. 더 이상 물건들을 장기

보관하기도 어려웠을 뿐 아니라 국고를 늘리기 위해서 공매를 단행하기로 한 것이다.

사건이 난 1월 초, 부산에서 말썽이 난 공매물은 나일론, 양단, 비로드, 양복지, 인견사, 면직물 등으로 총 여섯 종목에 170여 건으로 시가 6, 7억 환대에 달했다. 6, 7억환대로 추정되던 공매물은 1억 3618만 환대로 최종 낙찰되었고 낙찰자는 태창방직에서 위임 받은 김태현 등 다섯 명이었다.

처음에 이 사건은 단순한 부정 사건으로 보였다. 그러나 그 배후에 자유당 소속의 모 의원이 있었다는 사실이 알려지면서 국회에서는 야당이 '부산 범칙물자 공매 사건' 조사위원회를 구성하자고 요구하는 등 급기야 정치 문제로 번졌다. 이 사건을 둘러싸고 여야 간의 대립이 격화되었다. 이해 여야는 2·4 파동을 둘러싸고 대립하던 중 북송 교포 문제로 잠시 소강 상태를 보이고 있었다. 그러다가 다시 2·4 파동에서의 경위권 문제를 두고 다투더니 범칙물자 공매 사건 의혹으로 다시 싸우게 된 것이다.[98]

이 사건은 단순한 폭력과 부정 사건이 어떻게 정치적 부패와 연결되어 있는지, 부의 축적과 권력이 어떻게 결합될 수 있는지 그 원형적 형태를 보여준다. 범칙물자, 즉 밀수품 공매 과정에서 드러난 하나의 사건에는 놀랍게도 전혀 관련이 없을 것 같은 두 가지 요소, 즉 '보안법 개정'과 '이기붕의 권력'이라는 요소가 개입되어 있었다.

처음 입찰은 삼파전으로 벌어졌다. 한쪽은 상인 김태현으로, 그의 뒤에는 국회의원 김의준이 있었으며, 다른 쪽은 국회의원 정문흠이 회장으로 있는 국제여론협회를 등에 업고 있는 세력이었다. 그리고 또 다른 부산의 모 상인은 반공청년단과 결탁하고 있었다. 이들 모두는 집권당의 핵심 혹은 주변 세력들이라는 공통점을 가지고 있었다.

김태현은 권력을 이용해 특혜 금융 시비가 있었던 태창방직의 명의를 빌렸다. 김태현 측은 입찰을 위해 부산으로 갔다. 그러나 그들이 도착했을 때는 이미 국제여론협회와 반공청년단 쪽이 모든 준비를 끝낸 상태였다. 김태현 측은 불리한 입장에 몰려 있었던 것이다. 그러자 김태현의 뒤를 봐주고 있던 자유당의 김의준 의원은 '모종의 압력'을 행사하여 공매를 연기하도록 했다. 김태현 측은 입찰을 독점하기 위해 관련자들과 담합하여 1번부터 27번까지 입찰 순번을 장악했고, 결국 입찰을 따냈다. 이에 격분한 반공청년단 측이 들고 일어났고 급기야 폭력 사태로 번졌다. 그게 이른바 부산 범칙물자 공매 사건의 전말이었다.

이 사건이 정치 쟁점화되자 관련자 김의준 의원은 발뺌을 하지 않을 수 없었다. 그는 김태현 측과의 관계를 변명하면서 단지 '정치인으로서 용돈을 받았을 뿐'이라고 했다. 그런데 김의준은 바로 국회 법사위원장이었으며, 바로 지난해 12월 24일에 보안법을 강행 처리했던 그 장본인이었다.

입찰 과정에서 그는 이기붕으로 하여금 법무장관에게 지시하여 공매를 연기하도록 하여 시간을 벌었다. 어느 모로 보나 이기붕이 보안법 통과에 혁혁한 공을 세운 김의준에게 '논공 행상의 은전을 베풀어' 부패를 통해 부를 얻게 하는 기회를 준 것으로 해석할 수밖에는 없다. 이 당시 야당 측은 더 나아가 낙찰 받은 물자의 시세 차액인 2억 4천만 환의 이득이 여당의 정치자금으로 쓰였을 뿐 아니라 장경근, 임철호, 박만원 의원 등이 나누어 착복했다고 주장했다. 야당이 관련자로 지목한 이들은 대부분 자유당의 강경파들이었는데 그들은 보안법 파동의 주역들이었다.

이 일로 자유당 내에서 강·온파 간의 파쟁이 심각해졌고 강경파들의 입지가 좁아지는 결과를 가져오기도 했다.

이권 쟁탈전

이런 사건은 비일비재했다. 한국견직 세금 포탈 사건의 경우[99]도 그랬다. 한국견직 등 김지태가 운영하는 다섯 개 회사가 법인세와 물품세 2억 5백만 환을 포탈한 혐의로 여덟 명의 간부가 구속됐지만 모두 풀려나고 말았다. 세간에서는 김지태가 운영하는 부산일보가 여당지로 바뀔 것이라거나 정치자금을 조달하기 위한 여당의 술책이었다라는 풍문이 돌고 있었다.

특히 원조자금으로 추진되는 사업은 여지없이 혼탁한 양상을 보였다. 이를 테면 원조자금으로 조성되는 '충주비료공장'은 특혜 시비로 복마전을 이루었다. 처음부터 공장의 임원 주택 공사를 수의계약으로 체결한 것이 말썽이었다. 1백여 동의 집을 짓는 데 소요되는 자금은 5억 환이었다. 그럼에도 불구하고 실제는 27동을 짓는 데 무려 5억 6천만 환으로 자금을 증액해주는 일이 일어났다. 조흥토건이라는 회사와의 수의계약 이면에 경제 관계 모 장관의 힘이 작용했다는 설은 이미 널리 유포되어 있었다.

경제원조로 들어오는 비료를 둘러싸고 벌이는 이권 쟁탈전은 거의 공공연하게 벌어졌다. 비료 가격의 조작은 비료가 한국에 도착하면서

1955년 국내 최초로 3300만 달러의 외국차관으로 착공된 충주비료공장. 이 공장은 당시로서는 대규모 생산 능력을 갖춘 시설이었으나 공사 계약 당시부터 심각한 부정으로 얼룩졌다.

시작된다. 공정 환율 500대 1로 계상한 구매 원가는 농민에게 배급할 때는 수량 기준으로 바뀌면서 구매 원가와 배급 원가 차이에서 잉여금이 발생한다. 그게 18억 환에 달했다. 여기에 농림부와 외자청, 한국운수, 자유당정책위, 농업은행 등 유관 단체와 기관이 이권을 챙기기 위해 달라붙었다.[100]

이권의 분배가 더 조직적이고 공공연하게 이루어지는 곳도 있었다. 예컨대 휘발유 배급을 맡은 대행업체는 이중 삼중으로 수수료를 부과하고 있었다. 당시 국내에서 운행된 자동차는 18만 대, 연간 47만 5천여 드럼의 휘발유가 소요되었고, 민간 유류업자의 협동체인 '대한석유협회'가 배급을 담당했다. 그런데 대리점에서 원가의 16퍼센트, 주유소에서 22퍼센트의 수수료를 제하고, 다시 누수와 증발량이라는 명목으로 대리점에서 5퍼센트, 주유소에서 6퍼센트를 제하며, 또 운임과 부대비로 드럼당 2천 환을 별도로 징수했다. 연간 47만 5천 드럼에 대한 수수료와 누손액 등 총액은 24억 8천만 환에 이르렀다. 원가의 무려 97퍼센트에 달했던 것이다.[101] 민간 유류업자와 권력이 손을 잡지 않고는 도저히 일어날 수 없는 일들이었다. 처음 1959년으로 여행을 시작하면서 만났던 시발택시 운전수의 말이 떠올랐다. "휘발유 한 드럼은 1만 2800환인데 거기에 각종 세금인지 뭔지가 덕지덕지 붙어 휘발유 값의 절반은 엉뚱한 놈들 배부르게 하는 데 들어가고 말걸요"라고 한 그의 불만은 바로 이를 두고 한 말이었다.

부패의 처벌은 역시 부패에 의해 좌절된다. 이를 테면 댄스홀 '2·1클럽'이 1억여 환을 탈세했지만 어찌된 일인지 사세司稅 당국의 고발이 없어 수사에 진전을 보지 못하는 등 탈세 혐의가 포착되어도 공공연히 상부의 압력에 의해 중단되고 만다.

임화수

탈세에 관해서라면 영화관을 빼놓을 수 없었다. 영화 산업은 말 그대로 구조적인 모순 그 자체였다. 영화 입장료는 평균 550환 정도였다. 국산 영화에 대한 입장세는 없었지만 수입 영화 입장세는 200분의 115였다. 고율의 입장세를 적용해 수입한 외화의 절반가량이 상영을 하지 못하는 실정이었으며, 결국 이것이 탈세의 요인이었다.

영화관의 탈세가 빈발하자 이에 대한 대응으로 정부는 조폐공사에서 인쇄한 정부 발행 입장권을 발매하도록 했다. 외국 영화 상영에 세금을 부과하는 이런 조치 때문에 외국 영화 수입업자들은 탈세를 안 하면 수지가 맞지 않는다고 하여 한때 서울 개봉관에서는 두 군데만 외화를 상영하기도 했다.

하지만 정부에서 발행하는 '외국 영화 개봉 입장권'은 거의 모든 극장에서 다시 탈세에 이용되고 있었다. 입장권에는 납세증과 입장권이 붙어 있다. 관객이 입장할 때에는 납세증만을 극장 입구에서 떼어내고 날짜와 횟수, 좌석과 극장명, 상영 프로명이 명시되어 있는 입장권을 주도록 되어 있다. 그러나 업자들은 이러한 사항이 적혀 있지 않은 표나 별도로 인쇄된 입장권을 판매하여 탈세를 하고 있었던 것이다. 이러한 사실 역시 당국이 모를 리 없었다. 암암리에 묵인하고 있었던 것이다.

각 극장에서 탈세와 횡령이 버젓이 벌어지고 있었던 것은 국회의원을 비롯해 많은 정치인들이 극장과 이런 저런 관계로 얽혀 있었기 때문이다. 세간의 돈줄인 극장에 정치인이 줄을 대고 있었던 것은 당연한 일이었다. 그리고 그런 극장과 정치권의 야합 한복판에 임화수라는 인물이 있었다.

임화수는 영화 제작가이자 반공예술단 단장 그리고 반공청년단 종로구 단장이기도 했다(임화수와 함께 정치 깡패로 유명했던 이정재는 동대문구 단장이었다). 그는 한국영화제작가협회부회장, 전국극장연합회부회장, 서울특별시극장협회부회장, 한국무대예술원최고심의위원, 대한반공예술인단장 등의 화려한 직함을 가지고 있었다.

임화수는 이런 직위를 이용, 연예계를 농락했을 뿐 아니라 폭행을 일삼기도 했다. 희극배우 김희갑을 폭행하여 갈비를 부러뜨린 이른바

세간의 돈은 극장으로 몰렸다. 정치인도 돈을 좇아 극장에 줄을 댔다. 이런 관계를 바탕으로 극장은 탈세와 횡령을 일삼았다. 극장과 정치권의 연결 고리 역할을 한 인물은 정치 깡패 임화수였다. 사진은 임화수 주도로 열린 이승만, 이기붕 정부통령 출마 환영 예술인 대회.

'합죽이 구타 사건'이 그러했다. 경찰에서는 그의 위세에 눌려 제대로 수사도 하지 못하는 상황이었다. 김희갑은 '모든 영화인들은 권력과 폭력 앞에 무방비 지대'에 놓여 있다고 호소하면서 '영화인 중 김진규, 최무룡 등 안 맞은 사람이 거의 없다'고 폭로했다. 구타 사건이 사회 문제로 번지자 경찰은 임화수를 불구속 입건했다. 다시 언론에서 이를 문제 삼았고 검찰이 구속을 지시했지만, 경찰은 구속영장을 차일피일 미루다 마지못해 구속했다. 그러나 그는 약식 기소로 곧 석방되었다. 그가 권력을 뒤에 업고 있었음은 말할 나위도 없었고, 그 꼭대기에 이기붕이 있었다는 것을 모르는 사람은 없었다.

보안법 파동으로 수세에 몰렸던 정부 여당은 재일교포 북송을 전면 반대하면서 정치 반전의 기회로 삼았다. 반공을 이용해 국민을 결집하는 효과를 노린 것이다. 그러나 감정을 앞세워 반공만 부르짖은 나머지 일본과 경제관계를 악화시키는 무능함을 드러내고 말았다. 재일교포 북송 반대 데모 모습.

무능과 미숙

정치적 무능과 정책의 미숙마저도 정치적 의지로 간주되고 거기에 민족적 감정을 씌워 사태를 왜곡하는 현상도 자주 벌어졌다.

재일교포 북송 문제가 그랬다. 1월 일본의 북송(재일교포 북한 송환) 문제로 한일회담을 진행하고 있던 양국 간에는 마찰이 생겼고, 국내에선 거족적인 반대 기운이 일어났다. 재일교포 북송 문제에 관해 일본 정부는 "희망하는 재일 한국인의 북한 송환을 허가한다"고 발표했다. 그러자 한국 측은 한일회담을 결렬시키겠다는 반응을 보였다. 결국 한일 관계는 최악의 상황으로 치달았다. 북송 문제는 외교와 통상 문제가 걸려 있는 골치 아픈 사안이었다. 그러나 자유당 정권은 이를 통해 반공을 국시로 국민을 결집할 수 있었고 국내의 정치적인 반전을 꾀할 수 있는 이득을 노렸다.

재일교포 북송 반대 총궐기 대회.

　5월 18일, 재일교포 북송 반대 집회가 서울운동장에서 열려 10만 인파가 참가했다. 북송 문제는 국내 정치적인 지형도 바꾸어놓았다. 2·4 보안법 파동으로 끝없는 대치 상태에 있던 여야는 이를 계기로 한자리에 앉을 수 있었다. '북송 결사반대'를 내건 위원회가 국회와 정당을 중심으로 생겨나고, 대규모 북송 반대 데모가 끊임없이 열렸다. 북송은 결과적으로 보안법 파동으로 국내 정치에서 수세에 몰려 있던 정부 여당에 반전의 기회를 주었고, 보안법을 반대하던 정치적 분위기를 여지없이 한구석으로 제쳐놓는 효과를 가져왔다.
　그러나 정치적인 효과는 외교적 미숙에서 얻어진 결과였다. 일본에 거주하고 있던 60만 재일교포를 마뜩잖게 생각했던 일본과, 교포의 북송을 통해 부족한 인력을 확보하고 체제의 우월성을 선점하려 했던 북한이 6월에 적십자 협정을 맺었다. 그러자 한국 정부는 대일 감정을 앞세워 일본에 통상 중단을 선언했다. 대일본 수출이 전체 수출의 반이 넘는 실정이었지만 경제적인 압박보다는 반공을 더 우선시하는 정책을 고수한 것이다. 이는 일본에 대한 압력이 아니라 오히려 국내 경제에 심각한 압박을 초래한 결과만을 낳고 말았다. 정부는 다시 한일회담 재개를 무조건 제안했다. 8월에 동경에서 한일회담이 열려 교포 귀환 협정을 맺으려 일본 정부와 접촉을 벌였으나 보상금 문제로 결렬되었다. 북송 문제로 김동조 외무부 차관이 경질되고 조정환 외무부 장관이 사퇴하는 결과를 가져왔다.

재일교포 북송 문제는 표면적으로는 이데올로기에 관한 것이었지만 내면적으로는 정부의 무능을 드러낸 대표적인 사태였다. 이후로 우리는 오랫동안 국시를 앞세운 '거족적 행사'로 민주적 갈망을 잠재우고 '정치적 반전'을 꾀했던 수많은 '정치적 행위'를 무수히 보아야 했다. 물론 1공화국의 '정치적 행위'는 그 후에 있었던 군사정권의 치밀함에는 턱없이 미치지 못하는 것이었다.

부패의 일상화

부패는 일상의 삶을 더욱 어렵게 만들었다. 그리고 부패의 대부분은 보이지 않는 손에 의해 저질러지고 어물쩍 넘어갔다. 때문에 겉으로는 매우 자연스러워 보이는 일상적인 현상으로 보였다.

종로와 을지로 사이에 있는 청계천 노변의 평화시장에는 밤새 무허가 점포 120동이 감쪽같이 건축되는 일이 일어났다. 무허가 점포들이 들어선 곳은 그 전에 화재가 일어났던 곳이었다. 그 오른쪽으로 청계천 복개 공사로 기존 점포들이 헐리고 있었다. 어쨌든 그곳에 점포가 들어설 수는 없는 일이었다. 거기에 점포가 하룻밤 사이에 들어선 것이다. 상인들의 말에 따르면 점포당 1백만 환의 권리금을 내야 그곳에 들어갈 수 있다고 했다. 대부분의 점포는 누군가에게 권리금을 주고 계약이 된 것이다. 시 당국은 이를 알고 있었고 경찰도 무허가로 건축되는 줄 알고 있었다. 경찰은 앞서의 화재로 발생한 이재민들에게 온정을 베푼 것이라며 억지 변명을 늘어놓았다. 이면에 권리금을 주고받는 등 공공연한 이권 개입이 있었다는 것은 분명했고 누구나 그 실체를 알고 있었지만 그뿐이었다.

부패가 일상화되면 이런 일도 벌어질 수 있었다.

한 담배 장수 소년이 전매청에서 나온 '양담배어사'들에게 붙들려, 팔던 양담배 4천 환어치를 빼앗겼다. 그가 전매청의 조사과로 압수 영수증을 받으러갔더니 그곳 조사 직원 한 사람이 버젓이 미제 '쎌름' 담배를 피우고 있었다. 담배 장수 소년이 꽁초를 주워들고 항의하자 그는 이렇게 말한다. "수사기관에 연락해 돈이나 빼앗아 먹으렴."[102] 그런 세태였다.

농민에게 배급할 정부 비료 20만 킬로그램을 횡령한 43개 면장들이 있었지만 정치의 핵심이 벌이는 부패와 부정에 비하면 하위직 공무원의 부패는 자잘한 일상에 불과했다. 하위직 공무원들에게는 '일일삼성 一日三省'이라는 말 대신 '매일삼규每日三窺'란 말이 돌았다. 매일 세 번은 윗사람의 눈치를 살펴야 한다는 말이다. 공무원은 상관에게 '아첨'과 '공출'을 해야 좋은 자리를 차지할 수 있다는 말이 무성하던 때였다.

정부나 공무원에 의한 부정만이 다는 아니었다. 공공사업이나 민간 업자에게서도 그것은 매우 자연스러운 일상이었다. 특히 주택을 둘러싼 부정이 끊이질 않았다.

6·25전쟁으로 말미암은 주택난을 해소하기 위해 수많은 공공자금을 끌어들여 재건주택, 희망주택, 부흥주택 등의 이름으로 각종 주택이 건설되었다. 하지만 건축은 조악하기 이를 데 없었고, 각종 비리가 연루되어 영세 입주자들이 골탕을 먹는 일이 비일비재했다.

6월 5일. 종암동에 세워진 '모범 아파트'를 대상으로 국회 조사단이 조사를 벌였다. 5층짜리 건물 세 동이 지어진 이 도시형 모범 아파트는 입주금에 고리高利가 가산되어 터무니없이 비쌌고, 건축도 엉망이었다. 먼저 주택 기금이 문제였다. 산업부흥국채에 의한 주택 기금은 은행과 업자의 불순한 모리 행위로 뒤틀려 있었다. 주택 기금은 한국은행과 산업은행에 연 5푼 5리 이자로 주었는데, 산업은행에서는 주택 영단이나 건축업자에게 다시 5푼 5리를 얹어 대부하였다. 결국 이주자가 연 이자 1할 1푼의 고리를 물게 한 것이다.

여기까지는 그래도 참을 만했다. 건축도 엉망이어서 무려 열 세대가 연통 하나를 사용하다 보니 연기가 방으로 새어 연탄가스 중독자가 빈번하게 발생했다. 난간 폭이 1.5미터에 불과해 위험할 뿐 아니라 비상 구조차 없었다. 수세식 변소가 있지만 하루에 10분씩 단 두 번만 사용할 수 있을 뿐이었다. 그마저 위층 사람들은 수돗물을 구경조차 할 수 없다고 했다. 이제 막 지어지기 시작한 도시형 모범 아파트의 실상은 그랬다. 그렇게 지어진 아파트가 종암아파트였다. 거기서 살아본 적이 있는 사람들은 그 실체를 확인할 수 있었을 것이다.

종암아파트는 그로부터 20여 년이 지난 후, 대학에 복학한 내가 방 한 칸을 빌려 자취를 시작한 바로 그 아파트였다. 슈퍼마켓 뒤쪽 골방에 마련한 한 평 반의 공간에 감지덕지했던 나로서는 곧 쓰러질듯 낡고 구질구질한 아파트가 부패와 부실의 참혹한 결과였다라는 것을 그때는 알지 못했다.

원조의 수혜

　한국은 국제 원조에 의해 지탱되고 있는 나라였다.
　전쟁이 끝난 후 1954년부터 1957년까지 4년 동안 세계의 저개발 국가에 대한 국제 원조는 총 85억 달러였다. 그중에서 한국이 가장 많은 10억 달러를 받았다. 자타가 공인하는, 세계에서 가장 '가난하고 불쌍한' 나라 중의 하나였던 것이다.
　한국 원조를 주도한 나라는 물론 미국이었다. 미국의 대외 원조가 본격화한 것은 1947년 마샬 플랜 이후이다. 그리고 한국전쟁을 계기로 상호안전보장법MSA에 의한 군사원조와 미공법 480조에 의한 잉여 농산물 원조가 제공되었다. 미국이 자본주의 체제를 유지하기 위해 제공한 경제 및 군사원조가 국제적인 반발을 가져오자 미국은 1957년 개발차관기금DLF을 설치해 개발 원조를 시작했다. 미국의 대외 원조는 외교 전략의 일환으로 이를 통해 한국을 군사·경제·정치적으로 지배했다.
　한국이 받아들인 미국의 잉여 농산물 도입 협정은 미국 내의 농산물 가격을 안정시키기 위한 것이었다. 미국은 수입국의 통화로 잉여 농산물을 싸게 팔고 그 대금으로 물자를 수입하거나 경제 원조에 충당하였다. 그러나 이런 정책은 국제적으로 다른 농산물 수출국에 큰 피해를 주었을 뿐 아니라 농산물의 국제시장을 교란하고, 수입국의 농업을 발전시키지 못하게 하는 결과를 초래하기도 했다.

어찌되었든 미국은 군사원조와 잉여 농산물로, 군사뿐 아니라 경제를 통해서 한국을 장악한 상태였다. 한국의 군사적인 안정을 위하여 한미연합사령부가 있듯이 한국의 경제 안정을 위하여 주한미경제조정관이 있었다. 그리고 대부분의 한국 사람들에게 미국은 군사·경제·정치적으로 우방 이상의 친밀한 존재였다.

외국 원조 물자를 내국인에게 입찰 판매하는 것을 대충자금對充資金이라고 했는데 이것이 정부의 세입 예산으로 들어왔다. 1959년의 세출 총액은 3900억 환, 그중 1406억 환을 원조 수입으로 충당했다. 정부 예산 지출의 3분의 1 이상이 원조로 이루어지는 셈이었다. 자국의 생산력으로 정부의 재정 수요를 감당치 못하여 원조를 받는 상태는 재정 위기의 극단적인 형태였다. 그러나 외국 원조를 최대한으로 받으면서도 오히려 재정 적자는 늘어가는 상태에 있었다.

정부의 부실한 운영과 조직이 병폐의 근원이란 지적이 잇따랐다. 특히 정부의 비합리적인 지출이 문제였다. 낭비되는 지출액은 대부분 '비합법적인 사적 소비'에 유용되었다. 오죽하면 "개인소득을 일단 정부로 이전하여 그것을 비합법적으로 재차 개인소비로 환원한다면 차라리 정부의 서비스를 포기하고 국민 각자의 임의 지출에 방임하는 것이 훨씬 경제적 효과를 높일 수 있을 것이다"[103] 라는 무정부주의적 발언에 가까운 주장조차 나오게 되었을까? 정부의 재정 운영이 사적으로 도용되어 예산이 줄줄 새어나가고 있음을 누구나 알고 있었다.

불한당들의 사회사 247

특히 외자청의 도입 물자 관리는 너무도 허술했다. 1957년 이후 관리국에서 일어난 각종 사고가 1043건이나 되었을 뿐 아니라 이에 대한 구상 조치도 18.9퍼센트에 불과했다. 또한 경리국이 관리하던 물자 대금 미수액은 215억 환에 이르렀고, 이로 인해 1955년 이후 외자청이 일시 도입한 차입금만 해도 110억 환에 달했다.[104]

무상 원조의 감축

전쟁 이후 1950년대 말이 되자 외국 원조는 그 규모가 점점 줄고 있었다. ICA 원조 규모가 1960년 1억 8천만 달러로 예정되어 1959년보다 3천만 달러가 줄게 되자 정부는 당혹스러워 했다. ICA 원조액에서 기술 원조를 제외한 원조액은 1954년 2억 달러, 1955년 2억 5100만 달러, 1956년 3억 2400만 달러로 늘었다가, 1957년부터는 2억 9700만 달러에서, 1958년도 2억 1500만 달러, 1959년도에는 2억 1천만 달러로 줄고 있었다.

1958년은 그 전년도보다 7천만 달러가 줄었지만 정부는 대책 없이 느긋했다. 그것은 해를 넘겨서 들어올 원조품이 아직 많이 남아 있었기 때문이다. 그러나 예상과는 달리 1959년에는 이월될 원조품도 거의 없었고 원조 감축에 따른 준비도 소홀했기 때문에 경제성장의 둔화와 위축이 예상되었다.

원조가 줄어든다는 것은 2년 전부터 누구나 예측할 수 있었다. 그 대책으로 수출을 신장하고, 군납을 늘리며, 관광을 진흥하고, 외자를 도입해야 한다는 의견이 제기되었지만 말들만 무성했다.

수출을 늘리기 위한 수출 진흥 기금은 구체화된 안조차 없었으며, 수출 신장을 위한 감세안도 제대로 마련되지 못했다. 군납에 대한 아무런 조치도 취하지 못했으며, 관광 진흥을 위해 만든 관광위원회는 유명무실했다. 외자도입촉진법은 국회에서 입법조차 되지 않았다. 말 그대로 정부와 국회 등 정치 집단과 행정부의 무능이 경제의 발목을 잡고 있었던 것이다.

원조에 대해서도 국내외의 비판이 많았다. 무상 원조가 한국의 재건과 구호 등 적소에 쓰이는 것이 아니라 유용되고 누수되는 것이 많다는 점이 지적되곤 했다. 따라서 무상 공급되던 원조는 점차 차관으로 대체되어가고 있었다. 미 상원외교위에서 작성한 보고서는 한국에 대한 분석 자료에서 "정치적 불안과 경찰국가적인 억압에 의한 전횡적인 결정이 나타나고 있다"라고 말하면서 무상 원조가 "거지 근성을 조장하여 타락을 초래하고 민주주의 육성에 도움이 되지 못했"으며 "미국의 원조가 너무나 많은 갑부를 만들어냈으며 너무나 많은 부정행위를 자아내었다"고 지적했다.[105]

미국은 그즈음 극동에서 냉전이 완화될 조짐이 있자 외국 원조 계획을 군사원조에서 경제개발 차관으로 전환하려 했다. 군사비는 현지 정부의 몫을 늘리고 무상 원조 대신 개발차관기금DLF을 강화했다. 미국은 제2세계은행IDA, 콜롬보 계획, 유엔특별기금SUNFED 등에 적극 참가함으로써 민간 자원과 서방 공업국을 후진국 원조에 끌어들여 부담을 덜려는 계획이었다. 이에 따라 미국의 한국에 대한 무상 원조는 실제로 1957년 3억 7천만 환에서 1958년 2억 5천만 환으로 그리고 1959년에 2억 3천만 환으로 해마다 줄었다.

군사원조 물자로 민간에 흘러들고 있었던 일용품도 점차 줄어들고 있었으며 엄청난 양으로 쏟아져 들어왔던 구호물자도 거의 바닥이 났다. 원조 감소의 영향은 시중의 물자 부족으로 이어졌고 이는 물가의 상승으로 나타났다. 경제 원조 자금이 줄어들자 그나마 있던 국내 공장들은 큰 타격을 받았다. 그리고 6월 재일교포 강제 북송에 대한 항의로 대일 통상을 중단한 조치는 엎친 데 덮친 격으로 물가에 악영향을 주었다. 대일 통상의 중단으로 한국은 단 한푼도 일본에 수출하지 못하였지만, 일본은 ICA를 통해 여전히 한국에 비료를 팔 수 있었다. 대일 통상의 중단은 그나마 유지되었던 수출 업체마저도 문을 닫게 했다.

4·19를 준비하다

고바우가 말한다. "여보게 또 재선거가 엉망이래" 책상에 앉아 있던 친구는 "흥 그래"하면서 고개도 돌리지 않고 말한다. 그러자 고바우는 "조금도 놀래지 않는군. 어디 거짓말을 해볼까"하면서 "다른 구역은 아주 공정했대"라고 말한다. 그제서야 친구는 "그게 정말요"하고 소리쳐 놀라며 책상을 둘러엎으며 뛰쳐나온다.[106]

불한당들의 사회는 그 정점에 오를수록 더욱 강건한 조직을 이룬다. 강도와 절도의 불한당들은 부패한 경제 권력에 맥을 추지 못하고 사기와 협잡의 경제는 부정한 정치권력에 무릎을 꿇는다. 불한당들의 사회 조직을 위태롭게 할 유일한 수단인 선거는 부정과 편법과 강제와 사전조작으로 점철된다.

권력의 사유화는 공적인 시스템의 사유화로 발전하게 된다. 권력의 기득권층이 부정과 부패의 시스템을 재생산하는 제도적 장치를 마련하기 위해서는 정치 제도의 소유가 전제되어야 한다. 조직의 정점에서 기득권자들이 가장 두려워하는 것은 민주주의적 절차에 의한 권력의 이양이었다. 바로 선거다. 자유민주주의를 표방한 국가에서의 선거는

동아일보 1959년 9월 15일자
고바우영감

외연상 언제든지 기득권을 뺏어버릴 수 있었기 때문이다.

불한당들의 사회를 이끌었던 자유당은 그들의 수장인 이승만의 임기가 만료되기 무려 2년 전부터 보안법과 지방자치제를 미리 손질했다. 선거 대책을 확고히 수립했고 권력을 재조직하기 위해 일사불란한 체제를 갖추었다. 그리고 그 과정에서 발생할 수 있는 모든 정치적 반발과 파행을 무시했다. 그들은 선거에 실패했을 때 권력을 잃는 것이 아니라 권력의 뒤에 감추어놓고 있던 모든 것을 잃어버린다는 것을 알고 있었다.

자유당 정권의 선거 부정은 악명 높은 것이었다. 별의별 방법이 모두 동원되었는데, 이전에 실시되었던 선거에서도 이미 여러 가지 다양한 부정 사건이 있었다. 막걸리표나 고무신표 말고도 피아노표, 쌍가락지표, 아이롱표 등등이 활개쳤다.[107]

투표에서의 부정은 아무래도 이런저런 말썽이 많고 야당의 반발도 거셌다. 자유당은 이러한 선거 부정을 통해 자기당 의원이 당선되도록 하는 게 모양새가 좋지 않다고 판단했다. 더 원천적인 방법이 강구되어야 했다. 그들은 더 치밀하고 조직적이며 총체적인 전략을 통해 정부통령 선거를 승리로 이끌 수 있는 방법을 모색했다.

1월 22일. 새해 초 대한반공청년단이 새롭게 발족했다. 총재는 이승만이며 부총재는 이기붕이다. 반공청년단은 대한멸공단, 반공통일청년회, 계몽회 등을 해체하고 이를 통합해 전국 규모의 조직으로 통합한 자유당의 전위 행동 단체였다. 초대 단장은 김용우가 맡았다. 이 단체를 중심으로 여당계의 모든 단체를 통합하여 내년 정부통령 선거에 대비하려는 것이었다. 이른바 관변 단체의 조직이었다.

최인규

3월 24일, 최인규가 내무부 장관으로 취임했다. 최인규는 취임사에서부터 의미심장한 발언을 했다. "공무원의 대통령 선거운동은 집무시간 외에 하는 경우 선거법에 저촉되지 않는다"는 것이다. 분명 이듬해 3·15 부정 선거의 전조가 될 발언이었다. 그는 이에 앞서 "공무원은 이 대통령을 받들어 국가에 충성하고 공무원 가족은 대통령과 정부의 시책과 업적을 찬양 선전하여야 한다"고 말해 물의를 일으켰다. 이는 지방자치단체 공무원의 선거운동 금지를 명시한 대통령부통령선거법 제24조를 정면으로 거스른 발언이었다.

내무부 장관으로서 그는 이런 발언을 서슴없이 그리고 끊임없이 해댔다. 심지어는 "대통령에 충성하지 않는 공무원은 정부에 둘 수 없다"고까지 말하기도 했다. 그를 모두 선거장관이라고 불렀다.

최인규 내무부 장관은 정부통령 선거를 앞두고 여당 세력 확대의 선봉 역할을 맡아달라는 자유당의 당략 그 자체였다. 그보다 적합한 인물은 없어 보였다. 그는 야당 성향의 공무원들을 제거하기 위해 읍·면장 등 공무원들로 하여금 당적을 버리도록 하였고, 지난해인 1958년 5·

15 선거 때 조봉암 표가 많이 나온 지역의 서장들을 중심으로 경찰총경을 감원했다.

행정부의 전폭적인 지원을 받은 자유당의 선거 전략은 6월 18일 영덕과 인재에서 실시된 재선거에서 그 효과를 유감없이 발휘했다. 야당이 참패하고 자유당이 승리했는데 개표에서 종전과 같은 부정 개표나 개표 중단 소동이 전혀 없었다. 이유는 이미 투표할 때 기술적으로 승패를 결정해놓았기 때문에 개표를 조작할 필요가 없었다. 표면으로 드러나 시끄럽게 될 방법 말고 개표 결과를 은밀히 조작할 '신기술'과 '신무기'를 갖추어놓았다는 이야기들이 나돌았다.

9월 13일에 있었던 보성구 민의원 재선거 투표에서도 '사전 조치'가 유감없이 발휘되었다. 투표소 주변에는 수십 명의 자유당 완장 부대가 포진해 있고, 경찰은 투표소 주위 1백 미터 이내 사람들을(신문기자들조차) 얼씬도 못 하게 했다. 민주당 참관인들은 참석조차 할 수 없도록 했으며, 투표용지를 함에 넣기 전 자유당 참관인들에게 보이도록 강요했다. 기표 광경을 건너편 투명 유리창에서 볼 수 있도록 하기도 했다(이런 방식으로 당선된 인물이 훗날 국회부의장이 된 황성수이다). 민주당은 보성뿐 아니라 양산 재선거에서도 자유당의 극심한 선거 부정을 감당하지 못해 결국 선거 포기를 선언했다.

선거와 투표 전략을 총 지휘했던 최인규에 대해 야당이 그대로 보고만 있을 수는 없었다. 7월 3일 최인규 내무부 장관 불신임안이 국회에 상정되었다. 그가 민주주의의 기초를 말살할 우려가 많으며, 공무원의 부패를 조장하고 일당 독재를 강화하고 있으며, 경찰 공무원을 선거에 간섭게 하여 공명선거를 파괴하였기 때문이라는 야당 측의 설명이 있었다.

표결 결과는 놀랍게도 가부 동수인 107표였다. 찬성과 반대가 동일하게 나온 것이다. 제적 과반수에서 열 표 모자라는 표수로 간신히 부결된 것이지만, 약 20여 명의 여당 의원들도 해임안에 찬성표를 던진 것으로 나타났다. 자유당 간부들로서는 엄청난 충격이었다. 그만큼 최인규에 대한 거부감은 자유당 내에서도 만만치 않았다.

최인규에 대한 세간의 평판 역시 좋았던 것 같지는 않다. 시골의 어느 농부는 "내무부 장관이 와 연설을 한다고 트럭으로 사람들을 실어 날랐는데 돌아갈 때는 차를 내주지 않아 팔십 리, 백 리 길을 걸어서 가야 했다"고 투덜대기도 했다.

자유당은 정부통령 선거에 모든 것을 쏟아 붓는 것처럼 보였다. 내년 선거에 대비하여 득표에 유능한 인사를 중심으로 한 전국 시·읍·면장을 정비하여 10월 이내에 교체 추진할 계획이었다. 게다가 3억 환에 이르는 돈을 선거 선전 비용으로 쓸 계획도 마련해놓았다.[108]

자유당은 민주당이 대통령 후보 지명 문제에 매달려 있는 기회를 이용, 전국 각 핵심당부의 조직을 확대하고 각 시읍, 면장, 이장, 동장은 물론 각계의 단체 책임자를 열성 당원으로 교체하는 공작을 세밀히 추진해나갔다. 지난해 12월 24일 보안법 개정과 더불어 그들이 날치기로 통과시켰던 지방자치제 개정은 바로 이것을 대비하기 위한 것이었다.

지방자치제의 개정이란 선거에 의하여 선출되던 시·읍·면장들을 임명제로 바꾼 것을 말한다. 그들은 당적을 가질 수 없었지만 그것은 형식적인 것에 불과할 뿐이었고, 그 자리에 자신들의 입맛에 맞는 인사들을 앉혀놓기 시작했다. 이제 시·읍·면장은 친자유당계 인물로 착착 교체되고 있었다.

경감 서장을 모두 총감 서장으로 승격하고 시·읍·면장을 모두 당에서 내었다. 이런 선거법을 사람들은 '몽둥이선거법'이라고 했다. 또 각 투표구별로 1만 5천 명에 이르는 조직 책임자를 동원하여 정부통령 선거의 승리를 위한 당외 인사를 포섭하고 민주당 조직에 침투하려는 계획을 세우기도 했다.

그뿐 아니었다. 각 학교에서도 사전 선거운동이 치밀하게 진행되었다. 환경 미화를 구실로 이승만, 이기붕의 사진과 업적을 교실에 장식도록 하고 그 결과로 교사의 근무 성적을 평가하거나 교장 교감이 가정 방문에 나서 자유당 후보 지지를 직접 호소하도록 했다. 학생들에게 글짓기를 시켜 이승만을 찬양하도록 하는 일들은 예사로 벌어졌다.[109]

4·19혁명의 필요조건인 3·15 부정 선거는 치밀하고 착실하게 준비되고 있었다.

이승만 정권의 미친 듯한 선거 준비는 그들의 후원자였던 미국이 보기에도 걱정스러울 정도였다. 미상원위의 〈연구보고서〉에서도 "1960년도 선거를 앞두고 자유당 행정부는 지속적으로 기본적인 민주주의적 권리를 억압하는 행동을 해왔다. 민주당은 공갈을 받고, 그 지도자들은 협박을 당하고 있으며, 신문은 제약을 받는 등 일반적인 권리가 침해당하고 있다"고 적고 있었다.[110]

지리멸렬한 야당

1959년에 정치는 없었다.

지난해 12월 24일의 보안법 파동에 대한 민주당의 공세는 매우 격렬했다. 원내외 투쟁이 지속되었다. 그러나 정부와 자유당의 강압, 거부, 회피 등에 막혀 투쟁은 더 이상 진전되지 못했다. 민주당은 2·4 보안법 파동의 주역인 한희석 부의장뿐 아니라 불법적인 산회와 정회를 거듭하고 있는 이재학 부의장의 사회를 거부하면서 이기붕의 수습과 퇴진을 요구했다. 이기붕은 난국 수습 담화를 발표했다.[111] 자유당은 무조건 국회에 출석할 것이며 야당도 고집을 버리라는 '훈시'였다. 하지만 그건 누가 보아도 말이 안 되는 이야기였다. 지연 전술로 이기붕과 조병옥 회담을 차일피일 미루어온 것은 자유당이었다. 경색 국면의 정국은 혼미 상태의 지속이었다.

기득권자들은 항상 그들의 권력을 지속하기 위한 국가적 시스템을 만들기 위해 모든 것을 경주한다. 그리고 그 노력에는 권력을 차지한 자들뿐 아니라 언제든 그 권력을 차지할 수 있는 자들의 협력도 포함된다. 때로 그 둘 간의 다툼이 있다고 하더라도 그것은 그 둘 사이에 모두

해가 되지 않는 법과 제도의 범주 안에서 이루어진다.

민주당도 그 안에 있었다. 민주당 또한 자유당의 기세에 눌려 그 정도가 덜해 보였지만 파당을 일삼기는 마찬가지였다. 민주당은 대통령 후보 선출 문제로 갑론을박이 한창이었다. 정부통령 지명을 둘러싸고 장면파와 조병옥파 간의 치열한 파쟁은 친일 행적이 들먹여지고 금품 수수를 둘러싼 지저분한 폭로전으로 이어졌다.

4월 12일, 여야는 정부통령 지명이 얼마 남지 않은 시점에서 은밀히 내각책임제 개헌을 논의했다. 민주당은 당의 공약이라는 점에서, 자유당은 '월등한 지도자' 이승만의 유고시에도 정권을 계승·유지할 수 있다는 계산으로 내각제 개헌을 모색하고 있었다. 그러나 양당 모두 내각제 개헌 논의가 표면화되기를 한사코 꺼려했다. 자유당은 이승만에 대한 도전으로 비쳐질까봐 전전긍긍했고, 민주당은 장면 부통령의 계승권이란 문제가 걸려 있어 표면화하기를 주저했다.

겉에서 보기에 민주당은 1년 내내 당내 권력 투쟁에만 골몰하고 있는 듯했다. 대표최고위원이던 조병옥은 당내 분규를 수습하기 위한 방안으로 대통령 후보 지명전을 포기하기도 했지만 그것도 원점으로 돌아가고 말았다. 정부통령 후보 문제로 양 파벌 간의 사전 타협은 끊임없는 내분을 불러 일으켰다. 결국 민주당 대통령 후보 지명 대회가 11월 26일에 열렸다. 484표와 481표로 대통령 후보에 조병옥이, 부통령 후보에 장면이 선출되었다.

신문은 이렇게 적고 있다. "민주당의 내전을 속속들이 아는 분이라면 다시 구원될 수 없는 절망의 심연 속에 자기가 있는 것을 안 느낄 수가 없는 것이니, 자유당에 대해서 실망을 느낀 지 오랜 국민들로서 갈

1959년 11월 26일 민주당 정부통령 후보 지명 대회에서 대통령 후보로 결정된 조병옥(좌)과 부통령 후보로 나서게 된 장면(우)이 악수를 나누고 있다. 그러나 야당은 자유당의 독주를 막을 만한 역량을 갖추지 못한 상태였다.

길은 자포자기밖에 없을 것"이라고.[112] 민주당의 자중지란은 몇 달이 지속되어 다음 선거에서 자유당은 사실상 부전승을 거두게 될 것이라는 말이 벌써 나돌았다.

정치가 배제된 정치

여당의 독주와 야당의 지리멸렬은 철저하게 '정치'를 배제한 정치적 행태에서 비롯되었다. 권력을 향한 끊임없는 이합집산과 배타적인 세력 다툼은 정치에 대한 환멸과 사회구조의 심각한 분열을 초래하였다. 권력을 향한 줄 서기와 이로 인해 형성된 계급은 그대로 이권의 분배와 부정 그리고 부패의 골을 만들어내는 원동력이었다.

> 우리나라에서 정계의 분야를 가린다는 이른바 여야는 동족 상호간에 확실히 두 낱의 세계로 갈라 놓은 듯한 인상을 준다. …… 그 혐오스러운 여파는 사회 각 방면으로 미치게 된다. 산업, 경제, 교육, 문화 등 방방곡곡으로 영향을 받지 않는 데가 없으니 이토록이나 극성스러워지면 '여' 아닌 사람은 살 수가 없다는 것이 일반의 여론이다. 이 20세기 중엽 대한민국을 휩쓰는 숭여, 배야의 풍조는 적게는 취직, 유학, 여행 등을 비롯해서 크게는 사업, 융자, 언론 등으로 모든 면에 이르기까지 거센 제약을 받고 있다. 지독스러운 여의 독선, 독존적 세태도 다 본다.[113]

미 상원 외교위원회를 위해 작성된 〈아세아 정책연구 보고〉에서조차 "아마도 한국은 양당 제도를 가지고 있지 않을지 모르며 야당이 위협과 저지를 받음으로써 1, 반(1.5)당 제도를 가지고 있는 것일 것이다"[114] 라고 하여 여당의 독주를 말하고 있었다.

여야 정치인들은 정치의 장에서뿐 아니라 일상적인 활동에서도 차별적이었다. 여당은 '호텔정치', 야당은 '다방정치'라는 말이 있을 정도로 여당은 호사를 누렸고 야당은 빈한했다. 집권당은 '파고다호텔'이나 '반도호텔' 등에서 회의를 여는 데 반해 야당은 종로의 다방을 전전하면서 '구수회의'를 열어야 하는 처지였다.

자유당이 민주당에 가한 횡포는 공식적인 자리에서조차 노골적이었다. 민주당 출신의 장면은 부통령이었지만 최소한 대통령의 유고시 그를 승계할 부통령으로서의 지위와 대우조차 받지 못하고 있었다. 자유당이 아닌 부통령 지위는 소용이 없었으며 아무런 권력도 없었다.

5월에 국회의사당 신축 기공식이 있었다. 행사장에 나온 장면 부통령에게는 자리조차 마련되지 않았다. 단상에는 대통령, 국회의장, 대법원장의 의자만 놓여 있어 부통령인 장면은 그저 멀뚱히 바라만 보다 되돌아올 수밖에 없었다. 국회사무처에서는 장면 부통령에게 초청장마저 보내지 않았다고 했다.

매번 그런 식이었다. 사라호 태풍이 영남을 휩쓸었을 때, 피해를 시찰하기 위해 장면 부통령이 부산역에 도착했을 때였다. 역에는 도지사는 물론 관공서 관리들이 단 한 명도 보이지 않았다. 자유당의 도위원장만 나타나도 부산을 떨던 그들이었다. 권력에 대한 맹목적인 추종에 길들여진 곳에서는 정치적 배려와 상식적인 의례조차 철저하게 무시되고 있었고 다른 한편에서 그걸 뒤집을 만한 세력은 존재할 수 없었다. 1당 독재라는 말이 실감나는 현실이었다.

조봉암

옹골차게 재집권의 시나리오를 짜며 난공불락의 권세를 누리던 여당이 있었고 지리멸렬하여 들러리밖에 설 수 없었던 야당이 있었지만 이들 근처에도 설 수 없었던 정치인들도 있었다.

7월 31일 오전 11시 3분. 서울형무소 내의 형장에서는 교수형이 집행되고 있었다. 모시 바지저고리에 흰 고무신을 신고 가슴에는 2310이라는 수형 번호를 단 죄수가 형장에 도착했다.

"본적은 경기도 인천시…… 주소는 서울시 충현동이고 이름은 조봉

사형 선고를 받는 조봉암. 북진이 아닌 평화통일을 주장하며 대중적 인기를 얻은 진보 정치인 조봉암은 이승만 정권에 의해 결국 사형대에 오르게 된다. 조봉암의 사형 이후 진보 세력은 정치권에서 아예 설 자리를 잃어버렸다.

암…… 나이는 61세."

양손이 묶인 채 태연한 모습을 한 그에게 집행관이 마지막 말을 물었다.

"별로 할 말은 없고 다만 이 세상에서 고루 잘 살려고 한 짓인데……."

술 한 잔과 담배 한 대를 달라는 그의 마지막 요구는 거절되었다. 그의 눈에 하얀 수건이 가려졌고 목에 밧줄이 걸렸다. 진보당 사건으로 지난해 2월 27일 대법원에서 간첩죄명으로 사형이 확정된 후, 조봉암은 구속된 지 1년 6개월 18일 만에 형장의 이슬로 사라졌다.

조봉암의 사형 집행 보도가 전해진 서울 서대문 형무소 정문 앞길에는 수백 명에 달하는 군중이 모였다. 이강학 치안국장은 민심을 자극하고 적을 이롭게 할 수 있다는 이유로 조봉암에 관한 모든 기사를 보도하지 말라는 공문을 언론에 보내기도 했다. 경찰에 의하여 일부 군중들은 해산되었으나 이날 밤 11시가 지나도록 상당수 시민들은 부근의 가게 앞 또는 골목길 등에 서성대고 있었다.[115]

조봉암의 사형은 앞으로 이 땅에서 진보적인 인사들이 어떤 일을 겪어야 하는지를 분명히 보여주었다. 그 뒤로 오랫동안 우리는 제도 정치의 틀 속에서는 진보를 표방한 정치인이나 정치집단을 볼 수 없었다. 조봉암 사형 집행장 주위를 서성이던 시민들처럼, 늘 역사의 담장을 기웃거리며 서성거렸던 많은 사람들이 있었다. 통행금지를 알리는 사이렌이 울리면 돌아갈 수밖에 없었던 시민들처럼, 그들은 반공을 무기로 폭력을 일삼는 권력 앞에 발걸음을 되돌려야만 했다.

경향신문 폐간

조봉암처럼 역사의 뒤편으로 물러나 입이 닫혀버린 또 하나의 존재가 있었다. 작은 필화 사건은 급기야 한 신문사의 폐간으로까지 이어졌다. 경향신문이었다.

필화 사건은 주요한 씨가 쓴 〈여적〉이란 짧은 칼럼에서 비롯됐다. 처음 그 글을 읽었을 때 나는 도무지 무슨 구실로 이 글이 화를 입게 되었는지를 알 수 없었다. 아마 문제가 된 것은 단 한 마디, '혁명'이라는 말이 들어 있었기 때문일 것이다. 이 글은 노트르담 대학의 하멘스 교수가 쓴 〈다수의 폭정〉이란 논문을 비판하면서 우리의 현실을 말한 것이다. 하멘스의 글은 '다수의 폭정이란 그들을 지지한 사람이 그 다음

선거가 다가오자 이승만 정권은 눈엣가시와 같은 존재 경향신문을 폐간하기에 이른다. 국민 여론과 야당의 불만이 한층 커졌으나, 이승만 정권은 이런 부정한 방법이 아니면 선거에서 승리하지 못할 정도로 상황이 악화되었음을 인식한 듯하다. 경향신문 폐간 호외를 읽고 있는 시민들의 모습.

선거에 지지를 철회할 수 있기 때문에 있을 수 없다'는 것이었다. 칼럼은 이를 비판하면서 끊임없이 다수의 폭정에 시달려야 하는 암담한 현실을 우회적으로 비판하는 내용이었다. 사실 이 글을 문제 삼는 것은 그로부터 몇 십 년이 지난 뒤 화가 신학철의 그림 〈모내기〉를 친북용공으로 몰았던 공안 검사들의 주장만큼 황당하고 터무니없는 것이었다. 하지만 늘 그렇듯이 어구나 자구가 문제는 아니었다.

4월 30일자로 경향신문의 폐간령이 내려졌다. 경향신문은 이른바 '야당지'로서 당시 가장 비판적인 신문이었다. 자유당 정권에는 눈엣가시와 같은 존재였을 것이다. 그렇더라도 영향력을 가진 신문을 하룻밤 사이에 없애버릴 수 있다는 자신감은 어디에서 비롯된 것일까?

폐간은 군정법령 88호에 의거한 것이었다. 이 군정법령은 주미 대사

신학철의 〈모내기〉. Rice Planting, 1987, oil on canvas 112.1×162.2 cm. 이 그림은 국가보안법 제7조, 이적표현물 제작에 해당한다는 혐의를 받았고 결국 신학철은 유죄 판결을 받는다. 그림 상단에 백두산과 함께 밝은 표정의 농민을 그려놓고, 아래쪽에는 쓰레기를 배치했다는 게 그 이유였다. 1959년 경향신문 폐간과 같은 황당하고 터무니없는 사건이 현대사에도 재현되고 있는 것이다.

인 다울링이 지적한 대로 1946년 해방 정국의 혼란스러운 상황에서 좌우 이념으로 난립했던 신문을 규제하기 위한 것이었다. 이를 자유당 정권이 새삼스럽게 들고 나와 언론 탄압의 방편으로 교묘히 이용한 것이다.

그런데 정부가 경향신문의 폐간 사유를 든 다섯 가지 중에서 이기붕과 관련된 사항이 들어 있었다. 폐간 사유는 첫째, 사설 '정부와 여당의 지리멸렬상' 내용 중 허위 사실을 보도한 것. 둘째, '여적' 란을 통해 선거 제도를 부인하고 폭동을 선전한 것. 셋째, 홍천 모 사단 유류 부정 사건을 허위 보도한 것. 넷째, 간첩 하모 체포를 기사화하여 간첩의 도피를 용이하게 한 것. 다섯째, 이 대통령 기자회견 기사에서 '국가보안법 개정도 반대' 라는 제목으로 허위 사실을 보도한 것 등이다.

그중 첫번째 사항이 이기붕과 관련된 내용이다. 이 신문의 기사 중 스코필드라는 외국인이 어느 신문에 기고한 정부에 대한 격렬한 비판의 내용을 보고 이기붕이 '돌아가라고 권고했다'는 내용이 있었는데 이게 조작된 기사라는 것이다. 당국은 허위 사실을 보도함으로써 개인(이기붕)의 명예를 훼손하는 동시에 정계의 혼란을 조장하였다고 주장했다.

부통령이었던 장면은 경향신문의 폐간을 두고 "선거를 앞둔 야당 탄압의 전초전"이라고 비난했다. 하지만 전성천 공보실장은 부통령의 발언조차 '무책임한 발언'이라고 일축하고 만다. 국민의 여론과 야당의 반발 그리고 미국의 눈치를 보지 않을 수 없었던 자유당 내에서도 경향신문 폐간 조치에 대해 불만을 토로하는 분위기가 있긴 했다. 하지만 사태를 되돌릴 정도는 아니었다. 이미 자유당 정권의 핵심들은 언론에 겁을 먹고 있었다. 그들은 이미 자신들이 국민의 신뢰를 상실하고 있다는 것을 알고 있었으며, 정당한 방법으로 정권이 유지될 수 없다는 것 역시 알고 있었다.

6월 26일. 서울 고등법원 특별부는 경향신문의 폐간에 대해 효력정지가처분 결정을 내렸다. 그러나 정권은 사법부의 결정 역시 쉽게 무시해버렸다. 폐간을 취소하고 다시 무기 정간을 명한 것이다.

늙은 왕의 나라

깡패와 군인이 활개 치던 나라, 원조의 수혜로 간신히 지탱하는 나라, 부정과 부패와 협잡이 일상화된 나라의 정점에 이승만이 있었고 그 바로 아래 이기붕이 있었다.

한 사회 집단의 우두머리와 그 추종자들을 중심으로 그 사회의 성격과 특질을 바라보아야 한다는 것은 역사에서 가장 비극적인 경우이다. 더구나 현대사를 그렇게 기술해야 한다면 더 말할 것도 없다. 사건과 인물에 대한 기록의 역사에 익숙해져 있다면, 1950년대를 말하면서 이승만과 이기붕을 말하는 것은 자연스러운 일일 것이다. 그러나 유감스럽게도 이건 나의 전제에서 한참을 벗어나 있다.

나는 앞에서 역사가 인물과 사건으로 점철된 일련의 기록이라고 생각하지 않는다고 말한 바 있다. 그리고 그런 역사는 '편의주의적인 역사'일 뿐이라고 말하는 호기를 부렸다. 그러나 내 생각은 1959년을 둘러보며 거두어들여야 했다. 역사의 변동과 변이는 일련의 사건으로 점철되는 극적인 드라마가 아니라 일상 속에서 전개되는 변화의 끊임없는 과정이라고 말할 수만은 없었다.

역사적 변화와 수많은 계기들은 특별한 인물들이 만들어내는 사건의 나열이 아님은 분명했다. 그러나 그들이 만들어내는 변화와 계기들이 '치명적'이고 '결정적'이라고 또한 말하지 않을 수는 없었다. 어디를 가나 이승만과 이기붕 그리고 그들을 둘러싼 그림자들이 모든 이의 일상을 틀어쥐고 있는 것처럼 보였다.

그때, 이승만은 '군림'하고 있었으며 이기붕은 '통치'하고 있었다.

군림하는 대통령과 통치하는 이기붕은 자식마저 주고받는 근친교배의 과정을 거쳐 생성된 자웅동체였다. 그들은 주변에 철옹성의 성벽을 두르고 권력의 사유화를 철저하게 진행하고 있었다. 부패의 근원이 권력을 사유화하는 절차에서 시작된다는 것을 그들은 실천을 통해 보여주려는 듯했다.

이기붕이 권력을 자신의 수족과도 같은 부하들에게 분배하는 절차는 공적인 안전장치와 사적인 치밀함으로 진행되었으며 여기에 저항할 수 있는 사람은 없었다. 이승만은 군림하는 것으로 대통령의 역할을 왕으로 승격시킨 지 이미 오래였다. 그는 분명 미 제국주의의 첩지를 받은 왕이었다. 이승만 숭배를 지극히 당연시하는 풍토에서 수많은 경배의식이 도처에서 벌어졌다.

이승만의 생신

3월 26일. 거리에는 거대한 현수막이 내걸렸다. '경축 이승만 대통령 탄신'. 수많은 꽃으로 화려하게 장식한 전차와 버스들이 거리를 질주했다. '꽃전차', '꽃버스'는 거리를 축제의 달뜬 분위기로 만들었다. 이 대통령의 84회 생일을 맞이하여 '대통령 찬가'와 '우리의 대통령'

을 부르는 여학생의 노랫소리가 서울운동장 야구장 담장을 넘어서 들려왔다.

경축사에 이어 학도호국단의 '여든네돌맞이' 노래 합창과 입법부, 행정부, 사법부 그리고 애국단체 연합회의 순서로 이 대통령께 드리는 꽃다발 증정식이 있었다. 다음 차례로 시내 국민학교 아동의 율동 체조, 양정 고교생의 체조, 동명 여고생의 고전무용 등 '마스께임'이 있었는데 이 '마스께임'에서 고전 의상을 입고 넘실넘실 춤추던 동명 여고생과 머리에 빨간 '리봉'을 달고 푸르고 붉은 '유니폼'을 입고 몸과 손을 음악소리에 맞추어 춤추던 국민학교 아동들은 관중들로부터 여러 번 박수갈채를 받았다. 식式은 '마스께임'에 이어 해병대 의장대의 씩씩한 시범 훈련이 있었고 이 대통령의 건승을 비는 만세 삼창과 주악 연주로서 끝났는데, 이날 이 대통령은 식이 끝날 때까지 시종 얼굴에 미소를 띠우고 기쁜 표정을 숨기지 않고 있었다.[116]

경축식을 비롯해서 수많은 행사가 전국 곳곳에서 벌어졌다. 경축 경로회가 열렸고, 이승만의 나이와 같다는 이유로 여든네 살 이상의 노인들은 기념품을 받았다. 남대문 주변과 '빠고다' 공원에서는 기념 식수 행사가 있었으며, 독행자篤行者들을 표창했다. 창경원에서는 경축 음악회가, 시공관에서는 경축 연주회가 열렸다. 세종로에 설치된 사열대에서는 경축 삼군 분열식을 비롯해, 경축 학도 축구대회, 경축 체육대회, 경축 글짓기 등의 행사가 끝없이 이어졌다.

거리마다 '대통령 탄신일 경축 행진'을 구경하려는 인파가 북적였다. 창경원이 무료 개방되자 종로 4가에서부터 명륜동까지 몰려든 사람들이 5만 명에 달했다. 축제는 밤까지 이어졌다. 남산과 중앙청 광장에서는 불꽃놀이가 열렸다. 거리를 메운 시민들이 내려다보이는 반도 호텔에는 고위 관료와 언론인들이 모였다. 그들은 거기서 '칵텔 파-티'와 '디너' 그리고 '댄싱 파-티'를 즐겼다.

이승만이 누렸을 뿌듯함을 상상할 수 있을까? 그는 자신을 따르는 '백성들'이 축하 행렬을 벌이기 전에 '자신에게 선물을 보내지 말라'고 당부하는 메시지를 통해 자비로운 왕의 배려를 느끼도록 할 줄도 알았다.

그가 정말 왕처럼 보일 때도 있었다. 전국 백일장 대회가 치러지면 한시(백일장은 한시와 시조 부문으로 이뤄졌다)의 시제를 대통령이 내놓는다. 그해의 시제는 '고궁추색古宮秋色(압운은 秋, 頭, 洲, 愁, 收).'[117] 고궁의 가을빛이라. 그는 정말 옛날의 왕들이 살던 집이 그리웠을지도 모른다.

각하 만세!

민중의 지지는 절대적인 것처럼 보였다. 8월 2일부터 3일까지 그는 제주도를 다녀왔다. 그의 행차를 살펴보면 그가 '절대화된 군주' 였음을 의심할 수 없게 된다.

이승만의 비행기가 내릴 제주 공항에는 '환영 이대통령각하 래도 재출마 절대지지' 라고 쓰인 아치가 설치되었다. 아치의 좌우에는 '대한민국만세' '이대통령각하만세' 가 적혀 있었다. 비행기에서 내리는 이승만 대통령. 최인규 내무부 장관, 이근식 농림부 장관, 전성천 공보실장이 그의 뒤를 따랐다. 이승만은 어린이들이 주는 꽃다발을 받았다. 거리에는 이승만을 보기 위해 수많은 인파가 늘어섰다. "삼복더위에도 정정하신 모습으로 제주도에 도착하신 이 대통령 각하를 맞이하여 제주도민들은 환영의 만세를 부르며 거리에 쏟아져" 나왔다.

제주도민 환영 대회가 열리는 자리에는 '이승만대통령 차기출마 절대지지'가 쓰인 현수막들이 나부꼈다. "제주도가 하루 빨리 개발되어 목축업이 발전하고 관광 시설이 완비되어 별천지와 같이 발전할 수 있도록 모두가 힘을 합해서 일해주기를 바란다"는 이승만 대통령의 연설을 마치자 "이 대통령 각하의 만세를 외치는 도민들의 환호성 소리가 수려한 산천을 진동"했다. "제주도는 이날 오직 민족의 위대하신 영도자를 맞이한 벅찬 환희에 넘쳐" 있었다. 이승만이 하룻밤을 묵은 뒤 서울로 출발하는 비행기에 오르자 사람들은 비행기를 향해 경례를 올렸다. 여의도 공항에 도착한 대통령은 다소 뒤뚱거리는 모습으로 공항에 마중 나온 국무위원들과 악수를 나누었고 그의 관저로 향했다.[118]

'민족의 태양'이신 왕은 늘 행차가 편해 보이지 않았고 그의 언행이 정상적인 것처럼 보이지 않았지만 그것을 말할 수 있는 사람은 없었다. 이승만은 진해에 별장을 두고 틈만 나면 늙은 몸을 쉬러 내려갔다. 물론 진해의 별장에서도 그는 여전히 국무를 충실히 수행하고 있는 것처럼 비쳤다.

별장에 체류하면서도 한국동란 당시 큰 공적을 세운 바 있는 잠수함 '부랙흰호'를 시찰하기도 하고, 미 태평양 지구 지상군 총사령관 화이트 대장의 내한 인사를 받기도 했다. 그해 진해에서는 프란체스카 여사

대통령 재출마를 지지하는 제주도민 환영 대회에 참석한 이승만. 이승만의 행차는 그가 절대화된 군주임을 느끼게 한다. 어디를 가든 환영 현수막이 내걸렸다. 어디에서든 각하 만세라는 환호성이 터져나왔다. 바야흐로 왕의 나라다.

의 59회 생일 축하 잔치도 열렸다. '오직 나라와 겨레만을 염려하시는' 각하 내외분이 케이크를 자르고 이강석 군이 프란체스카 여사에게 꽃다발을 전했다. 그 옆에는 박마리아가 자리를 잡고 앉았다.

이승만이 지방 시찰을 마치고 돌아오는 날에는 으레 국무위원들이 마중을 나갔다. 4월 25일부터 5월 5일까지 그리고 8월 13일부터 25일까지 진해 별장에 있었던 이승만 대통령이 기차편으로 서울역에 도착했을 때도 국무위원들은 영접을 나갔다. 늘 그렇듯이 그는 "먼 길을 여행을 했음에도 불구하고 아무런 피로의 기색이 없는" 모습이었다고 전해졌다.[119]

진해 별장에서 정양 중이던 이 대통령은 여야가 치열하게 대치하고 있는(실제로는 보안법 사태에 대한 야당의 공세에 여당이 교묘하게 회

거리에는 이승만 대통령을 환영하러 나온 제주도민들이 늘어서 있다. 이승만 박사 재출마 환영이라는 현수막도 나부낀다.

피하고 있던 대치 상태) 국회 사태에 대한 특별 담화를 발표했다. "국회가 파당적인 정쟁으로 나라 일을 버려둔 것은 부끄러운 일이기에 조속히 적체된 사무를 행할 것"을 훈시하는 내용이었다.[120] 이승만은 분명 모른 척하고 있었다. 그는 2·4 보안법 파동으로 파행을 걷고 있는 사태의 본질에 대한 언급 없이 아무런 알맹이가 없는 담화로 단지 좌우의 신하를 꾸짖는 제왕의 면모를 유감없이 보여주었을 뿐이었다.

이승만은 민주주의자였다. 그러나 그의 민주주의는 자신을 제외하고 그 아래부터 이루어져야 할 지향점이었다. 그는 국정의 모든 책임에서 제외되어 있었고 스스로도 그렇게 생각했다. 그는 여건 야건 그들 위에 존재하는 자였기 때문이다. 그런 이승만이 그해 초 국내외 정세가 4선을 요구한다며 대통령 재출마를 언명한 일[121]은 조금도 이상한 일이 아

불한당들의 사회사 273

니었다. 물론 그 이전에 이승만은 스스로 권좌에서 물러나겠다고 한 적이 없지 않았다.

잘했어, 잘했어!

1956년 3월 5일 자유당의 정부통령 후보 지명 대회에서 이승만은 불출마를 선언했었다. 그게 표면적인 제스처였다는 것은 쉽게 드러났다. 그 다음 날부터 관변 단체를 중심으로 수많은 궐기 대회가 열려 이승만의 3선을 지지하기 시작했다. 사람들은 어찌 '하늘에서 내린 사람'인 이승만을 물러나게 할 수 있다는 말인가 하며 이승만의 대통령 재출마를 종용하였다. 노동자와 농민 그리고 학생들까지 동원되었고 '이승만을 따르는 무수한 백성들' 앞에서, 이승만은 국민이 원한다면 불출마를 다시 고려하겠다고 하지 않을 수 없었다. 그는 3월 10일 "나는 그들이 원하는 것이라면 무엇이든지 할 생각으로서 자살을 원한다면 자살이라도 하겠다"고 말하기도 했다.[122]

보안법 파동과 그 이후 야당의 강력한 반발, 이어지는 데모, 재일교포 북송 문제로 인한 한일 간의 마찰 등으로 정국은 극히 혼미했지만 이승만은 오히려 국가의 운영 전반에 관해 매우 만족하고 있었다.[123] 그는 기자들의 서면 질문에 답하여[124] 현 각료들과 국가 공무원들이 각자의 직무에 충실히 하고 있다고 밝히면서 국정의 현상 유지에 대한 신뢰를 표시했다.

이승만의 각료들에 대한 신임은 입각을 노리고 있는 자유당 의원들에게는 오히려 불만이었던 모양이다. 그도 그럴 것이 왕의 총애를 받고

이승만과 각료들이 경무대에서 찍은 기념사진. 이승만의 말 한마디에, 그리고 이기붕의 추천 한마디에 자유당 의원과 각료들의 앞날이 결정되었다. 그들이 이승만의 성은을 입기 위해 치열한 암투를 벌이는 것은 당연했다.

있는 자가 있다면 그 주위에서 이들을 시기하지 않는 것은 이상한 일이다. 그리고 이승만은 그것을 교묘히 이용할 줄 알았다.

각료들 중에서 특히 김현철 재무부 장관, 김일환 내무부 장관, 홍진기 법무부 장관을 3인 라인이라고 불렀다. 이들이 처한 위치는 '문자 그대로 장강대하長江大河에 혼호류전적渾浩流轉的인 불파성不破城의 태세'를 점하고 있었다. 이들은 국정 전반의 문제뿐 아니라 정국의 긴박한 문제가 발생할 때마다 회합하여 그 세를 과시했다. '김재무의 겸양, 홍법무의 명석, 김내무의 요령'이라는 평을 받았던 이들과 부흥부 장관이면서 이론가인 송인상, 교통부 장관이면서 패기가 만만한 최인규, 전업사장이면서 자유당 선거대책위원장인 이홍식, 자유당 원내총무인 원용석 등이 실세들이었다.

자유당 의원들은 언제나 이승만의 성은을 입기를 간절히 원했다. 그리고 간택은 이기붕의 손에 의해서 이루어졌다. 이기붕의 적극적인 추천과 활동이 뒷받침되어야 정부 요직에 들 수 있었고 이를 위해 치열한 암투를 벌이는 것은 당연한 일이었다. 이승만이 이기붕을 각별하고도 각별하게 배려했다는 사실을 모르는 사람이 없었다. 이승만은 중앙의료원에서 요양 중인 이기붕을 친히 방문하기도 했는데 그날이 이기붕의 62회 생일이었다.[125]

이승만의 말 한마디는 절대적이었다. 절대적이었을 뿐 아니라 사소한 말 한마디가 한 사람의 미래를 좌우하는 것일 수도 있었다. 이승만이 모든 사람을 대하는 태도는 아비가 아들을 대하듯 했고 군주가 신하를 대하는 듯했다. 이 대통령은 재일교포 북송 문제로 제네바에 파견되었다 돌아온 장택상을 보고 "잘했어! 잘했어! 국가에 영광을 가져왔어. 이런 일을 2, 3차만 계속하면 우리나라는 국제적으로 기반이 굳어져 가는 거야"라고 매우 만족한 표정을 짓고 "장택상이 제일이야"라고 치켜세웠다. 그리고 동석한 최남규, 유진오에게는 "당신들도 조용히 만나면 칭찬하겠지만, 오늘은 장택상이 제일이야"라고 말했다.[126] 이승만과 그를 둘러싸고 있던 정치가들의 분위기는 그런 것이었다.

통치자의 단순한 말 한마디가 엄숙한 '교시'로 바뀌고 그것이 정책이 되는 일사불란한 체제는 이승만 이후에도 흔했다. 그 전범을 이승만은 그대로 보여주었다. 자신의 말 한마디가 일파만파로 퍼져나가는 모습을 보는 것이 권력을 장악한 자의 진정한 즐거움이었을 것이다.

예를 들면 그해 말인 12월 26일, 이승만은 교통사고를 없애라는 취지의 여덟 개 항의 유시를 내려보냈다. 공무원들은 이를 받드느라 황망하고 분주하게 행동하기 시작했다. 유시는 아래로 내려갈수록 눈덩이처럼 증폭된다. 치안국장은 교통사고를 '미연에 방지하기 위해' 자동차 업계, 운전수, 경찰에게 보내는 '살벌한' 경고문을 띄웠다. 일선 경찰은 교통 법규를 위반한 차량을 엄중 단속하라는 지시를 받았다. 그날부터 시내의 풍경이 달라진다. 첫날 서울 시내에서만 무려 639건에 달하는 위반 차량이 무더기로 적발되었다. 이로 인해 서울 지방 즉결 심판부는 쇄도한 운전수들로 인해 문전성시를 이루었다. 삽시간에 전국적인 코미디가 시작된 것이다.

이승만은 독실한 기독교 신자였다. 크리스마스를 공휴일로 지정하고 성탄 메시지도 내려보냈다. 크리스마스카드를 전국적으로 널리 퍼뜨린 장본인도 이승만이었다. 그는 1953년 11월 성탄 선물과 크리스마스카드를 많이 만들어내자는 담화까지 발표한 적도 있었다. 그는 대한민국을 기독교 국가로 만들고 싶어 했다. 당연히 개신교는 이승만의 일이라면 앞장을 섰고, 1956년 대통령 선거에서도 교회 지도자들은 정부통령 선거 추진 기독교 중앙위원회(위원장 전필순)를 결성하여 '대통령에 장로 이승만, 부통령에 권사 이기붕'을 추대하였다. 장로와 권사가 지배하고 있는 나라의 기독교는 '권력과의 유착'으로 '양적인 팽창'을 이룰 수 있었다.

이승만은 기회가 있을 때마다 어마어마한 교시, '무력북진'을 주장하며 국민들에게 준전시 국면 하에 있음을 일깨운다. 그의 입에서 튀어나온 '반공'과 '북진통일'이라는 단어가 어떻게 국민들에게 각인되었지는 더 말할 필요도 없었다.

넘버 투 맨

그의 바로 아래 이기붕이 있었다.

그는 2인자이다. 실제로 모든 권력의 핵심에는 이기붕이 있었다. 그리고 멀지 않은 때에 그는 1인자가 되기로 내정되어 있었다. 하지만 2인자는 2인자일 뿐이다. 이기붕의 자리가 그렇게 안심할 만한 것도 아니었다. 더욱이 그해 초 이기붕은 병석에 누워 있었다. 아주 작은 권력의 이상 조짐에도 이기붕은 안절부절못했다. 물론 이상 조짐은 1인자의 알 수 없는 심중에서 나오기 마련이다.

이승만이 주미 대사로 일시 귀국해 있던 양유찬을 만나는 자리에서 후계 문제에 대해 '걱정하는 말을 했다'는 정도의 사실도 메디칼 센터에서 입원 중인 자유당의 넘버 투 맨에게 쇼크를 준 것으로 알려졌다.[127] 양유찬은 이승만과 조병옥의 회담을 주선하는 등 국내 정치에 관여하면서 이승만에게 밀착된 인물이었다. 그는 그 이전 1956년의 5·15 대통령 선거 때 이승만이 불출마를 선언하자 "이 대통령이 하야하신 경우 미국이 대한對韓 원조를 중단하게 될 것이다"라는 터무니없는 말로 국민들을 현혹한 인물이기도 했다. 그는 한때에 불과했지만 이기붕을 제치고 자유당 부통령 후보로 물망에 올랐다. 민의원 의장인 이기붕은 이미 1956년 부통령으로 출마하였다가 장면에게 패배하였고, 최근 신경통을 앓고 있다는 사실이 불리하게 작용하고 있었다.

이기붕이 병석에 있을 그 무렵, 그의 권력 기반이 조금 흔들리고 있었던 것은 사실이었다. 이기붕의 아성에 도전하는 사건이 일어나 자유당에서 약간의 파란이 일어났다. 경남도당에서의 분규였다. 이기붕이 지명한 도당위원장이 낙선하고 다른 후보가 당선된 것이다. 이기붕의 위세는 치명적인 손상을 입었다. 그러나 이 모든 것은 단지 찻잔 속의 파문에 불과했을 뿐이었다.

이기붕이 병석에 있었던 것은 여러 가지로 치명적이었지만 그렇다고 그의 권세가 그리 만만한 것은 아니었다. 그는 와병 중에도 이용희를 국회사무총장으로 지명하고 그가 입원하고 있던 메디칼 센터에서 조외무, 김내무, 홍법무, 최문교, 그리고 이재학, 한희석, 박용익, 장경근과 회동하면서 주요 정치 현안과 인사에 개입하고 있었다(이들의 이름은 출입인 명부에서도 가장 많이 발견된다). 병중에도 주요 인사에 대한 관리를 멈출 수는 없었다.

야당은 여러 면에서 이기붕을 못마땅해 하고 있었다. 그해 봄, 야당은 메디칼 센터에 입원해 있는 이기붕 의장을 국회에 출석시켜 지난해 보안법 통과 때 3백 명이나 되는 무장 경위들을 채용한 경위를 추궁해야 한다고 난리였다. 그리고 국회에 나와서 국회 운영을 정상화하든지 건강상 이유로 담당할 수 없다면 사퇴하라고 요구했다. 또한 민주당에서는 이기붕이 2·4 파동 수습과 국회 정상화에 대한 책임이 있음에도 장기간 국회에 출석하지 않았기 때문에[128] 법률상, 도의상 책임을 져야

한다고 주장했다. 야당은 이기붕의 사퇴 권고 결의안을 제출했다. 물론 부결되었다.[129]

이기붕파

이기붕의 주변에는 언제나 그에게 충성을 다짐하는 인물들이 포진해 있었다. 3월 20일, 이기붕의 추천이 '백 퍼센트 반영된' 국무원이 대폭 개편된다. 내무부 장관에 최인규, 재무부 장관 송인상, 부흥부 장관에 신현확, 농림부 장관에 이근직, 교통부 장관에 김일환 등이 기용되었다. 개편은 이른바 당대의 세도를 누리고 있던 김현철, 김일환, 홍진기의 쇠퇴를 의미했으며, 자유당 의원의 영도권 다툼을 위한 강경파의 입각 공작이 이기붕에 의해 좌절되었음을 의미했다.

부산 범칙물자 처분 사건의 여파인지 여당의 강경파가 후퇴하고 이기붕의 측근이 대거 기용된 것이다. 주목할 것은 "이 대통령의 직계이며 어느 의미에 있어서는 이기붕 의장의 자유당 영도력과 호각 선상에 놓여 있었던" 김현철 재무부 장관이 해임된 사실이다. 이로써 이승만의 이기붕에 대한 신임도가 절대적이었음을 다시 한 번 확인하는 계기가 되었다. 재무부 장관이 된 송인상은 이기붕에게 '전심전력을 다했던' 인물이었다. 송인상이 부흥부 장관 시절 그의 '보좌역으로서 충성을 다하고 있었던' 신현확 차관이 부흥부 장관에 임명되었다.

내무부 장관에 기용된 최인규는 앞서 말했듯이 훗날 3·15 부정 선거를 총기획하고 관장했던 인물이다. 그는 이미 장관이 될 때 신문평에서도 언급되었듯이 "강력한 의지의 소유자로서 한번 마음먹은 일은 기어

이 해내고야 마는 성벽"을 가지고 있던 인물이며 "어떠한 목표를 달성하기 위해서는 수단과 방법을 가리지 않는다는 세평도 없지 않으며 그 수완과 처세 요령 또한 만점"이라는 평을 받았던 인물이다. 그는 또 세칭 자유당의 강경·온건 어느 파에도 가담하지 않고 "이기붕 의장과 경무대에 직접 선을 대고 있던" 인물이었다.

이기붕은 2·4 보안법 파동 직후부터 약 2개월에 달하는 입원 생활 중 경무대를 방문하기도 하고 중앙의료원에서 3개월 동안 입원하고 있다가 3월 21일 오후 1시 일시 퇴원했다. 이기붕은 퇴원 후 진해로 내려가 있었던 것으로 보인다. 진해에서 요양 중인 이기붕은 건강이 점차 좋아져 드디어 5월 3일, 2개월의 요양을 끝내고 미군 특별 군용기를 타고 여의도 공항으로 귀경했다. 이날 공항에서 그를 맞이한 사람은 최인규, 홍진기, 한희석, 박용일, 임철호, 장경근, 정운갑 의원, 황성수 전남지사 등 그의 수족과 같은 인물이었음을 말할 것도 없다.

돌아온 이기붕은 다시 권력의 핵심에서 모든 것에 관여했다. 6월에 허정 서울 시장을 갑자기 해임했다. 허정은 재임 시 자유당에 협조를 하지 않아 미움을 받았을 것이라는 세간의 풍설이 돌았었다. 그 후임으로 임흥순이 임명되었다. 그는 지난 민의원 선거에서 낙마한 자유당 인물로 그 역시 이기붕의 수하에 있었던 사람이다. 다른 모든 수하의 장졸들이 그랬겠지만 임흥순 역시 자신의 거취와 발언조차 이기붕의 언질을 받아서 움직였던 것으로 보인다. 임흥순은 서울 시장에 취임할 당시에는 "추호도 당적을 떠날 의사가 없다"라고 말한 바 있었다. 그러던 그가 갑자기 당적을 떠날 용의가 있음을 밝혔는데, 바로 그날 아침 이기붕 의장으로부터 "일하기 어려우면 자유당 당적을 떠나는 것이 좋겠

대한극장에서 열린 제9차 자유당 전당대회 모습. 이기붕이 개회사를 낭독하고 있다. 이날 전당대회에서 이승만은 대통령 후보로, 이기붕은 부통령 후보로 지명되었다. 다음날 대의원들은 이승만 대통령을 예방했고, 대회 경과보고를 들은 이승만은 우리는 공산당과 일제의 침략을 막는 데 더욱 힘써야 한다고 화답했다.

다"는 권고를 들었기 때문이다.[130]

　전당대회를 앞두고 자유당 내의 강경파와 온건파 간의 투쟁이 치열해졌다. 그즈음 보안법 파동을 주도했던 강경파 세력은 주춤해 있었다. 그 일원인 김의준 법사위원장이 부산 범칙물자 처분 사건으로 지탄을 받고 있었기 때문이다. 온건파는 이를 주도권을 쥐기 위한 계기로 삼았다. 투쟁은 중앙위 부위원장의 자리를 두고 벌어졌다. 결과는 누가 이기붕 의장의 신임을 받느냐였다. 이기붕 의장이 지명하거나 내정하게 될 자리는 당내 서열 3위 중앙위원회 부의장직과 당무위원 자리였다. 한희석이 사퇴하는 경우 국회 부의장직을 놓고 온건파인 이재학, 한희석, 박용익 그리고 강경파인 임철호, 박만원, 장경근계가 치열한 파쟁을 벌였다. 이들은 이기붕의 판단이 자파에 유리하게 영향력을 미치도록 최대한의 공작을 폈다.

　6월 29일, 자유당 전당대회에서는 당연히 이승만을 대통령 후보로 이기붕을 부통령 후보로 지명했으며, 이기붕은 한희석을 중앙위 부의장으로 낙점했다.

부통령 후보

이기붕이 부통령 후보로 지명되자 그의 지위는 더 강고해졌다. 그것은 그대로 외부에 표출되기 시작했다. 이기붕이 대한뉴스에 등장하는 경우는 많지 않았다. 그런데 갑자기 7월부터 그가 화면에 등장하는 횟수가 많아졌다. 자유당 정부통령 선거 지명 대회가 열리고 이기붕이 부통령 후보로 지명되고 난 이후이다. 노쇠한 이승만을 잇는 확실한 대권주자 이기붕에게 이는 당연한 일이었다.

처음 그의 육성이 들리기 시작한 때는 6월 29일, 대한극장에서 제9차 전당대회 개최 소식을(220호) 전하면서이다. 그때부터 이기붕은 대한뉴스의 전면에 부각되기 시작했다.

대한뉴스 제223호, 7월 17일 서울 코리아 하우스에서 이기붕 민의원 의장은 기자회견을 갖고 당면 정치 문제에 대해서 소신 피력한다. 그는 농번기를 피해서 선거가 실시되어야 한다며 조기 선거를 주장하고 정부통령은 같은 당에서 선출되어야 함을 강조하면서 적당한 시기에 직접 선거 유세에 나설 것이라고 말한다.

대한뉴스 제225호, 이기붕은 장마로 인해 피해를 받은 농촌을 찾아간다. 그는 피해자 유가족에게 금일봉을 시사하고 농가를 방문하여 담소를 나누고 원두막에서 참외를 먹으며 올해 농사와 수해 등에 대한 이야기를 나누는 친근한 지도자로 비친다.

대한뉴스 제226호, 이기붕은 동부전선 최전방을 방문하고 장병들에게 위문품을 전달한다. 향로봉에 올라 망원경을 들고 적진을 살펴보는 그는 안보에 충실한 믿음직한 지도자로 등장한다.

대한뉴스 제228호, 이기붕은 8월 17일부터 강원도 원주 지방을 순시하며 농장에서 삼을 베는 농부들을 찾아 격려하고 맥주 회사, 방직 회사의 종업원들을 위로한다. 솔선하여 국정을 챙기는 모습이다.

대한뉴스 제229호, 이기붕은 8월 31일 기자회견을 갖고 신년도 예산에는 농촌 부흥을 이룩하는 데 힘쓰는 자유당 의사가 많이 반영될 것이라고 말한다. 그는 또한 정기국회에서 여야가 서로 합심해서 큰 성과를 거두기 바란다고 말하며, 국정의 최고 지도자임을 내세운다.

이기붕을 지도자로 부상시키기 위한 화면은 계속된다. 터키의 코랄탄 의장과 국회의원 일행 열두 명이 방한했을 때도 이기붕 의장의 자택을 방문한 이후 이승만 대통령을 방문하는 장면이 배치되고(231호), 하와이 주 상원이 이기붕 국회의장을 예방했다는 소식(236호)과 11월 2일 '주한 유엔군 위로의 날'에 이기붕의 집에서 열린 만찬(239호)이 소개된다. 전북 교육자 및 읍·면장 일행이 이승만 대통령을 예방할 때도 이기붕을 방문하는 장면이 이어지고(244호), 하다못해 결핵 예방을 위한 결핵 이동 검진차를 소개하는 뉴스에서 크리스마스실을 구입하는 이기붕이 등장하기도(241호) 한다. 그에 대한 치밀하고 전면적인 지원이 대한뉴스 곳곳에 스며 있었다.

이기붕은 9월, 정기국회에 실시될 부의장과 각 상임위원장 선거에서 당내 공천 후보를 지명했다.

국회부의장 후보에 강경파인 임철호, 원내총무에도 강경파인 정문흠을 지명, 강경파가 다시 원내 주도권을 장악하도록 했다. 자유당은 이기붕이 지명한 대로 국회 간부직을 독점했다. 임철호 부의장을 비롯, 인태식(전원), 박세경(법사), 이상룡(내무), 최규남(외무), 유용식(국방), 박만원(예결), 손석두(재경), 원용석(부흥), 이영희(농림), 정규상(상공), 손재성(문교), 손문경(사보), 이종도(교체), 김상도(징계), 이성주(운영) 등이 그들이다.[131] 임철호는 박만원, 강경근과 함께 자유당에 결정적인 정치적 승리를 가져오고 민주당에 치명적인 타격을 준 2·4 보안법 파동을 뒤에서 조정한 인물이었다. 그는 강경파의 수장으로 온건파인 이재학과 맞서게 되었고 국회부의장으로 지명된 것이다.

　이렇듯 권력 투쟁은 끊임없는 이합집산으로 엎치락뒤치락하고 있었으며 그 핵심에는 언제나 이승만과 그의 신임을 한 몸에 받고 있던 이기붕이 자리하고 있었다.

　1959년, 분명 이승만은 군림하고 있었으며 이기붕은 통치하고 있었다.

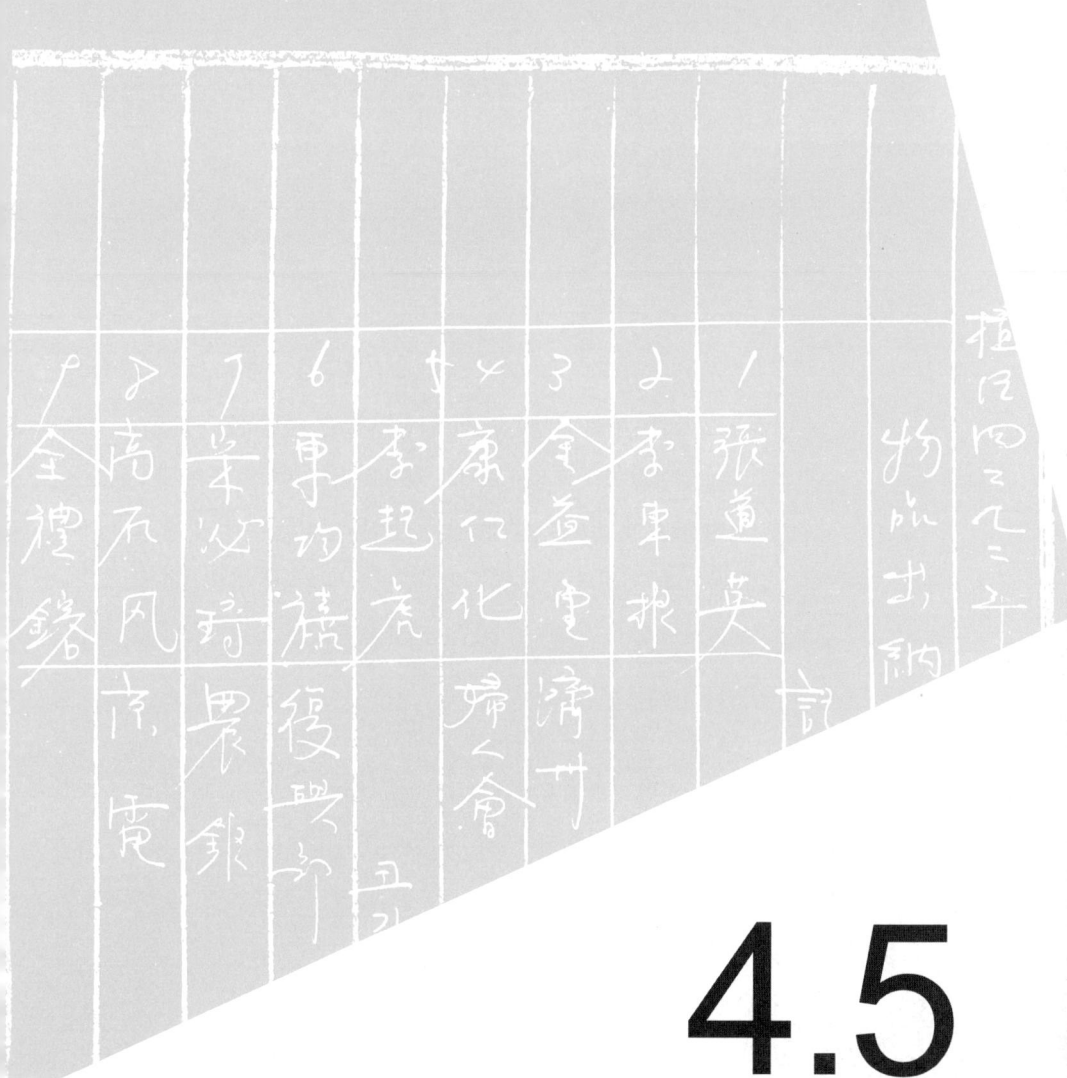

4.5
과거에서 빠져나오기

여행의 끝

과거로 가는 여행은 길면 길수록 좋다. 몰입하는 시간이 많아질수록 과거는 현재가 되며 과거가 과거로 느껴지지 않을 때 비로소 시간여행의 재미를 만끽할 수 있기 때문이다. 과거와 현재를 들락거리면서 나는 점점 분열된 현실 속으로 빨려 들어갔다. 현실처럼 느껴지는 과거는 손에 잡힐 듯이 눈앞에 있었으며 과거의 사람들이 하는 말들이 마주보듯 친숙하게 느껴지기 시작했다.

모처럼 시간여행에 흠뻑 빠져 있던 어느 날 저녁 무렵, 몸이 지칠 때가 되어서야 과거로부터 빠져나올 수 있었다. 아침부터 저녁까지 들고 있던 신문을 덮었다. 눈이 아른아른해지고 뒷덜미가 뻐근해지기도 했지만 그것은 육체적인 괴로움 때문은 아니었다. 어느새 과거가 익숙해질수록 조금 지치고 짜증이 나 있었다. 도대체 왜 그곳에서까지 좇아가서 답답한 현실을, 몰각한 양태를 들여다보고 있어야 하는지, 현재의 것도 모자라 과거의 것까지 챙겨서 들여다보아야 하는지 의문이 들었던 것이다. 뚜렷한 목적 없이 피곤하기만 한 여행이라는 생각이 얼핏 들었고 본전 생각이 간절했다.

　과거 속으로 빠져들면 들수록 한편으로는 과거로부터 도망치고 싶었다. 그럴 수 있다면 과거를 지워버리고도 싶었다. 과거가 매우 익숙해지면서 과거에 대한 분명하고 확실한 실체가 서서히 다가왔고, 그러자 더럭 겁이 나기 시작한 것이다. 무엇이 잘못되었을까? 내가 본 과거의 현실은 사실이 아닐지도 모른다는 생각마저 들었다. 혹시 일상에서 벗어난 일탈된 현실의 과장과 왜곡으로 가득한 자료의 오류 속에 빠져버린 것은 아니었을까? 일상의 섬세함을 일탈이 극대화된 사건으로 뒤덮어버린 신문의 상투성에 매몰되었던 것은 아닐까?

　나는 그만 여행을 끝내고 싶었다. 자리에 벌렁 누워 눈앞에 어른거리는 과거의 환각과 혼돈된 시간의 마취 상태에서 깨어나길 기다렸다. 더 빨리 현재로 돌아오기 위해 텔레비전을 켰다. 텔레비전은 지금이 현실임을 각성하는 매우 훌륭한 장치이다. 뉴스는 더 말할 나위도 없었다. 9시 뉴스가 진행되고 있었다. 그런데 화면에는 마치 과거와 현재가 뒤범벅이 된 것 같은 이상한 현실이 펼쳐졌다.

　'대통령 탄핵안 가결.' 화면은 국회에서 벌어진 풍경을 쉼 없이 반복하고 있다. 과거 어디선가 보았던, 매우 '낯익은' 풍경이다. 의장석을 점거하고 종잇장이 날아오고 멱살잡이에 실랑이에 드잡이까지. 갑자기 아득해지기 시작한다. 아니 지금이 현재가 아니었단 말인가? 채널을 돌려보아도 분명 '신보안법안 국회 가결'이 아니라 '대통령 탄핵안 국회 가결'이 분명하다. 분명 지금은 현재가 맞다. 과거가 아니다. 분명 텔레비전에 비치는 장면은 현재의 사실임이 틀림없다. 분명 그렇다. 그런데 현재에서 일어나고 있는 저 사실은 과거에서 일어났던 사실이 아니던가. 나는 정신을 차릴 수가 없었다. 잠시 시간여행 장치의 단추를 잘못 눌러 엉뚱한 시간대로 빠져나오고 만 것이라는 착각이 들었다. 과거로부터 45년이 더 흐른 현재의 풍경이 과거와 같을 수는 없는 일이 아닌가.

그날 밤 혹성탈출 꿈을 꾸었다. 늘씬한 말을 타고 햇빛이 눈부시게 반짝이는 해변을 따라 가고 있었다. 어딘지 모를 이 세상의 끝을 향해, 새로운 미래를 향해 가는 발걸음은 마냥 가벼웠다. 과거인지 미래인지 모를 '현재'를 벗어나 나의 진정한 '현재'를 찾을 수 있다면 거기는 어디라도 좋았다. 해안의 끝에 이르렀을 때, 갑자기 낯익은 풍경이 펼쳐지기 시작했다. 과거의 풍경이 눈앞에 등장한 것이다. 그리고 그 풍경은, 이 낯선 지금의 세상이, 현재가 아니라, 과거의 미래인 현재가 아니라, 과거였음을 말해주고 있었다. 현재는 과거로 미끄러져 들고 있었으며, 과거는 현재로 뒤바뀌어버렸다. 정신을 차리고 둘러보면 현재임이 분명했지만 어느새 과거가 파도처럼 현재로 밀려들어왔고, 과거의 미래인 현재는 아득한 수평선 너머로 점점 희미하게 모습을 감추고 있었다.

내 기억은 극도로 혼란되었다. 현재와 과거가, 과거와 과거가 그리고 현재와 현재가 부딪치며 쏟아내는 수많은 불일치의 기억들. 어쩌면 내가 기억하고 있는 과거가 다른 사람이 기억하고 있는 과거와 일치하지 않을지도 모른다는 불안이 엄습해왔다. 시간의 신이 있다면 그 앞에 무릎을 꿇고 제발 나의 기억을 되돌려 달라고 빌고 싶었다.

현재와 과거의 분열

한 사회가 공유하고 있는 기억들을 모아서 역사가 된다면 그 역사는 모두의 역사일 것이다. 그러나 과거에 대해 서로 다른 기억을 갖고 있다면 그 기억의 집합체가 모두의 역사가 될 수 있을까?

1959년에 대한 기억을 갖고 싶어 했던 것은 내 과거와 우리의 과거가 역사 속에서 일치하는 그런 기억을 갖고 싶었기 때문이다. 그러나 현재에 돌아와보니 과거에 대한 기억이 모두 다르다는 것을 발견하게 되었다. 역사에 대한 기억 역시 모두 다를 것이다. 나에게 '역사적으로 옳은 것'이 다른 사람에게 옳지 않을 수 있는 것은 역사에 대해 서로 다른 기억을 지니고 있기 때문이다. 그 서로 다른 기억을 가지고 있는 사람들이 오늘, 현재, 여기서 부딪치고 있는 중이다. 정치적 입장이나 태도가 다른 사람들-보수주의자라거나 진보주의자를 자처하는 사람들-은 현재의 이슈에 대한 진보적인 혹은 보수적인 태도에 의해서가 아니라 과거 혹은 역사에 대한 각기 다른 기억의 차이에 의해서 구분된다. 이를 테면 친일과 반공에 대한 첨예한 입장 차이는 친일과 반공의 역사에 대한 기억의 차이에서 비롯될 것이다.

누구나 자신의 기억에 대해 확신을 갖지 못한다면 자신의 정체성은 무너져 내리고 말 것이다. 그리하여 오늘 대립 항으로 비치는 문제들의 대부분은 자신의 기억을 잃지 않으려는 서로 다른 사회적 주체들 간의 투쟁일 것이다. 투쟁은 아름답다. 사회적 투쟁과 분열이 아름답지 않게 보였다면 우리가 공유한 기억의 폭이 너무 멀기 때문이 아니라 너무 다르기 때문일 것이다. 어떤 이유로 우리는 그렇게 다른 과거의 기억을 공유하게 되었을까? 역사적 올바름의 기준을 갖지 못해서였을까? 청산되지 못한 혼란된 과거를 각자의 기억 속에 가지고 있기 때문일까?

내가 정신을 수습한 것은, 다시 말해 현재와 과거의 분열 증세에서 회복된 것은, 그로부터 한참을 지나고 나서였다. 현재의 사실을 분명한 현재의 사실로 받아들이고 난 이후일 것이다. 대통령 탄핵이 엄청난 충격을 주었던 것은 과거와 현재를 오락가락하던 내 개인적인 처지 때문만은 아니었다. 내가 미친 것이 아니었듯이 다른 많은 사람도 미친 것은 아니었다. '정상적인' 사람에게도 그 사태가 충격적이었던 것은 당연한 일이다.

과거를 기억한다. 과거의 야만은 절차상의 합법성과, 다수결의 원칙과 대의 민주주의의 대표성을 말하고 있었다. 과거의 야만은 득이 되면 받아들이고 실이 되면 거부하는 단순한 논리로 무장되어 있었으며 여기에 토론과 논쟁과 조정의 절차는 매우 낯선 일이었다. 이로우면 밀어붙이고 해가 되면 저지하는 야만적 절차에 수십 년 동안 익숙해 있던 사람들에게 정치란 매우 단순한 노동에 불과했을 것이다. 그리고 그것은 현재의 야만이 오늘 똑같이 보여주는 논리이다. 현재의 그들에게서 50년 전 과거의 모습을 생생히 볼 수 있다는 것은 어찌 보면 행운이었다.

나는 적어도 며칠 동안은 낡은 신문 쪼가리를 뒤적이고 곰팡내 나는 자료를 찾으며 시간여행이니 어쩌니 하는 자기 최면까지 걸어가며 과거로 들어가지 못해 안달하지 않아도 되었다. 과거를 아주 실감나고 생생하게 보고 있지 않은가. 그리고 나는 더 이상 시간여행에서 오는 후유증, 현재와 과거를 혼동하는 분열 증세에 시달리지 않아도 되었다. 어쩌면 나보다 더 과거와 현재를 헷갈려 하며 분열증에 시달리고 있는 사람들을 보자 조금은 안심이 되었기 때문이다. 그리고 더 많은 사람들은 현재의 사태가 과거와 현재의 지리한 싸움의 끝일 거라고 믿고 싶어 했다. 그들은 과거의 야만이 현재를 뒤덮지 않기를 바라고 있었다.

참담한 결과

시간여행은 더 이상 지속되지 못했다. 과거로 향한 시간여행은 몽상에 불과했다. 나는 애써 과거로 달려가 현재를 보고 있었을 뿐이었다. 모든 역사가 '현재'에서 쓴 '과거'이듯이 모든 과거는 현재의 과거였다. 내가 과거를 알지 못했다는 것은 사실이 아니다. 내가 정말 현재를, 현재를 낳은 과거를, 내가 태어난 1959년을, 거기 살고 있던 사람들이 어떠했는지를 몰랐었던가. 그들이 어떻게 살았으며, 그들이 얼마나 가난했으며, 그 사회의 시스템이 어떻게 돌아가고 있었으며, 그들을 지배하고 있었던 사람들이 무슨 마음을 먹고 있었으며 그리고 그 결과가 어떠했는지 몰랐었던가. 아닐 것이다. 어쩌면 나는 이미 알고 있던 모든 사실을 모른 척하고 있었을 것이다.

분명 1959년, 내가 태어난 그곳이 아름답고 풍요로운 공간일 수는 없었다. 그곳은 더럽고 찌들고 남루한 공간이었다. 가난하고 피폐한 곳, 마른 먼지가 뽀얗게 덮여 있지 않으면 흙탕물로 질퍽거리는 도로와 바람이 불면 날아갈 듯한 천막과 얼기설기 판자로 엮은 남루하고 꾀죄죄한 건물, 전쟁의 상흔과 삶의 고단함으로 지친 군상들 속에서 역사가 시작된 것은 분명했다. 그러나 부끄럽거나 잊고 싶거나 거부하고 싶었던 것은 과거의 찌든 삶의 공간이 아니었다. 어쩌면 그곳에서 만났던 남루한 사람들이 지금 번듯한 사람들로 만날 수 있다는 사실 하나만으로도 나는 우리의 삶에 대하여, 그리고 우리의 역사에 대하여 감사할 수 있었다. 문제는 과거의 가난이 아니라 과거의 질곡이 현재 진행형이라는 걸 확인한 데 있었다. 내가 처음부터 불길하게 생각한 것은 바로 그것이었다.

과거의 왜곡된 현실이 그대로 지속되는 것처럼 보이는 현재는 과거에 대한 기억마저 뒤틀어버린다. 거기서 벗어날 길은 없어 보인다. 처음부터 나는 이기붕가의 출입인 명부로 시작된 이 일이 결국 부패의 역사를 들먹여야 하는 뻔한 노정이 되는 것은 정말 피하고 싶었다. 되도록 먼 길을 돌아서 가고 싶었던 것도 그의 문서가 던져주는 그런 뻔한 결말에서 벗어나고 싶었기 때문이다. 최소한 이기붕의 자료를 들여다보면서 그것이 부패한 정치인의 뇌물 장부일 것이라는 상투적인 추측에서 벗어나고 싶었던 게 아니었던가. 그리고 그 장부에 기록된 목록에 대한 사회적 함의와 물질을 둘러싼 문화적 의미를 캐어보고 싶었던 게 아니었던가. 그래서 1959년의 정치·경제·문화적 상황에 대한 이해가 필요했던 것이 아니었던가.

그러나 과거 속으로 들어가면 갈수록 점점 부정과 부패의 늪으로 빨려들지 않을 수 없었다. 기억의 고리들을 하나씩 발견하면서 나도 모르게 점점 혼미한 현실에 말려들고 말았다. 정말 피하고 싶었던 것 그리고 건들지 말아야 한다고 생각했던 역사적인 질곡들에 파묻혀 정작 내가 보고 싶어 했던 것들을 놓쳐버리고 말았다. 결국 누구나 보았을 상투적 결말에 도달한 심정은 참담함뿐이었다.

과거는 현재의 식민지가 아니다

지금 내 이야기가 그렇듯 나는 시간여행을 핑계대면서 끊임없이 과거와 현재의 도돌이표를 그리고 있는 중이다. 과거와 현재를 오르내리면서 결국 내가 보려고 했던 것은, 아니 보고 싶어 했던 것은 '현재와 다른' 과거의 모습이었다. 그것이 내 첫 번째 착오였다.

분명 과거는 현재와 다르다. 현재와 같다면 과거는 과거가 아니다. 그러나 현재와 다른 과거는 발견할 수 없었다. 과거를 이국적인 풍광과 문물을 구경하듯 호기심 어린 눈으로 보기에 그곳은 너무 낯이 익었다. 그럼에도 내 과거를 향해 구한말 선교사들이 조선 땅을 바라보며 던지는 안쓰러운 시선과 이해 못 할 몸짓을 똑같이 해보인다는 것은 부끄러운 일이었다.

나는 이제껏 과거를, 지금의 나와는 아무런 관계가 없는 야만의 시절로 바라보려고 끊임없이 시도했다. 그럴듯하게 차려 입고 선글라스와 카메라를 걸쳐 메고 캄보디아나 라오스, 아니면 아프리카나 인도네시아의 오지 혹은 남아메리카 원주민들이 사는 곳을 둘러보는 걸 문화적인 탐험이라고, 인류학적인 관찰이라고 둘러대는 것이 경악할 일이듯 과거를 그렇게 보는 것 역시 경악할 일이다. 서구의 비서구에 대한 폭력은 비서구를 인류학적인 관찰의 대상으로 삼으면서 시작되었다. 그들은 자신이 '주체'임을 확인하기 위해 '타자'를 발견해야 했고, '타자'는 타자로서의 특질을 갖추어야 했다. 야만은 그렇게 만들어진다. 그들은 야만을 확인하고 그 앞에 문명을 내세운다. 식민지는 그렇게 만들어진다.

역사 속에서 과거는 현재의 식민지로 전락해왔다. 과거 앞에 으스대면서 나타난 현재는 과거의 비참한 모습을 보면서 현재의 자신의 처지에 안도감을 갖는다. 과거는 어떤 경우에도 현재 시선 앞에 무방비로 노출되어 있다. 과거는 현재의 주체들 앞에서 꼼짝없이 객체화되어 자신의 치모조차 가릴 수없는 수치를 고스란히 감내해야 한다. 과거는 그렇게 기억되며 역사는 그렇게 기록되고 과거는 그렇게 향수된다. 적어도 가까운 과거들은 그렇게 기록되었다. 역사가들은 과거를 연구함으로써 과거를 현재의 식민지로 만들기 위해 파견된 선교사들일지도 모른다. 나 역시 내 과거를 현재의 식민지로 만들려 했던 것이다. 나는 1959년을 현재의 존재를 증명해주는 단순한 기억의 생산기지로 삼으려 했다. 나는 과거를 현재의 타자로 만들고 싶었다. 나는 과거를 통해 그것이 현재와 얼마나 다른지를 발견해내고 거기서 현재의 존재를 확인하려 했다. 그것이 나의 두 번째 착오였다.

과거를 현재와 다른 어떤 곳으로 보는 것은 가능한 일이 아니다. 적어도 내가 태어난 과거의 그해는 그랬다. 내가 본 과거는 '현재의 과거'였다. 과거로 향하는 여행의 가방 속에는 현재의 우쭐함으로 가득했지만 거기에 담아올 수 있는 것은 나의 참담한 과거였을 뿐이다. 과거에 대한 막연한 향수마저 이국적인 풍물을 바라보는 관광객의 천박스런 호기심과 다르지 않았을 것이다.

과거를 과거로 바라보지 않기 위해서, 기억을 추억으로 만들지 않기 위해서 현재의 우쭐함은 모두 쏟아버려야 할 것이었다. 과거의 참담함은 현재의 참담함이며, 과거를 향한 분노는 현재를 향한 분노일 수밖에 없다. 과거를 이루고 있는 모든 것이 나의 현실이라면, 그 어떤 경우에도 과거로부터도 빠져나올 수 없듯이 현재로부터 도망칠 수 없을 것이다. 그게 나의, 아니 우리의 현실이었다.

5
몇 개의 수치, 남은 문제들

남은 문제들

한동안 나는 무엇을 해야 할지 알지 못했다. 이미 내 여행은 본래의 목적에서 한참을 비껴나가 버렸으며 그렇다고 되돌아 다시 새로운 길을 찾아가고 싶은 마음도 없었다. 돌아와서도 한동안 서랍 속에 처박힌 이 방명록을 좀처럼 다시 펼쳐볼 기회를 갖지 못했다. 물품 명세는 여전히 무언가를 말하고, 아니 내가 무언가를 말해주기를 기다리고 있었지만 그저 막연히 들여다보는 것 외에 내가 할 수 있는 일은 없었다.

1959년을 에둘러 돌아 나온 나를 여전히 괴롭힌 것은 매우 작은 사실, 정말 단순한 사실을 확인하기 위해 거쳐야 하는 번거로운 일들이 도처에 널려 있었다는 것이었다. 그리고 여전히 목록 속에 들어 있는 물품의 성격을 분명하게 규정할 만한 근거를 경험(과거의 것이든 현재의 것이든)에 의지해야 하는 답답함이었다. 실컷 1959년을 돌아보고도 아직도 그런 지경에 빠져 있다는 것은 여행이 엉뚱한 곳에서 헤매고 말았다는 것을 분명히 말해주었다. 당시 물가와 경제 동향 그리고 일상적인 물품 명세를 쉽게 찾아볼 수 없었다는 것은 변명에 지나지 않는 일이다. 다행히 일상적인 품목을 확인하고 경제 지표를 대조할 수 있었다

해도 나는 여전히 무얼 해야 할지 몰랐을 것이다.

일상의 물질

처음부터 내가 관심을 두었던 것은 사건과 인물이 아니라 일상과 일상을 이루고 있는 물질이었다.

일상의 모든 것은 물질로 표상된다. 대부분 인간이 소유한 물건은 사회적 생산물이다. 그리고 그 물건에 대한 소유 과정이나 소유 형태에 따라 사회적 계급이 형성된다. 사회적 계층과 계급에 따라 물질에 대한 인식이 달라진다. 그리고 물질의 교환과 세습, 물질에 대한 인식과 반복적인 교육을 통해 계층과 계급의 사회적 분화가 가속된다.

실제로 돈이 많은 사람들을 부자라고 하지만 부자와 가난한 사람을 구별하는 자체는 수치와 경제 지표로서의 돈이 아니다. 사회적으로 보면 부자는 그가 접할 수 있는 물건과 이에 대한 태도에서 결정된다. 사탕에 입맛 든 부잣집 아이는 옥수수에 별로 집착하지 않으며 옥수수를 구해야 하는 가난한 어머니는 장미 한 다발을 거들떠보지 않을 수 있다. 이런 차이는 시대에 따라 변화하고 경제와 문화적 변화에 따라 달라진다고 말할 수 있지만 거꾸로 그 차이가 사회의 경제적 변화, 문화적 변동의 근본적인 동인을 이루고 있다고 해도 틀리지 않는다. 옥수수와 장미의 수요와 공급은 분명 옥수수와 장미에 대한 태도가 다른 집단들의 구성 비율에 따라 달라진다.

이기붕의 방명록에 실려 있는 물품들에 대한 태도는 그것이 선물인가 뇌물인가 하는 판단이 핵심이 아니다. 문제는 그런 물품의 교환이

주는 사회적 의미이다. 어떤 경우든 물질적 교환은 그것이 선의든 악의든, 자발적이든, 강제적이든, 가치의 균등한 교환으로 이루어지며, 교환가치에서 사용가치를 뺀 나머지 가치는 사회적으로 결정되기 때문이다.

모든 물건은 그 시대의 '문화적인 의미와 사회적인 가치'에 따라 사용가치가 결정된다. 특정 목적에 의해 전달되는 물건일 경우는 더욱 그렇다. '보편적인' 물품인 사과나 배가 아니라 '특별한' 물품인 메론이나 파인애플인 경우에도 마찬가지이다. 단순히 메론 하나조차 당시에 그게 매우 비싼 과일이었을 것이라고 상상할 수 있지만, 국내에서 생산된 것인지 아니면 수입 유통된 것인지 아니면 개별적 입수에 의한 것인지 확인할 길은 없었다. 그 경로가 어디인지에 따라 가치가 달라진다는 것은 분명하다. 장미만 해도 그렇다. 이기붕의 집에 들어온 가장 많은 물품 중의 하나가 꽃이다. 때로는 꽃다발로 때로는 화분째로, 많은 종류의 꽃이 들어오지만 장미는 단 한 차례 있을 뿐이다. 국화가 수십 차례 들어온 것에 비하면 의외가 아닐 수 없다. 그것은 장미의 '물질적 지위'가 지금과 달랐을 것이라는 상황을 말해 준다. 그 당시 장미가 선물로 교환될 수 있는 상품으로 생산되었던 때인지 아닌지에 대해서 알지 못하면 장미의 교환가치에 대한 사회적 판단은 불가능하다. 장미 한 다발이라고 하더라도 단순히 가격뿐 아니라 그것이 유통된 것인지 마당에서 꺾은 것인지에 따라 선물의 가치와 의미는 분명 달라질 것이다.

다시 고백하건대, 나는 여행에서 미처 이런 것들을 조목조목 챙겨보지 못했다. 어쩌면 그런 '시시콜콜한 것들'에 앞서 눈앞에 펼쳐지는 암담하고 우울한 풍경에 그만 넋을 놓고 있었을 뿐이었다. 그리하여 지금 도무지 끝 간 데도 모르게 자꾸 엉뚱한 곳으로 빠져드는 이 글을 끝내야 할 시점에서 나는 매우 곤혹스러워 하고 있는 중이다(이 사태를 어떻게 수습한단 말인가. 어쩌다 이 글이 책이 되어 세상에 나온다면 여기까지 읽어준 사람들에게 도대체 뭐라고 변명을 한단 말인가. 결국 내가 태어난 해를, 이기붕의 출입인 명부가 만들어졌던 그때를 그저 한 번 둘러보고는 더 이상 아무것도 할 수 없노라고 난 모르겠다고 잡아떼는 것은 도대체 무슨 배짱이란 말인가). 이기붕의 문서에 기록된 목록에 대한 사회적 함의와 물질을 둘러싼 문화적 의미를 캐어보겠노라고 의기양양하게 1959년의 상황으로 빠져들었지만, 내가 얻어온 것은 기껏 참담한 현실에 대한 좌절감이거나 과거와 현재의 혼란뿐이었으니 말이다. 물건을 둘러싼 사회적 의미들을 꼼꼼히 살펴보기도 전에 사회 시스템의 부조리에 맞닥뜨리게 되었고 거기서 현재와 다르지 않은 현실을 마주치게 되었으며 그리고 그만 어디로 가야할지 길을 잃어버리고 만 것이다. 나는 처음 이 문서를 보았을 때부터 품었던 의문들의 답을 풀어내야 했지만 유감스럽게도 이기붕가의 풀리지 않은 선물 꾸러미들처럼 내가 알아낼 수 있는 것은 여전히 많지 않았다.

방문객들

다시 방명록을 꺼내본다.

'이기붕가 출입인 명부'에 적혀 있는 사실은 매우 단순한 기록들이다. 사람들을 하나씩 떠올려 이름을 불러본다. 이제 그 이름들이 낯설지 않다. 지겹도록 보고 들었던 사람들이 주르륵 펼쳐진다. 등장인물들은 이제 명백히 쟁쟁했던 당시의 실세들이다. 그 집을 들락거린 인사들이 사적인 활동 영역이 아니라 공적인 활동 영역 속에서 움직였다는 점에서 이 자료는 객관적인 사료적 가치를 지니고 있음에는 틀림없다. 적어도 방문객 명단을 통해 정치사를, 특히 1공화국 후반 정치사의 흐름을 가늠해보는 것은 어렵지 않은 일이다.

출입인 명부는 이기붕의 소재를 간접적으로 보여준다. 1월부터 5월까지 출입인 명부는 며칠을 몰아서 적거나, 기록하지 않는 날이 있는 경우가 많았다. 1월에는 1월 6일부터 11일까지 몰아서 쓰였고 아예 기록이 없는 날도 많았다. 2월은 더 심하다. 2월 7일~10일, 21일~28일, 12일~16일, 19일~20일, 21일~28일 등 장부는 더없이 얄팍하다. 3, 4, 5월도 마찬가지다. 3월 2일~6일, 6일~11일, 11일~15일, 4월 6일~9

일, 13일~16일, 4월 22일~5월 9일까지 그리고 5월 21일~30일까지의 기록에는 건너뛴 날짜만큼 방문객도 적었다. 이는 그동안 이기붕이 집에 없었다는 것을 말한다. 그러나 그동안에도 물품은 꾸준히 들어왔다.

1월 20일, 갑자기 많은 사람이 방문을 한다. 이 날은 물품이 하나도 기록되어 있지 않다. 방문객은 드물고 물품만 기록되었던 다른 날과 다르다. 아침 8시경 유태하를 시작으로 박용익, 김일환, 김장섭, 조순, 원용석, 인태식, 한백수, 한희석, 정운갑, 장경근, 임철호, 이근직, 이재학, 박만원 등이 모였고 한희석과 정운갑 등 몇몇 사람은 두어 시간 뒤에 다시 방문하기도 했다. 모두 다 국회의원이거나 장관급 인사들이다. 그리고 이기붕의 주변에 있던 핵심 참모들이라는 것을 한눈에 알 수 있다. 무슨 일이 있었지? 자료를 뒤져본다. 바로 그 전날인 19일 밤 이기붕과 민주당의 조병옥 대표가 시내 모처에서 회담을 가졌기 때문이다. 이기붕과 조병옥의 회합은 2·4 보안법 파동으로 교착 상태에 빠진 정국을 타개하기 위한 자리였다.

이보다 앞서 국회운영위원장 조순 의원과 민주당 원내총무 유진산은 국회의장실에서 장시간 회합을 가졌다. 조병옥은 이기붕을 만나기 직전 장면 부통령과 곽상훈 민주당 최고의원과 대책을 논했고, 이기붕 역시 회담 한 시간 전 홍진기 법무부 장관과 임철호 의원을 그가 입원해 있던 메디칼 센터로 불러 이야기를 나눴다. 병원에서 이루어진 것으로 알려진 이기붕과 조병옥의 회담은 조병옥과 이승만의 만남을 위한 것이었다. 이기붕은 자유당 간부들과 협의하여 이승만과의 만남을 주선하겠다고 말한 것으로 전해졌다. 야당의 영수가 대통령을 만나는 것을 주선하는 것도 2인자 이기붕의 몫이었다. 1월 20일 아침, 이기붕의 관사에 사람들이 모인 것은 회담 이후 대책을 논의하기 위한 것임이 분명했다. 출입인 명부는 모임의 사실을 명확하게 적시하고 있다.

이후로도 출입인 명부에 주요 인물이 등장할 때는 정국의 변화가 있을 때와 대체로 일치한다. 물론 위에 거론된 인물들은 이기붕 집을 수시로 방문했다. 때로는 이기붕 집에 사람들이 모인 날을 중심으로 전후의 정국을 살펴보면 어김없이 주요한 사안이 발생하곤 했다. 이를 테면 2월 17일 인태식, 원용석, 장경근, 조순, 임철호 등 앞에 열거한 사람들과 거의 동일한 인물 20여 명이 출입인 명부에 기록되어 있다. 그 하루 전인 16일은 재일교포 북송 반대 데모가 서울운동장에서 대대적으로 열린 날이다. 북송 반대 전국위원회가 발족했고 조병옥과 이기붕, 장택상 등 '정계의 삼거두'가 지도위원으로 선정되었다. 바야흐로 정국이 보안법의 경색 국면에서 북송 반대 국면으로 넘어가던 때이다. 이날 회합에서는 국회의 북송 반대 결의문 채택, 국회의 의제 설정, 한희석 부의장의 경호권 발동(2·4 파동 시) 경위 설명 문제 등을 논의했다. 그리고 신문에는 이날 상오 "이기붕 의장실에서 열린 자유당 간부 및 정부측 연석회의에서는 민주당이 제시한 2·4 보안법 파동 수습책을 '하나도 들어줄 수 없다'는 결론을 내렸다"[132]고 전한다. 이런 강경책은 정국의 흐름을 반일 데모로 반전시키고 이를 통해 야당의 투쟁 강도를 희석할 수 있다는 판단에서 비롯된 것이라고 추측할 수 있다. 그것은 그 모임에서 '여야 합의만 되면 국회를 휴회하고 북송 반대에 대한 유세를 실시해도 좋다'는 합의를 보았다는 기록에서도 엿볼 수 있는 대목이다.

출입인 명부에 가장 많이 기록되어 있는 사람은 필경 이기붕의 최측

근이다. 그들은 5월 전이나 그 이후에도 모임이 있을 때마다 거의 빠짐없이 등장했다. 얼핏 통계를 내어보면 김성곤, 김원태, 김일환, 박용익, 손도심, 송인상, 이강학, 이근식, 이기호, 이익흥, 이재학, 인태식, 임철호, 장경근, 정문흠, 정운갑, 조순, 최인규, 한희석, 홍진기, 황성수 등 주요 자리를 차지하고 있던 국회의원과 장관들, 정부 요직 관료들이다.

물론 이들 말고 훨씬 더 많은 사람들이 오갔다. 기업가와 군인, 도지사와 같은 지방 관료, 외국인 사절이 그들이다. 그리고 이들 중 상당수는 부인과 함께 오거나 부인만 따로 오는 경우가 적지 않았다. 이를 테면 1월 27일은 열 명의 방문객 중 일곱 명이 아무개 부인이다. 부인들의 회합이 있었거나 집안일이 있었을지도 모른다. 아마도 이 대목에서는 이기붕뿐 아니라 박마리아의 행보를 좇아야 할 것이다.

박마리아는 1959년 대한부인회 회장으로 재선되었고 부인회 간부진을 장·차관 부인들과 기업체 사장 부인들로 채워 넣었다. 출입인 명부에서 유독 부인들이 많았던 것은 이 때문이었다. 명부를 읽다 보면 유달리 차관급들 중에 부인들이 대동한 경우가 많았고 부인들이 물품을 들고 온 경우가 적지 않았다는 점이 눈에 들어온다. 사무차장 부인, 비서실장 부인, 신 차관 부인, 한 실장 부인, 법무부 차관 부인, 박사정위원 부인, 교통부 차관 부인, 상공부 차관 부인 등이다.

이들 부인들 방문이 '사적인 방문'이 아니라 박마리와의 '공적인 방문'이라는 것을 알 수 있다. 물론 그 '공적인 활동'에는 선거운동도 포함된다. 박마리아의 권력을 위한 활동은 이기붕 못지 않았다. 그는 이기붕이 부통령으로 지명되자 자신이 속해 있는 대한부인회뿐 아니라 여성 단체를 선거에 이용하기 위해 노력을 아끼지 않는다. 명부에도 나타나는 최인규의 부인 강인하를 대한부인회 서울시 본부장에, 초대 원자력원장이었던 김법린金法麟의 부인 박덕순朴德純을 대한여자청년단 체장에, 김성곤金成坤의 부인 김미희金美姬를 부단장에 임명하기도 했다. 그리고 7월 대한부인회 전국 대회에선 자유당 정부통령 후보인 이승만과 이기붕을 전면 지지한다는 결의를 채택하기도 한다.

이 집에 사람이 오가고 물건이 들어오는 것을 모두 설명할 수 있는 것은 아니다. 이를 테면 바로 이날 1월 27일에는 부인들이, 28일에는 정치 실세들이 모이는데 이날은 그즈음 다른 때에 비해 유독 들어온 물품이 많았다. 게다가 선물 중에는 뭔지 알 수 없는 종이 꾸러미가 많았다. 27일 열아홉 명이 들고온 물품 중 열네 개가, 28일에는 서른세 명이 들고 온 물품 중 스무 개가 지상자 혹은 지포이다. 전후 맥락을 살펴보고 자료를 뒤져도 무슨 날인지 알 수 없었다. 박마리아의 생일도 아니고 이기붕의 생일도 아니며 음력 설날도 아니다.[133] 그러니 이런 명부상의 변동을 추적하려면 더 세밀히 이기붕의 주변을 살펴보아야 하는 일이다.

이처럼 기록을 보기 시작하면 따져보아야 할 것들이 무수히 쏟아져 나온다. 임화수는 1월에 두 차례나 이기붕 집을 찾아오는데, 세간에 알려진 대로 이기붕이 임화수의 뒤를 봐주고 있다는 사실을 증명할 수는 없을지언정 '모종의 관계'가 있었음은 분명히 보여준다. 1월 22일에 대한반공청년단이 결성되는데, 임화수 역시 21일 방문한 것으로 보아 여기에 관련이 된 것일지도 모르겠다.

출입인 명부를 넘기다 보면 가장 많이 눈에 띄는 인물이 있다. 유충렬柳忠烈이다. 그가 혹시 4·19혁명 당시 서울 시경 국장이었던 그 유충열인가? 후에 홍진기와 경무대 경호관 곽영주와 함께 발포 명령자로 지목된 인물이 맞을 것이다. 그는 사흘이 멀다 하고 이기붕 집을 방문했고 그때마다 그의 손에는 선물이 들려 있었다. 그의 이름은 경무대와 함께 물품 명단에 가장 많이 올라 있었다.

흥미로운 기록도 있다. 7월 24일 우장춘禹長春박사는 '씨 없는 수박 세 개'를 보낸다. 육종학으로 유명했던 우장춘은 그 전에도 한두 차례 이기붕의 집을 방문한 적이 있었다. 7월 그날은 내방인 명단에 기록이 없는 것으로 보아서 수박만 보낸 것 같다. 우장춘은 보름 후인 8월 10일 사망했고 그의 장례는 사회장으로 치러졌다.

그의 집에 드나든 사람이 유명 인사나 정치 실세들만은 아니다. 언론사 사장과 학교 교장, 대학 총장들도 있었고, 차관이나 영관급 장교, 국장급 공무원, 경찰 서장도 적지 않다. 집안사람이거나 가까운 지인들도 기록되었다. 그저 김박사, 선생님, 미인美人선생이라고 적어놓기도 했고, 달성 박상무, 동숭동 정씨, 무주 박씨, 대구 배씨, 필동 박씨, 인천 아주머니, 철진모母, 이발사, 의사로 적기도 했다.

나는 출입인 목록에 등장하는 모든 사람을 분리해내고 그들의 방문일자와 횟수를 기록하기 시작했다. 아무개가 누구이며 언제부터 언제까지 몇 차례를 어느 시점에 방문했는지를 적어 넣으면서 나는 다시 깊은 회의에 빠져들었다. 이건 내 일이 아니라는, 아닐 거라는 생각이 자꾸 드는 건 단지 정치사에 대한 무관심 때문은 아니다. 정치와 경제와 사회와 문화가 분리된 적이 있었던가. 정치가 정치로만 끝난 적이 있었던가. 그런 이유 때문이 아니다. 나는 출입인 명부를 다시 작성하기 시작하면서 처음 시작할 때와 똑같이 비열해지기 시작하는 심사를 견딜

출입인 명부 1월 27, 28일 물품 목록

1월 27 물품 목록

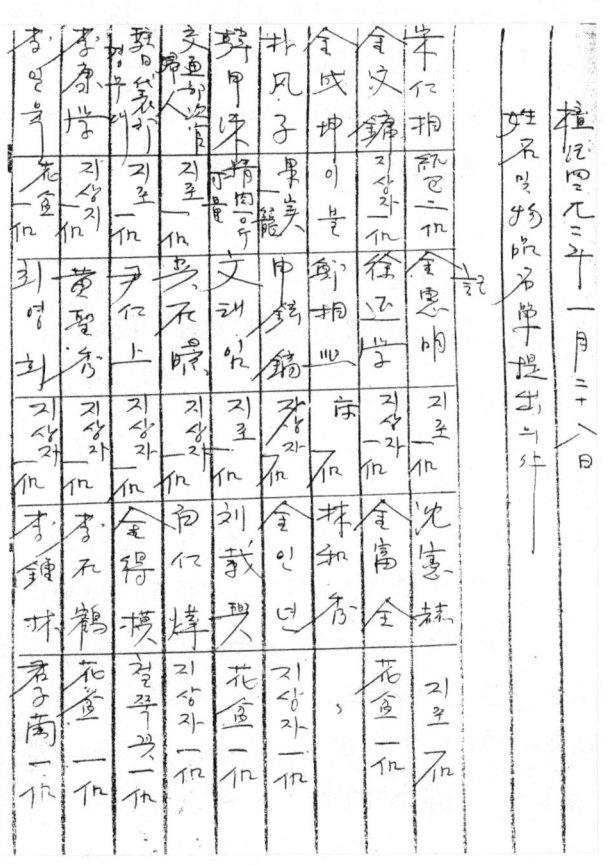

1월 28일 물품 목록

수가 없었다. 오호라 바로 네놈이 몇 차례 들락거리며 이러저러한 물건을 갖다 바쳤겠다? 으흠! 네놈이 누군가 보자. 풀 방구리에 드나드는 쥐들을 헤아리는 덜떨어진 시선으로는 '현상'만 볼 수 있을 뿐 '관계'를 찾아낼 수는 없었다. 그리고 애써 물증과 정황으로 옭아매 모든 관계를 읽어낼 수 있다고 하더라도 그 결과는 누구나 예상할 수 있는 상투적 결말에 도달하고 말 것이다. 이 글을 마무리할 무렵, 세상에 흘러다닌 언론과 재벌과 정치인들의 관계를 생생하게 드러내는 안기부 '불법도청 녹취록'처럼, 모두 다 알고 있는 내용을 다시 확인해야 하는 구차스러움은 현재와 과거가 다름이 없다.

6월까지 작성된 '살인명부'는 중도에 폐기되었다.

권력 만능의 사회

명부를 버리고 다시 1959년의 풍경을 떠올린다. 궁핍한 시절이었고 부족한 물자로 일상의 시스템이 마비되다시피 했던 때였다. 굶고 병든 사람이 부지기수였다. 그러나 생각했던 것 이상으로 물건은 넘쳐났다. 백화점에 물건은 그득했으며, 밀수 물자들이 여기저기 흘러 다녔고 PX 물건들은 어디나 널려 있었다. 누구는 먹고 살기 위해서 누구는 더 많은 돈을 벌기 위해 뛰어다녔다. 누구는 생존의 수단으로 극악한 선택을 해야 했으며 누구는 축재의 수단으로 이권에 개입했다. 자본과 물자는 정부와 군대 혹은 이와 관련된 조직에 집중되어 있었다. 그것은 정부, 실제로는 정권을 지닌 권력자, 공무원, 군인에게 실제 이상의 더 막강한 힘을 부여했다. 거기에서는 이미 권력이 생존의 열쇠였다.

경제적 생존의 모든 것이 정치적, 관료적 집단에 종속되어 있는 곳에서 부패는 권력과 동의어였으며, 부정은 정치와 동의어였다. 유착, 압력, 연줄, 편법, 수뢰 등은 권력을 유지하기 위한 수단이었다. 그리고 이 모든 것은 '사회적 관례'에 의한 것이었으며, '관례'는 최대한 폭넓게 적용한 상황적 관습이었다. 누구에게 그것은 삶을 위한 생존이었으며, 누구에게는 욕망을 실현하기 위한 수단이었고, 누구에게는 힘이 있는 자에 대한 예의였으며, 누구에게는 자본을 축적하기 위한 방편이었다.

권력에 의존하는 것 말고 자본을 축적하기 위한 방편이 없었던가. 자본주의를 지향한 사회가 자본을 축적할 수 있는 방법이 그렇게 없다는 것이 말이 되는가. 가능한 몇 가지를 다시 생각해보자.

첫째는 농업 생산에 의한 것이었다. 전통적으로 농업국이었던 나라에서 농업 생산을 통해 부를 축적할 수 있는 것은 가능한 일이었다. 그러나 이미 알고 있듯이 전 국민의 70퍼센트 이상을 차지하는 농민은 자급할 수 있는 식량조차 제대로 생산하지 못하는 실정이었다. 그들에게 생존을 위한 식량을 넘어선 잉여농산물을 통해 환전의 기회가 주어진다는 것은 기대하기 어려웠다. 대부분의 영세농들에게는 세금과 최소한의 생활 물자를 구입하기 위해서는 먹고살 쌀조차 내다 팔아야 하는 실정이었다.

둘째는 민간 기업이나 상업을 통한 이윤이다. 국민소득이 1백 달러가 채 되지 않는 경제 상황에서 민간의 생산력은 열악하기 이를 데 없었다. 농산물의 생산과 가내수공업 형태의 공업적 생산은 자본을 축적하는 데 매우 부적절한 상황이다. 전쟁 이후 생산력은 민간 공장이나 기업을 통해서 초기 자본의 축적, 즉 잉여 노동력의 착취에 의한 부의 축적과 재생산조차 없을 만큼 매우 미약한 상태였다. 초기 자본을 형성하기 위한 물적 토대가 부실한 상황에서 자본의 투자로 공장과 기업을 만들고 이를 통해 노동력을 착취하는 최소한의 자본주의적 기업 환경마저 여의치 못했던 것이다.

셋째는 바로 정부 예산과 원조, 그리고 군수산업이었다. 해방 후 모든 기업체는 일본이 남기고 간 적산이었고 전쟁으로 파괴된 공장과 기업체는 거의 모두 외국 원조와 정부 보조로 운영되었다. 따라서 돈 나올 구멍은 외국 원조에 의해 유지되는 정부와 군대밖에 없었다. 합법적인 사업으로 정부의 재건이나 부흥 사업에 관여하거나 외국 원조 물자에 대한 지원 혹은 불하를 받아 이루어지는 사업 그리고 군납 등 군수물자 조달 사업이 돈을 만들어낼 수 있는 통로였으며 거기에 막대한 양으로 흘러나왔던 부정 군수물자 유통 사업이 또 다른 길이었다.

다시 모든 것은 권력으로 집중되어버렸다.

전쟁 이후 자본을 축적할 수 있는 방법이 철저하게 정부의 재정 사업에 국한될 수밖에 없는 상황이 비극의 시작이었는지도 모른다. 초기 자본을 확보하고 이를 바탕으로 부를 축적한 사람들이 지나가야 할 경로를 이 명부가 말해주고 있는 것일지도 모른다. 출입인 명부의 물품 목록이 말해주는 의미가 그것이었을 것이다. 정치 권력과 경제 권력을 얽어매주는 물질이 호의와 선의의 교환으로 드러나는 순간을 기록한 문서. 물론 이 시기의 정치 권력과 경제 권력의 유착이라는 말의 의미는 지금과 다르다고 할 수 있다. 실제로 명백한 경제 권력을 보기 위해서는 아직 1960~1970년대의 개발과 성장의 과정을 기다려야 할 것이다.

정치 권력과 경제 권력은 아직 분화되지 못했으며, 정치 권력에 부정과 부조리를 더해 파생되어 나온 것이 경제 권력이라고 말해야 할 시기였다. 출입인 명부는 선사 이전의 제정일치 시대가 있었던 것처럼 '정경일치'의 시대가 존재했던 순간을 말해주는 작은 편린일 것이다.

이기붕가에 보내진 선물 보따리들은 단순한 호의와 예의에 의한 선물의 교환일지라도 그 자체가 하나의 사회 문화적 현상이다. 그리고 그 1959년의 사회 문화적 현실은 배려와 호의의 교환이 이권의 청탁을 이어주는 수많은 불투명한 고리의 실체였음을 말해주고 있다.

선물의 사회 문화적 함의

다시 물품 목록을 하나씩 짚어본다. 목록이 아니라 물품에 발라져 있는 의도와 함의, 배려와 존중의 양상이 드러나는 방식을 떠올린다. 이기붕과 그 주변의 인물들, 1959년의 사회와 문화에 대한 몇 개의 단상 그리고 눈앞에 놓여 있는 밀가루와 옥수수와 국화 한 다발과 청어 몇 마리를 떠올린다. 이제 사과 한 짝이 얼마쯤 했었는지, 밀가루가 어떤 의미를 지니고 있는지, 선풍기가 어떤 의미를 지닌 물건인지를 알게 되지 않았는가. 적어도 그 당시에 어떤 물건들이 어떤 경로를 통해 유통되고 소비되었는지에 대해서는 감을 잡을 수 있지 않은가.

이기붕가의 출입인 명부는 여전히 풀리지 않는 많은 의문을 지니고 있다. 그 물품들이 선물인지 뇌물인지에 대해 얄팍한 호기심을 벗어나지 못한 채 나는 아직 의심만 부풀리고 있다. 그걸 규명하는 게 목적은 아니었지만 적어도 그 정도의 판단은 분명하게 내려야 할 것이다. 그게 최소한 여기까지 읽어준 사람들에 대한 예의일 것이다.

하지만 어느 경우라도 선물과 뇌물의 차이를 분별해내려는 것은 어리석은 일이다. 나는 처음 이 방명록에 방문객과 물품 목록을 거리낌 없이 기록했다는 사실 자체에서 유추할 수 있듯이 이걸 받는 사람들은 결코 뇌물이라는 인식을 하지 않았음은 분명해 보인다고 말했다. 다시 생각해보면 그 어떤 경우에도 설사 명백한 뇌물의 성격을 지닌 것이라고 할지라도 당사자는 응당 받아야 할 대가로서의 물품일 뿐이며 이에 상응하는 선물일 것이다. 물론 선물을 들고 간 사람의 입장에서는 사정이 다를 것이다. 어떤 경우에도, 들고 간 선물이 단순한 호의로서 그치기를 바라는 사람은 없다. 그렇다면 이제 명쾌하게 선을 그어보자. 선물을 주고 받는 사람들의 입장 차이를 고려한다고 할지라도 사회적으로 단순한 호의를 교환하는 방식으로서의 선물은 존재하지 않는다는 것을 상기한다면 이 목록의 의미는 분명해진다. 목록의 물품들은 개인적으로는 '선물'이지만 사회적으로는 '뇌물'이다.

그 전에 이기붕가의 출입인 명부에는 아직 미처 풀지 못한 비밀의 꾸러미들이 무수히 남아 있다. 명부를 들여다볼 때마다 가장 의심이 들었던 품목이 바로 지포, 지상자라고 쓰인 뭔지 모를 선물꾸러미들이다. 이걸 끌러 보지 않고는 미심쩍은 결론조차 내릴 수 없을 것이다.

비밀의 종이 꾸러미

그해 이기붕의 집에는 꽃이나 과일에서 생선과 농산물 그리고 음료나 옷감에 이르기까지, 1500회가 넘는 물품이 쏟아져 들어왔다. 그리고 그 물품 중에는 뭔지 모를 종이 꾸러미가 가득했다. 650회가 넘는 종이 상자와 종이 꾸러미. 도무지 무언지 알 수 없는, 아니 그것을 적은 사람도 확인하지 않은 지포紙包나 지상자紙箱子들이다. 간혹 보자기나 포대 정도로만 기록해놓은 것들도 있다.

그 종이 꾸러미들은 무엇이었을까?

종이 꾸러미에 싸여 뭔지 알 수 없다고 덜컥 의심부터 할 수는 없는 노릇이다. 요즈음 선물은 과일 바구니처럼 드러내 보이는 것이 보기에 더 좋은 것이 아니면 모두 포장지에 싸이지만 당시에는 대부분 있는 그대로 전해졌던 것 같다. 새우젓이나 생선, 참기름, 밤이나 잣과 같은 것도 그대로 드러날 수밖에 없으니, 종이 꾸러미라고 해야 종이에 담지 않으면 안 되는 물품 정도일 것이다. 굳이 뭐가 들었는지 알 수 없는 종이 상자라 하여 요즘 큰 사건에서 등장하는 '사과상자'를 연상할 수는 없는 노릇이다(차떼기가 아닌 게 얼마나 다행스러운가!).

다시 명부를 처음부터 훑어본다. 새삼스럽게 발견한 것은 7월부터 기록이 조금 더 세밀해졌다는 사실이다. 1월부터 6월까지는 방문한 시각만을 기록하고 있지만 7월부터(정확히는 7월 2일부터)는 방문 시간을 모두 적었다. 들어온 시각과 나간 시각이 분 단위까지 세밀하게 기록되기 시작한 것이다. 그런데 물품명을 기록하는 방법만큼은 달라진 것이 없다. 7월 전이나 그 이후나 종이 꾸러미와 종이 상자는 그대로 적혔다. 들어오는 선물 중 대략 세 개 중 하나는 종이 꾸러미로 싸인 무언지 모를 물건이 건네진다.

물건이 쏟아져 들어오는 날에 유독 '지상자'나 '지포'라고 쓰인 것이 많았다. 평소 손가락으로 꼽을 만큼의 물건이 들어올 때면 물품 목록을 확인할 수 있는 경우가 많지만 물건이 몇 십 개를 넘을 때 일일이 확인하기가 어려웠을 것이다. 예를 들면 9월 16일에는 내방인 총 114명 중에서 물품을 가져온 사람이 84명이다. 그중에서 지포나 지상자 등 물건을 확인할 수 없는 경우가 무려 54건이나 되었다.

그러나 반드시 그랬던 것은 아니다. 12월 13일의 기록처럼 들어온 물건이 몇 개 되지 않을 때에도 지포와 지상자는 내용이 확인되지 않은 채 그대로 적혔다.

이날 들어온 물품은 일곱 회에 걸쳐 아홉 개가 들어왔다. 그중 지포, 포, 지상자라고 쓰인 알 수 없는 꾸러미는 네 번이며 수량은 다섯 개다. 이렇게 적은 양이 들어왔을 때도 확인이 되지 않은 채 그대로 적힌 것이다.

종이 상자와 종이 꾸러미(지포, 포, 지상자)라고 기록하게 된 이유를 찾자면 그 집에 손님이 들어오는 광경을 떠올리지 않으면 안 될 것이

출입인 명부 12월 13일 기록

단기檀紀 4292年 12月 13日

〈來訪人 및 物品 出納 報告〉

8:06~8:20	鄭文欽 외 1명	8:45~11:03	玄梧鳳
8:50~11:00	韓熙錫	8:50~11:03	任哲鎬
8:52~11:03	임성휘	8:52~11:03	孫道心
9:00~9:05	張暻根	9:15~9:30	金一煥
9:05~9:45	交通部長次官夫人	10:10~11:00	白순성
10:12~13:00	월타 鄭	10:13~10:53	朴容益
10:30~11:30	朴贊一	10:37~12:13	尹龍求
12:10~12:30	洪璡基	13:50~17:10	李益興
14:20~14:30	鄭永周	15:10~15:30	金조철 夫人
15:50~16:00	申次官 夫人	16:35~18:10	具京健 內外

〈物品〉

李興壽	紙包	1個
任永信	包	2個
金永淑	紙箱子	1個
金振晚	海草	2個
李益興	노루	1匹
朴海東	大賞盆	
金조철夫人	紙包	1個

다. 물건이 어떤 경로로 들어오고 확인되었을까?

이기붕의 집으로 가보자. 손님이 대문으로 들어온다. 대문 옆에 경호원이 있었을 것이다. 경호원이 없었다면 집사가 먼저 맞을 것이다. 출입인 명부를 꺼낸다. 방문 시간과 이름을 적을 것이다. 만일 방문객의 손에 물건이 들려 있다면 약간의 확인하는 절차를 거쳤을 것이다. 눈에 보이는 물건이라면 그 이름을 적었을 것이다. 무언지 모를 종이 상자나 종이 꾸러미였다면 그대로 지포, 지상자라고 적었다. 그런데 이건 이상한 일이다. 거기에 뭐가 들었을지도 모르는데 확인도 하지 않고 지포와 지상자로 적었을까? 만일 경호원이 있었다면 그들은 말 그대로 이기붕 일가를 경호하기 위해서였을 터인데 정말 뭐가 들었을지도 모르는 상자를 그대로 통과시킬 수 있었을까? 거기에 폭발물이나 무기가 들어 있을지도 모르는데?

상식적으로 문지기는 "이건 뭐죠?"라고 물었어야 한다. 그러면 방문객은 "아무것도 아닐세"라거나 "알 필요없네" 이렇게 말해야 한다. 그래야만 '지상자' 그렇게 적을 수 있었을 것이다. 하지만 이건 가능한 상상이 아니다. 그렇다면 문지기는 내용물을 확인할 위치에 있지 않거나 확인하도록 지시 받지 않았을 것이라고 말해야 한다. 아니면 다른 어떤 이유로 특정 내용물에 대해서는 있는 그대로 적지 않도록 지시 받았을지도 모른다.

물론 이기붕의 집에 들락거린 사람들은 어쩌다가 오는 손님들이 아니다. 그들은 대부분 안면식이 있는 관료와 장성과 사업가 혹은 인척들이다. 경호원이거나 집사이거나 그들의 손에 들려진 물품까지 뜯어볼 권한은 없었을 것이다. 있었다고 하더라도 그럴 필요를 느끼지 못했을 것이다. 또한 일일이 물품 내용을 뜯어보고 목록을 기록하는 절차가 늘 이루어졌을 것 같지도 않다. 방문객이 많을 경우거나 겹쳤을 경우에 일상적인 절차는 건너뛸 경우가 많으며, 이럴 때 지포나 지상자라고 기록할 수밖에 없는 상황이 될 것이다.

기록을 보면 들어온 대부분의 물건이 주인에게 곧바로 전해졌던 것 같지는 않다. 전해졌다고 하더라도 곧바로 기록이 대조되었을 리는 없다. 내방인과 들어온 물품을 일일이 주인이 확인할 수 있다면 구태여 따로 보고를 받을 필요는 덜했을 것이다.

여기서 이 문서가 누구에게 보고되었는지가 새삼 중요해진다. 이 명부의 기록이 이기붕이나 박마리아의 지시에 의한 것인지, 경호를 목적으로 한 단순한 경호실 내부의 보고용 기록이었는지 아니면 행정 지침에 의한 공식 기록 문서였는지는 밝혀지지 않았다. 아마 끝내 알 수 없을지도 모르겠다. 다만 출입인 및 물품 출납 '보고'라는 제목과 방문 시간과 물품 목록이 적혔다는 것으로 미루어보건대 사적인 기록이기보다 공적인 기록의 성격이 강했다는 것을 알 수 있다(공적인 기록을 두고 '선물'이니 '뇌물'이니 하는 결론을 내리는 일은 터무니없어 보이긴 하다). 그리고 어쩌면 출입인 명부 보고의 당사자는 이기붕이거나 박마리아는 아니었을 수도 있는 것이다. 그럴 때 내용물의 세세한 면까지 기록하도록 지시하지 않았을 것이다. 혹은 무엇인지 확인은 하되 그 내용을 적어 넣지 않았을지도 모른다. 과연 그랬을까?

명부를 조금 더 세밀히 살펴본다. 방문객 명단과 물품 전달자의 명단이 항상 일치하지 않는다. 이건 매우 이상한 일이다. 방문하지 않고 물품만 전달했다는 말이기 때문이다. 물품 전달자의 명단이 따로 기록된다는 의미는, 이 집의 주인들이 모든 방문객을 만난 것이 아닐 수도 있다는 것을 말해준다. 방문객 중에서 선물을 들고 온 사람들은 물품 기록 명단에 다시 이름이 기록된다. 대부분 물품난에 기록된 사람들은 어쩌면 주인을 만나지 못하고 물품만 전달한 경우이다. 이를 테면 위의 기록 중에 임영신이 있다. 보자기包 두 개가 물품으로 들어와 있다. 임영신 정도의 인물이 방문했다면 출입인 명부에 기록이 되지 않을 리 없다. 위의 기록 중 방문객에서 이익흥과 김조철 부인만이 다시 물품 명단에 기록되어 있다. 분명 임영신은 사람을 보내 물건만 전달했을 것이며 그것은 다른 사람도 마찬가지이다. 방문자 명단에 기록되지 않고 물품에 기록되어 있는 사람들은 본인이 아닌 누구를 시켜서 물건만 전달하게 한 것으로 보인다. 어쩌면 이 명부가 물품 목록을 따로 기록하게 된 연유일 것이다. 이럴 경우에도 기록한 사람은 아마 그 집의 주인이거나 윗사람이 확인할 수 있도록 장부에 기록하고 선물 표지에 사람 이름을 적어 넣는 일을 맡는 정도였을 것이다. 그렇기 때문에 지포나 지상자라고 쓰인 부분이 많아졌을 것이다.

종이 꾸러미에 대한 의심이 모두 풀린 것은 아니다. 종이 꾸러미로 싼 것이야 그렇다 하더라도 다른 물건들의 품목이 석연치 않다. 아무리 없이 살던 때라고 하더라도 기록된 물품들의 면면을 보면 지나치게 소박하다는 점이 오히려 이상하다. 훨씬 그럴듯한 선물들은 좀처럼 발견할 수 없다. 몇 번씩 자료를 들춰보면서 가장 의심스러웠던 부분이다 (물론 이런 의심은 애써 피하고 싶었던 부분이다. 혐의를 뒤집어씌울 의도가 다분히 배어 있기 때문이다).

그럴듯한 품목이 없었다면 밀가루 한 포, 쌀 한 가마, 사과 한 상자가 일반인들이 아닌 그들에게 선물로서 가치가 있었다고 보아야 한다. 그런 물건들이 뇌물의 역할마저도 충분히 해낼 수 있었던가? 당시는 국민소득 1백 달러가 안 되는 경제 규모라 쓸 만한 공산품이 거의 없었다는 것은 사실이지만 그렇다고 물자가 농산물만 있었던 것은 아니다. 흔히 알고 있듯이 미군 물자나 수입된 물품이 부유층에 널리 퍼져 있었다. 그런데 그런 게 없다. 간혹 씨날코 등 무슨 물건인지도 모를 것이 들어오긴 하지만 극히 드문 일이다.

이렇게 말해볼 수도 있다. 우리가 알고 있던 것과는 달리 이기붕의 집에는 그런 사치스럽고 불법적인 물건이 들어오지 못했다는 것을 말해주는 것이 아닐까? 그가 아무리 권력의 실세이긴 하지만 그리고 그가 온갖 부정부패를 저질렀다고 알려져 있지만 실제로는 그에게 고가의 사치품들을 갖다 바치는 것이 금지되었던 것은 아닐까? 그렇다면 그는 적어도 이 부분에는 청렴한 사람이지 않았을까? 이럴 경우 이기붕의 집에 들어온 물건이야말로 선물에 해당하는 호의와 예의로 가져온 소박한 물건들일 것이다. 이기붕가의 입장에서 보자면 원치 않는 데도 불구하고 사람들이 전해주는 호의를 거절하지 못해 어쩔 수 없이 받게 된 물건들이었을 것이다. 그리고 혹시라도 있을지 모를 오해를 피하기 위해 꽃 한 송이조차 꼼꼼하게 기록하도록 하게 한 것이리라.

그렇다면 그 이듬해인 4·19혁명 때, 이기붕의 집을 습격한 데모대가 그의 집에서 발견한 냉장고나 바나나를 보고 부패의 증거로 삼기에 충분할 만큼 흥분했다는 역사적 기록과 다른 내용이지 않은가.

옥수수 한 포, 소금 한 가마

뭔지 모를 종이 상자나 종이 꾸러미를 의심하기 전에 어쩌면 옥수수 한 포와 소금 한 가마니가 정말 선물로서 '가치'가 충분한 것이었는지를 알아보는 것이 순서일 것이다. 당시에 밀가루 한 포의 의미를 피부로 느껴보지 않고는 한 숟가락의 밀가루조차 섣불리 말할 수 있는 입장이 되지 못한다.

분명 밀가루 한 포의 의미가 지금과 같을 수는 없었다. 이기붕의 집에 밀가루 열 포가 들어왔다면 그건 매우 복잡한 현상이다. 내가 아주 어렸을 때, 1959년은 아니지만 1960년대 중반, 미 농산물법에 의한 원조로 제공된 구호물자의 혜택을 입었던 그때를 기억해보자. 어떤 경로였는지는 알 수 없었지만, 동회(동사무소를 그렇게 불렀다)에서인가 어디선가 배급 딱지를 받으면 그걸로 밀가루 한 포를 바꿀 수 있었다. 동사무소 앞에 가면 사람들은 저마다 밀가루 한 포대씩을 머리에 이고 지나갔는데, 그 밀가루 포대에는 원조를 나타나는 마크-악수를 하는 손에 미국 성조기 문양이 새겨진-가 찍혀 있다. 그 밀가루 한 포는 한 식구가 며칠 연명할 끼니였으며 원조 마크가 찍혀진 헝겊 포대는 나중에 헤진 옷을 깁거나 여러 개를 이어 이불 소청을 만드는 데 이용하기도 했다.

수제비로 연명을 해야 했던 시절의 밀가루 한 포가 오늘날 가끔 만두피를 만들 때 쓰는 밀가루 한 포와 같은 무게를 지니고 있을 수는 없다. 역시 이기붕가에 들어온 열 포의 밀가루는 그게 국산 밀가루인지 아니면 구호물자를 빼돌려 갖다 바친 밀가루인지 확인할 수 없지만 단순히 당시 가격으로 밀가루 한 포 2250환 곱하기 10의 가치를 갖는 것은 아니지 않는다(물론 단순히 계산해서 밀가루 열 포는 2만 환이 넘기 때문에 이기붕이 내린 정의에 따르더라도 그건 뇌물이다).

단순히 지금의 밀가루 값을 계산하여 대조해본다고 하더라도 분명 밀가루 몇 포는 단순한 호의의 교환일 수는 없는 노릇이다. 그리고 당시에 지지리 가난했던 서민의 입장에서는 본다면 '조촐한 성의' 일 뿐이라고 말할 수는 없을 것이다.

비밀의 목록

지포, 종이 꾸러미에 대한 의심의 방향을 다른 쪽으로 돌려볼 수도 있다.

품목을 정확히 써놓은 것들을 보면 대부분 흔히 볼 수 있는 것들로 가득하다. 화분과 과일은 그렇다고 치고 옥수수나 고구마, 고춧가루 등 하다못해 나물이나, 참기름 한 병 등등은 시시콜콜 자세히 기록하면서 종이 포장, 종이 상자, 보자기에 싸인 물건의 내용에 대하여 기록하지 않았다는 것은 앞뒤가 맞지 않는다. 더욱이 물건의 출입이 매우 적은 날조차도 단순히 종이 포장이라고 한 것들은 설명하기에 난감한 부분이다. 단순히 뜯어서 내용을 확인할 수 없었기 때문일까?

기록을 하는 이유는 어떤 필요에 의해 사실을 되새길 필요가 있기 때문이다. 그런데 그저 종이 꾸러미라고 기록한 이유는 단지 무엇을 가져왔다는 사실만 중요할 뿐 그 내용을 굳이 확인할 필요가 없는 물품이기 때문일 수도 있다. 아니면 내용물이 매우 은밀하거나 중요한 것이어서 그 이름을 밝힐 수 없기 때문에 그럴 수도 있을 것이다.

여기에서 이 문서를 최종으로 보고 받은 사람이 누구인가를 다시 생각해볼 필요가 있다. 그걸 먼저 알아내야 할 것이다. 우선 이 명부는 원본이 아니다. 원본을 필사한 사본이다. 일단 사본이 원본을 충실히 옮겨놓은 것이라고 가정하면 이 문서는 기록될 시점의 상황을 그대로 보여주고 있다고 말할 수 있다. 나는 앞서 이 문서가 경호원이 기록했을지도 모른다고 말했다. 제목이 '출입인 및 물품 출납보고'라고 한 데서 알 수 있듯이 누구에게 매일 '보고'하기 위한 문서이다. 그러나 경호원의 기록이 그대로 '보고'된 것처럼 보이지 않는다. 만일 경호실장에게 보고된 것이라면 기록철 자체를 들고가 보여주기만 하면 될 것이다. 매일 매일 '보고'라는 말을 붙일 이유가 없다는 말이다.

이 문서는 만일 경호원이 적었다고 하더라도 누군가에게 '보고'하기 위해 다시 쓰인 것처럼 보인다. 그것은 이 문서가 보고서 형식을 빌린 것 말고도 모두 한자로 기록되어 있다는 점 때문이다. 경호실의 말단 직원이 오는 사람을 보고 이름을 모두 한자로 쓰고 물품 수량을 속束(묶음), 상箱(상자), 롱籠(바구니), 포褒(포대)로 일일이 구분해서 썼다고 판단하기는 어렵다.

그렇다면 경호원보다 훨씬 높은 지위에 있는 사람이 직접 기록했거나 아니면 누군가에게 보고 하기 위해 다시 정리한 문서일 가능성이 높다. 그리고 그 어느 경우에도 단순히 사실을 확인하기 위한 절차로 '보고' 되지는 않았을 것이다. 다시 말하면 행정적 요식 행위거나 일상적 경호 수준에서 보고된 문서가 아닐 수 있다는 것이다. 그렇다면 이 출입인 명부를 최종적으로 보고받은 사람은 누구일까? 이기붕이거나 박마리아일 수 있지 않을까?

만일 그렇다면 이건 매우 교묘하게 '조작된' 출입인 명부일 수 있다.

목록을 전체적으로 보면 정말 그럴듯한 물건이나 뇌물임이 명백한 혹은 고가의 물건이나 금품이 적혀 있지 않다는 것은 우리가, 아니 내가 기대하고 있는 이기붕의 혐의에 미치지 못하는 일이다. 그리고 계속해서 그에 대한 혐의를 풀 생각이 없다면, 이 문서가 그런 것까지 기록하도록 하지 않았기 때문이라고 말해야 하며, 그럴 경우 기록을 아예 하지 않았거나 지포나 지상자로만 표기하게 했다고 말해야 한다.

앞서 이 문서가 사적이기보다 공적인 기록이라고 말했지만, 이 경우에는 사적인 지시나 의도를 내포하고 있는 공적인 보고 형식의 문서라고 말하는 것이 옳을 것이다. 내용물을 표면적으로 드러나지 않도록 하기 위해 종이 상자나 종이 꾸러미로 적었다면, 방문객 명단과 물품 제공자의 명단이 별개로 기록된다는 점에서 알 수 있듯이, 방문객이 '직접 주인에게 전달할' 물품의 내용은 기록되고 있지 않았던 것으로 판단할 수 있다.

다시 한 번 상상해보자. 대부분의 방문객이 주인을 만나게 되었을 때, 만일 주인에게 줄 선물이 들려 있다면 두 가지 경우일 것이다. 말 그대로 조촐한 선물이어서 인사차 들고 왔을 경우에는 들어오면서 집사에게 건넸을 것이다. 그렇지 않을 경우엔? 선물 꾸러미는 당연히 주인 앞에서 끌러졌을 것이며 이 경우 그 내용물을 다시 기록할 필요가 없었을 것이다.

물품 기록은 대부분 화분이나 과일 혹은 음식물일 경우여서 주인이 굳이 받을 필요가 없는 것이라고 생각되는 것들이다. 그렇다. 방명록엔 그런 것들만 적힌 것이다. 종이 꾸러미나 종이 상자 말고도 정말 '문제'가 되는 것들은 이 기록에서 제외되었을 것이라는 점은 분명해 보인다. 말하자면 이 장부는 모든 물품의 출납을 충실하게 기록하고 있는 자료라고 생각할 수는 없다는 말이다. 이럴 경우에 이 기록은 '뇌물 목록을 철저하게 배제할 의도로 쓰인 출입인 목록과 물품 목록'이라고 말할 수밖에 없다.

간단한 통계

어떤 결론을 내리든 이기붕가의 종이 꾸러미는 너무 꽁꽁 잘 싸매어 있었고 나는 그걸 뜯을 만한 마땅한 칼을 끝내 손에 쥐지 못했다. 그건 사실이다. 의심은 풀릴 리 없고 확인할 방도가 없으니 그걸 가지고 더 말해보았자 소용없는 일이다. 이 자료는 말 그대로 출입인 명부일 뿐 뇌물 목록일 수는 없다. 적어도 이것을 기록한 사람들에게는 말이다.

결론이 빈약해진 것은 유감스럽지만 할 수 없는 노릇이다(뭔가 그럴 듯한 결론을 기대했다면 용서하기 바란다. 추측과 가정으로 '뇌물 목록을 철저하게 배제할 의도로 쓰인 출입인 목록과 물품 목록'이라는 결론을 내려놓고 이제 와서 새삼스럽게 1959년의 정치·사회적 상황을 들먹이며 이 목록을 거기에 꿰어보려는 시도를 할 수도 없는 일 아닌가). 그리하여 내가 할 수 있는 일이란 기껏해야 정작 알맹이가 빠진 기록에 대한 단순한 통계를 내보는 것뿐이다.

통계를 내는 단순하고 무모한 작업은 가시적이고 명쾌한 결론에 이를 수 없다는 불안을 메우기 위한 것이었다. 또한 단순한 통계를 제시하며 이기붕가의 물품 목록을 일목요연하게 보여주고 싶은 생각도 없지 않았다. 하지만 그마저 여의치 않았다. 이기붕가의 선물 목록을 분류하면서도 물건들이 많은 양이었는지 아닌지, 이게 중요한 물건들이 었는지 아닌지를 판단하기가 매우 어려웠다. 누구에게는 그야말로 조촐하다고 할 수밖에 없는 양이었겠지만 처음부터 '객관적인 거리두기'가 불가능했던 나에게는 실로 어마어마한 양이었기 때문이다. 정작 이기붕과 방문객 사이에 오갔을지도 모르는 '은밀한 거래' 내역을 몽땅 들어내고도 그렇다는 건 놀라운 일이다.

　1년 동안 이기붕가에 들어온 선물의 양이 얼마나 될지를 정확히 가늠하는 것도 간단한 일이 아니었다. 날마다 들어온 물품의 수를 세기도 어려웠을 뿐 아니라 하나씩 꼽아본다고 해도 그걸 총량으로 계산하기 위해서는 수치가 매번 달라졌기 때문이다. 과일 한 상자와 과일 한 초롱 혹은 수박 몇 개를 같은 단위로 계산할 수는 없는 노릇이다. 물품이 들어온 횟수를 꼽아보면 불가능한 일도 아니었지만 그것도 문제가 없는 것은 아니다. 그렇게 될 때는 콩 한 되가 들어온 것과 쌀 두 가마니가 들어온 것이 그저 2회로 기록될 수밖에는 없기 때문이다. 수량으로 계산할 수 없는 것들도 많았다. '고춧가루 한 봉지'나 '산돼지 뒷다리'를 어떤 수량으로 계산해야 할지 난감한 일이 아닐 수 없었다.

　어찌되었든 전체 윤곽을 그려보기 위해서라도 매우 단순한 통계 수치가 필요했다. 매일 매일 들어온 품목을 세어가면서 단순하고 반복적인 작업으로 골머리를 앓고 있었지만(미리 말하지만 나는 숫자를 세는 데 매우 취약하다), 선물 꾸러미들을 하나씩 끌러보며 품목을 헤아려보는 '즐거움'은 여전했다. 어쩌면 그것을 받았던 사람이 느꼈을 뿌듯함까지는 아니겠지만 나 역시 들어온 물품의 양이 많을 때는 저절로 흐뭇

해지는 기분을 어쩌지 못했다.

　개략적인 통계들은 도표로 보일 것이다. 변명을 하자면 여기에 기록된 수치에 대해서는 아무래도 자신이 없다. 약간의 오류가 불가피한 이유는 위에서 말한 대로이다. 들어온 품목은 대략 150종류가 넘었다. 쌀이나 콩과 같은 농산물 그리고 사과나 파인애플 같은 과일에서 꿩이나 노루 그리고 전복과 오징어에 이르기까지, 그리고 장롱이나 의자에서 냄비나 비누 심지어는 바늘쌈지까지 망라되어 있는 물품들은 어쩌면 그 당시 존재했던 모든 물건들(물론 특정 물품들은 빼고)을 보여주는 듯했다.

　이들 물품을 품목별로 나누어보면 이렇다. 대략 열세 가지로 분류를 해보았다.

　첫째는 꽃이다. 화분, 꽃다발, 나무 등이 여기에 포함되는데 그것은 묶음, 바구니, 화분 등의 형태로 들어왔다. 둘째는 과일이다. 흔한 과일들이 철마다 들어오는데 상자, 소쿠리, 봉지에서부터 낱개 형태로 들어온다. 셋째는 농산물이다. 농산물은 쌀이나 밀과 같은 식량들과 무나 배추와 같은 채소 그리고 버섯이나 나물 등과 같은 반찬거리가 포함되어 있다. 넷째는 해산물로 생선들과 젓갈류다. 다섯째는 육류로 정육, 쇠고기, 돼지고기 등이다. 여기에는 멧돼지나 꿩도 포함된다. 여섯째는 음식물로 주로 가공된 음식을 말한다. 빈대떡에서 케이크나 버터 등이 속한다. 일곱째는 음료로 술이나 차 그리고 코카콜라와 같은 것들이다. 여덟째는 땔감으로 경유나 휘발유 아니면 무연탄 등이다. 아홉째는 가재도구로 의자나 장롱에서 밥상이나 라디오, 부채 등이 포함된다. 열째는 그림이나 병풍과 같은 예술품이나 장식품들이다. 열한째는 의복과

천으로 양복과 구두 그리고 광목과 같은 천을 말한다. 열두째는 기타 항목으로, 그 용도가 다양하고 정확히 무엇인지 알 수 없는 것들을 포함했다. 그리고 마지막으로 한 항목이 더 있어야 했는데, 들어온 물품 중 가장 많은 수효를 차지하고 있으면서 뭔지 알 수 없는 것들, 바로 지

꽃	생화, 화분, 철쭉, 난초(군자란, 수란, 양란), 튤립, 수선화, 베고니아, 카포리아, 아스파라거스, 아마리피스, 카네이션, 매화, 옥매향, 월계화, 수련, 배꽃, 선인장, 동백, 무궁화, 유도화, 장미, 국화, 소철, 고무나무, 기자나무, 미깡나무, 대추나무 총 160회
과일	과일, 사과, 능금, 배, 감, 귤, 복숭아, 딸기, 수박, 참외, 포도, 자두, 유자, 탱자, 미깡, 오렌지, 멜론, 파인애플, 참괴, 메부루 총 229회
농산물	쌀, 맥분, 소금, 설탕, 콩, 팥, 옥수수, 고구마, 호두, 땅콩, 밤, 잣, 오이, 호박, 상추, 채소, 고추, 마늘, 깨, 무, 배추, 버섯, 김장거리 총 85회
해산물	생선, 청어, 아자리, 조기, 은어, 붕어, 오징어, 어란, 굴젓, 명란젓, 창란젓, 새우젓, 조개젓, 전복, 북조개, 해초, 해태 총 71회
육류	정육, 갈비, 계란, 닭(병아리), 칠면조, 산양, 노루, 산돼지, 꿩 총 59회
음식물	떡, 잣죽, 우유, 빈대떡, 만둣국, 기름, 케이크, 아이스크림, 과자, 메주, 꿀, 엿, 뎀뿌라(튀김), 깡통, 육포, 게장, 간장, 수삼, 향료, 튀각 총 67회

포와 지상자, 소쿠리, 항아리, 포대기 등으로 기록된 것들이다. 이들 물건들에 대한 각각의 종류와 들어온 횟수를 정리하면 다음과 같다.

음료	커피, 녹차, 코카콜라, 맥주, 시날코, 감주, 술 총 42회
땔감	경유, 휘발유, 구공탄, 목탄, 장작 총 28회
가재도구	장롱, 의자, 경대, 전기담요, 궤종시계, 라디오, 선풍기, 돗자리, 방석, 찬장, 장판지, 이불, 솜, 발, 부채, 다라, 바구니, 소쿠리, 찬합, 냄비, 광주리, 바늘쌈지, 비누, 면도기, 돈궤, 상, 자개상, 밥상, 소반 총 53회
예술품	도자기, 족자, 병풍, 그림, 서화, 초상화, 사진, 사진틀, 가야금, 인형, 화병, 기념대, 앨범, 카드(봉투) 총 31회
의류 옷감	양복, 편물셔츠, 방한화, 포푸링, 주단, 양단, 직물, 광목, 옥양목, 융 총 14회
기타	도서류, 달력, 양수기, 비료, 목재, 메니톱, 린넨액, 나일론, 네블, 샤플대, 낚시, 십자매, 진돗개, 호랑이 뼈, 탑, 돈, 붓감, 아이스하키 총 33회
뭔지 모를 꾸러미	지상자, 지포, 보자기, 포대, 항아리, 궤 총 653회

물품들

꽃

 이기붕의 집에 들어온 선물 꾸러미 중에서 가장 많은 것 중 하나가 화분이나 꽃다발이다. 이것은 그해 초에 이기붕이 병석에 있었던 것을 감안한다면 충분히 예상할 수 있는 일반적인 선물이다. 그의 집에 들어온 꽃다발을 가지고 굳이 이상한 눈으로 볼 필요는 없을 것이다. 말 그대로 조촐한 성의를 표현하는 데 '꽃' 보다 더 적절한 선물은 없어 보인다.

 꽃은 일상을 영위하는 것 중 가장 불필요한 물건이다. 꽃을 보지 못한다고 죽는 건 아니다. 그리고 꽃 자체는 눈에 보이는 이득을 주지 않는다. 먹을 수도 없고 쓸 수도 없다. 따라서 꽃은 가장 '순수한' 선물 품목이다. 꽃은 그 자체의 순수한 아름다움만 있기 때문에 어떤 불순한 의도를 포함하고 있지 않은 것처럼 보이는 사물이다. 그러나 꽃 자체의 의미가 '비어 있기' 때문에 꽃은 선물로 전달되었을 때, 주는 사람의 보이지 않는 마음을 가장 잘 전달할 수 있다. 사랑을 고백할 때 꽃이 어울리는 까닭은 꽃 자체의 아름다움 이외에는 다른 의미를 가질 수 없기 때문일 것이다. 선물이 주는 상징적 가치에 가장 잘 부합하는 것이 꽃이라고 할 수 있다.

그러나 꽃을 선물하는 것이 보편적인 일상의 행위일 수 있는가 하는 문제는 간단치 않다. 더욱이 '없이 살던' 1959년에 화분과 꽃다발이 일상적인 선물로 오고 갔을 것이라는 것은 상상하기 어렵다. 꽃을 주고받는 것은 문화적으로 선택된, 교양에 길들여진 사람들 말고는 가능한 일이 아니다. 또한 아스파라거스나 튤립, 카호리아나 베고니아와 같은 이름의 꽃들은 이국적인 취향 그 자체로 즐김의 대상이 되지 않고는 교환되거나 감상되지 않는다. 그것은 근대의 서구 부르주아들이 이국적 취향을 위해 아프리카산 난초를 길렀고, 이를 얻기 위해 앞을 다투어 원시림 속으로 많은 탐험대를 보낸 사실에서도 알 수 있다. 그들에게 꽃은 수많은 희생을 대가로 얻어질 수 있는 문화적 교양의 상징이었으며 고상한 취미를 지님으로써 계층의 상승 효과를 노릴 수 있는 하나의 상징물이었다. 꽃에 대한 선택 혹은 선호는 교양적 취미로 시작되지만 그것이 노리는 효과는 사회적으로 분명한 목적을 이루는 데 있다. 1960~1970년대 경제적 부상과 함께 신흥부호들, 유한계급의 위치에 있던 부인들에게 꽃꽂이가 널리 유행한 사실이 이를 말해주기도 한다.

꽃은 한편으로 다른 위상을 지니고 있다. 꽃은 보통 감성적이며 그래서 개인적인 감정에 작용하는 물건이다. 그런데 공적이고 사회적인 관계에서 꽃의 위치는 다른 면에서 해석된다. 어쩌면 정치적인 일에 종사하는 사람에게 '정서적인' 꽃이 어울릴 수는 없다고 생각하는 것은 당연할지도 모른다. 그러나 꽃 대신 '화환'이라는 말을 쓰면 이야기가 달라진다. 결혼식이나 장례식에 도열된 화환들, 전시회나 공연장의 문 앞을 장식하는 꽃다발에는 순수한 아름다움으로 꽃의 의미는 사라진다.

표 2. 꽃, 화분, 나무

물품 \ 월	1	2	3	4	5	6	7	8	9	10	11	12	횟수
생화	2	1	3		3	9		1	3	4	8	3	37
화분	7		7	1	4(5)	3	1	2	2	9(23)	4(5)	19(20)	59
철쭉	1		4		1								6
난초	1		1	2	2							1	7
튤립	1		3(6)										4(7)
수선화	1		2(3)							1			4(5)
베고니아 카호리아			1						1				2
아마리피스 아스파라가스			1		1								2
매화, 옥매향		1									3		4
카네이션			1		2	1			1			1	6
월계화			1			1							2
수련			1										1
배꽃			1										1
선인장					1	1						1	3
동백, 무궁화								1				2	3
유도화										2			2
장미						1							1
국화									1	2(3)	6(9)	1	10(14)
소철										1			1
고무나무 기자나무				1		2							3
미깡나무 대추나무					1							1	2
계	13	2	26	5	14	18	1	4	8	19	18	30	160(181)

꽃은 권력의 위세와 경제적 부를 드러내주는 강력한 상징물로 변한다. 거기에 등장하는 꽃을 아름다움 자체이자 장소의 분위기를 돋워주는 장식적 의미로 받아들이는 사람은 없다. 문화적 취향을 권력의 위세에 실어보려는 것이 화환의 의미라면 그럴 때의 꽃은 가장 오래되고 상투화된 권위적인 선물이다.

이기붕의 집에 들어온 꽃은 어떤 의미일까? 그의 집에 들고 간 생화와 화분은 특별한 행사를 위한 것이 아니다. 그렇다면 꽃의 순수한 아름다움을 전하려 한 의도였다고 말할 수 있을까? 어쩌면 그 꽃들은 이기붕과 박마리아의 문화적 취향에 조응하기 위한 매우 특별한 선물일 수 있다. 그것은 그가 병석에 있을 때와 관계없이 꽃다발과 화분이 꾸준히 들어오는 것에서도 조금은 짐작해볼 수 있을지도 모른다.

그해에 이기붕의 집에 꽃은 모두 160회에 걸쳐 들어온다. 물론 한 번에 여러 개의 화분을 들고 온 경우가 많기 때문에 실제 개수는 이보다 훨씬 많아 180여 개에 이른다.

과일

꽃처럼 흔하고 보편적인 선물로 과일이 있다. 어쩌면 꽃보다 더 일반화된 선물이 과일일 것이다. 그것은 '사과상자'라는 말이 상징하듯이 모든 형태의 선물을 대표한다. 이기붕의 집에 들어온 과일 선물은 대략 230회에 달한다. 상자나 바구니 혹은 낱개로 들어오기 때문에 정확한 통계를 낼 수는 없지만 대략 260여 상자 혹은 초롱(바구니)이다.

당시에 가장 흔한 과일은 역시 사과였다. 연말연시의 선물 철이 되면 시장에 사과상자가 산더미처럼 쌓였다. 그런 풍경은 1980년대까지 익숙했다. 꽃다발이 그런 것처럼 사과상자 역시 모든 선물의 대의물이다. 과일 선물은 꽃처럼 정서적 취향에 조응하는 것이 아니라 가벼운 소비에 조응한다. 둘 다 그 자체가 물질적인 또는 금전적인 가치로서의 무게를 한껏 뺀 선물이다. 따라서 사과상자에는 선물의 교환 행위 그 자체에 초점이 맞추어진다. 누구에게나는 아니지만 적어도 사과상자로 만족할 수 없는 사람들에게조차 사과상자에는 상자 이상의 어떠한 무게도 실리지 않았음을 보여주려는 의도가 내포되어 있다. 그러나 역설적으로 그렇기 때문에 사과상자는 그 안에 다른 물건이 들어 있을 확률이 점점 높아진다. 사과상자가 끊임없이 문제가 되어온 이유는 바로 사과상자가 '가장 문제 없는' 보편적인 선물이었기 때문이다.

이기붕의 집에 들어온 과일 역시 사과가 제일 많아 24회에 걸쳐 서른 상자가 넘게 들어온다. 뒤이어 배, 참외, 감 순이다. 과일은 철마다 나는 음식이다. 당연히 제철 과일들이 선물 목록에 오른다. 과일은 5월부터 9월까지 집중되어 있다. 그런데 흔히 말하는 고급 과일이 그렇게 눈에 띄지 않는다. 귤(2회), 오렌지(2회), 멜론(4회), 파인애플(1회)이 고작이다.

지천으로 널려 있다던 바나나는 단 한 차례도 들어오지 않았다. 어찌 된 일인가? 물론 과일 선물의 절반 이상인 125회가 그저 과일 몇 상자 혹은 몇 초롱이라고 적힌 알 수 없는 내용이긴 하다. 처음 가졌던 의문이 다시 들기 시작한다. 다른 때는 사과니 배니 자두니 하고 기록을 하면서 그저 '과일'이라고만 기록된 것은 무슨 연유인가? 요즈음 과일 선물 세트처럼 이것저것 섞어 포장한 선물이었을까? 그 많은 양이? 하지만 과일이라고만 적힌 종이 상자들을 죄다 열어보지 않고는 유감스 럽게도 바나나를 찾을 수는 없는 일이다.

표 3. 과일

물품＼월	1	2	3	4	5	6	7	8	9	10	11	12	횟수
과일	1		3	7	17 (19)	27	13 (15)	15 (16)	15 (17)	8 (10)	6	13	125 (134)
사과, 능금		1(2)	1					1(2)	6(9)	3	4(5)	8(9)	24(36)
배		1	1		1				3(4)	2	3	6	16(17)
감									1	2(3)	8(9)	1	12(14)
귤				1								1	2
복숭아							1						4(5)
딸기			1(2)		3								4(5)
수박							2 (4)		2 (3)	1 (2)			5 (9)
참외						1	3(100)	11					15
포도								2(3)	3(7)				5(10)
자두							1						1
유자, 탱자									2		2		4
미깡, 오렌지						1(5개)					4		5
메론			1			1(2개)				3			4
파인애플			1								1	1	
참괴			1					1 (100개)					1
메부루											1	1	
계	1	2	7	7	20	28	22	29	39	16	23	35	229

농산물, 김장 풍경

이기붕의 집에 들어온 물품 목록을 보면 그의 집에서는 생활에 필요한 물품을 거의 살 필요가 없었던 것처럼 보인다. 물품 목록들은 단지 손으로 들고 오는 '선물'의 범주를 벗어나는 것이 상당수이기 때문이다. 이를 테면 쌀이나 밀가루, 소금과 같은 기본 식품들은 그 집에서 쓸 양에서 차고 넘친다. 쌀은 14회에 걸쳐 들어오고 설탕은 5회(여섯 포), 소금은 11회(열세 가마)에 이른다. 밀가루는 3회에 불과하지만 들어온 합은 28포대이다.

이기붕의 집에 들어오는 물품 목록에서 가장 이해하기 어려운 부분이 농산물이나 해산물 그리고 음식물들이다. 요즈음 같으면 도저히 선물 목록에 들 수 없는 것들이다. 고구마나 옥수수 따위가 포함되어 있는 매우 소박한 물품들이며 보기에 따라서는 정이 넘쳐나는 물건들이다.

농산물은 콩, 팥, 옥수수, 호도, 땅콩, 밤, 잣에서 오이, 호박, 상추, 배추, 고추, 마늘, 깨, 버섯에 이르기까지 손으로 꼽을 수 있는 모든 농산물이 전부 들어왔다고 할 수 있다. 채소와 농산물은 수확 철인 가을에 집중된다. 채소와 농산물이 선물 목록에 포함되었다는 사실 그리고 수확할 즈음에 공물처럼 들어왔다는 사실은 당시 사회의 물질적 토대가 아직 농업에 기반하고 있음을 보여준다. 그것은 때로 수확의 기쁨을 나누는 오래된 미풍양속의 연장선 위에서 선물의 공여가 이루어졌다는 사실도 말해준다.

11월은 김장철이다. 예전에 김장은 어느 집이나 피해갈 수 없는 가장 기본적인 월동 준비였다. 김장을 끝내고 연탄을 충분히 들여놓았다면 그 집의 겨울은 행복을 보장할 수 있었다. 서대문 이기붕의 집에도 김장은 했을 것이다. 그 집의 김장 풍경을 상상할 수 있을까? 고춧가루부터 깨소금까지 시시콜콜히 기록되어 있는 물품의 출납 명세가 김장 전후의 광경을 충분히 가늠할 수 있게 해준다. 그런데 그 풍경은 아름답다고 해야 할지 어처구니없다고 해야 할지 도무지 판단할 수가 없다.

배추와 무, 고추와 마늘, 젓갈 등은 김장철을 앞두고 꾸준히 들어오기 시작한다. 마치 분업을 하듯 그 집에 들락거렸던 사람들은 '자발적으로' 그리고 '자연스럽게' 김장거리를 실어 날랐다. 10월에 들어온 것은 빼고 11월에 들어온 물품 중에서 김장거리를 찾아보면 이렇다.

11월 11일 전매청의 소금 담당 국장은 소금 네 가마를 보낸다. 11월 12일 이동근 부인은 명란젓 한 상자를 가져왔다. 13일 이용운李龍雲이 새우젓, 굴젓, 조개젓을, 14일 김성곤金成坤이 새우젓 세 개, 마늘 다섯 접, 실고추 세 포를, 17일 유충렬은 고춧가루 열 근을 보낸다. 20일 민옥인閔玉仁은 천일염 두 가마, 재염 한 가마를 보낸다. 22일 백선엽白善燁은 무와 배추를 한 차 가득 실어온다. 23일 송요찬宋堯贊은 파 세 묶음, 미나리 6백 속, 마늘 다섯 접, 생강 한 관, 갓 두 단 등을 보내고, 같은 날 백선엽은 무 다섯 가마를 더 보낸다. 다음 날인 24일 백선엽은 무가 모자랐던지 아니면 모자라 보였던지 다시 열 가마를 더 보내왔다. 숙명여고에서는 소금 한 가마를 보냈다. 25일 유충렬은 김장에 쓸(?) 광주리 다섯 개를 가져오고 현봉애는 왕새우젓 독 하나를 들고 왔다. 그 뒤로 김장거리의 목록이 더 이상 적혀 있지 않은 걸로 보아서 김장은 그 며칠 사이에 무사히 끝났을 것이다. 여러 사람이 힘을 합해 국부는 아니더라도 거기에 버금가는 이기붕의 김장을 돕는 모습은 아름다워 보이기까지 하다.

국회의원이 새우젓이나 마늘 같은 걸 보내오고, 별을 주렁주렁 단 장성들이 배추와 무를 실어오고 공무원이나 학교에서 소금을 보내오는 일(물론 그들이 직접 들고 왔을 거라는 상상을 하는 것은 아니다)은 매우 자연스럽고 당연한 일인 듯 적혀 있다는 사실은 몇 가지 의문점을 해소해주고 있다.
　첫째, 여기 이 방명록에 적혀 있는 소박한 물품들은 그것이 충분한 선물 혹은 뇌물로서 역할을 하고 있었다는 것을 말해준다. 고춧가루와 오이, 호박을 들고 오는 것이, 지금 생각하듯, 너무나 소박해서 부끄럽거나 꺼려지는 물품이 아니라 충분히 선물로서 기능할 수 있었다는 것을 보여준다.
　둘째, 들여온 많은 물품들은 개인적으로 구입하거나 사적으로 얻어진 것이 아닌 직권에 의해 전용된 물품일지도 모른다는 사실이다. 전매청에서 들여온 소금, 군 장성이 실어온 배추나 무가 그것을 말해준다. 백선엽이 세 차례에 걸쳐 무와 배추를 실어 나른 것은 거의 틀림없이 군수물자의 일부였을 것이다. 그렇지 않고는 아무리 사람을 시켜 보냈다고 하더라도 백선엽이나 송요찬이 개인적으로 시장에 가서 배추나 무 혹은 파, 미나리, 마늘, 생강, 갓 이런 식으로 세심하게 챙겨 보낼 수는 없는 일이다.
　셋째, 국방부에서 들여오는 휘발유와 마찬가지로 직권에 의해 자신이 관할하고 있는 공적 물자를 이기붕에게 가져오는 것을, 받는 자건 주는 자건, 횡령이거나 뇌물이라고 인식하지 않았을 공산이 크다. 주고 받는 사람 모두 공적인 영역에서 벌어지는, 이를테면 서대문 관저에서 이기붕이 거느리고 있는 식솔들을 먹여 살리기 위한 공적인 업무의 연장일 수 있다는 생각을 했을 것이다. 또 이기붕 집에 경호원들이 많았고 그들이 국방부 소속이었다면 장성들이 자신의 부하를 챙기기 위해 손수 무와 배추를 실어왔다고도 할 수 있다. 물론 이럴 경우에도 공식적인 절차가 아니었음은 분명하다. 만일 공식적인 출입 물품이었다면 개인의 실명이 아니라 국방부나 내무부라고 적혔어야 했다.

표 4. 농산물

물품 \ 월	1	2	3	4	5	6	7	8	9	10	11	12	횟수
쌀								1	10	1		3	15(14가마)
맥분									2				3(28포대)
소금		2	3	2							6		13(19가마)
설탕									2			3	5(6포대)
콩, 팥						1				1			2
옥수수							3	2					5
고구마										1			1
호두, 땅콩, 밤, 잣	1								7	2	1	7	18
오이, 호박				1							1	1	3
고추, 마늘, 깨							1		1	5	3		10
버섯, 나물						1			3	3		2	9
무, 배추											3		3
기타 김장거리										1	1		2
계	1	3	3	2	1	4	3	25	14	12	17	85	

공적 물자의 사유화

그 집의 김장 풍경에서 알 수 있듯이 이러한 물자의 전용 혹은 공유는 당시 사회에서 매우 보편적으로 일어나는 일상적인 일이었다. 어쩌면 그것은 큰일이 있을 때, 도울 수 있는 일이 있다면 기꺼이 도와주는 상부상조의 정신과 배려의 갸륵함일 수 있었을 것이다. 다시 군대를 떠올린다. 20여 년 전 그때에도 군대에서는 꼬박꼬박 김장을 담갔었다. 무와 배추들이 산더미같이 쌓이고 사병 수십 명이 달라붙어 김치를 담갔다. 그런데 어찌된 일인지 김장은 매년 담갔지만 군 생활을 한 세 해 동안 한 번도 김치를 먹은 기억이 없다. 김치 비슷한 게 있긴 했다. 절인 무를 썰어 고춧가루에 버무린 것이다. 그 많은 양의 김치는 부대장이나 포대장, 인사계를 포함한 하사관들의 몫이었다. 그때의 김장거리가 그들을 위한 것이었는지 사병을 위한 것이었는지는 알지 못했다. 설사 알았다고 하더라도 달라진 것은 없었을 것이다. 생각해보면 그게 장교들이나 하사관들을 위한 것일 수는 없었고, 만일 장교들이나 하사관들의 김치거리였을지라도 거기에 사병이 달라붙어 김장을 담글 이유는 없었을 것이다. 그때보다 20년을 더 거슬러 올라간 때인 1959년에 김장거리와 같은 '사소한' 군수물자가 전용되거나 착복되는 일은 어쩌면 지극히 당연한 것으로 받아들여졌을 것이다. 군수물자에서 일부를 떼어 이기붕의 집에 가져가는 것은 흠이 되지도 않았을 뿐 아니라 마땅히 그래야 하는 관례적 행위였을 것이다. 그런 관례로 보자면 이런 걸 시시콜콜히 따져보는 내가 더 한심하고 이상해 보인다.

어떤 사회든 죄악으로 인식되지 않는 범죄적 관례에 돌을 던질 수 있는 사람은 드물다. 그 역시 사회 내적인 존재라면 거기서 자유로울 수는 없기 때문이다. 그리고 바로 그런 것들이 지금 우리의 발목을 억세게 붙들고 있다. 김장거리와 마찬가지로 꿩이나 노루 혹은 멧돼지가 어떤 경로로 이기붕에게까지 전달되었는지를 상상하는 일은 그리 어렵지 않다. 군대 혹은 정부 조직의 수직적 관료 체계 속에서 물자의 상납 절차는 매우 간단한 하나의 원리—예우와 배려의 상호관계에서 작용한다. 권력의 자기장 속에서 이루어지는 상하 간 힘의 분배와 균형은 폭력과 강압에 의해 지탱되는 것이 아니라 배려와 혜택의 은근하고 부드러운 유착관계 속에서 이루어진다. 그것이 사회의 보편적인 '생존'과 '이익'을 관철하는 원리로, 그렇게 다져진 인간관계가 처세의 방편으로 널리 퍼져나가 있었다면, 유감스럽게도 바로 그런 상부상조의 미덕이 그득한 사회를 부패했다고 말해야 하는 것이다.

소박한 먹을거리

과일과 채소가 선물로서 손색이 없는 물품이었다면 생선 역시 마찬가지이다. 그저 생선이라고 기록된 것은 모두 24회로 스물여섯 상자다. 여기에 따로 품목이 정확히 기록된 청어, 아자리, 조기, 은어, 붕어와 어란, 굴젓, 명란젓, 창란젓, 새우젓, 조개젓 등의 젓갈류, 그리고 전복이나 해태, 해초와 같은 것들이 있어 모두 합치면 대략 70회에 이른다. 그중에서 생선 상자를 제외하고 가장 많은 횟수는 전복으로 열세 명이 들고 왔다. 전복은 예나 지금이나 가장 훌륭한 선물일 것이다. 생선이 들어온 시기는 생선이 잡히는 시기와 맞물려 있었을 것이다. 청어나 아자리는 1, 2월에, 조기는 5월에, 은어는 6, 7월, 붕어는 8, 9월에, 젓갈은 가을에, 전복은 여름부터 겨울까지, 조개류는 주로 겨울에 들어온다.

표 5. 해산물

물품 \ 월	1	2	3	4	5	6	7	8	9	10	11	12	횟수
생선	1 (2)	2			1 (2)	1	4		5		4	6	24 (26)
청어	1	2											3
아자리		1											1
조기					5								5
은어						1	2						3
붕어								1	1				2
오징어						1				1			2
어란						1							1
굴젓											3		3
명란젓, 창란젓			1					1			1		3
새우젓, 조개젓											4		4
전복	6	2	2			1	2	2				2	17
복조개, 해초, 해태	1	1										1	3
계	9	8	3		6	4	7	3	9	1	12	9	71

    육류는 주로 소고기 몇 근 하는 식으로 정육이 7회, 갈비는 16회에 걸쳐 모두 열여덟 짝이 들어온다. 그때도 갈비짝은 더할 나위 없는 선물 아이템이었을 것이다. 결코 소박한 선물이라고는 말할 수 없을 것이다. 계란 역시 매우 주요한 품목이었다. 모두 15회에 걸쳐 들어오는데 모두 몇 판인지는 셀 수 없었다. 닭(병아리)은 3회에 걸쳐 모두 스물두 마리, 그런데 꿩 대신 닭이 아니라 닭보다 꿩이 더 많았다. 모두 9회에 걸쳐 들어온 꿩은 서른여섯 마리에 이른다. 설마 이걸 기르기 위해 들

여온 것은 아니었을 것이다. 또 사육된 꿩도 아니었을 것이다. 지금은 천연기념물이 된 산양이 한 마리, 노루가 두 마리, 산돼지는 두 번 들어오는 데 그중 한 번은 다리 한 짝으로 기록되어 있다. 이런 산짐승들은 '진상품'에 해당할 것이다. 야생동물들은 당시라고 언제든 그리고 누구나 얻을 수 있는 것은 아니었다. 육류 중에서 눈에 띄는 것은 칠면조이다. 4회에 걸쳐 여덟 마리가 들어왔다(참고로 전국적으로 사육되는 칠면조는 1200여 마리에 불과했다).[134] 11월과 12월에 들어온 것으로 보아 추수감사절과 크리스마스를 즈음해 들어온 선물이다. 이기붕과 박마리아가 미국물을 먹은 사람들이었으며 기독교 신자였다는 것을 감안하면 당연히 들어와야 할 품목이다.

표 6. 육류

물품 \ 월	1	2	3	4	5	6	7	8	9	10	11	12	횟수
정육	2	1			2				1		2		8
갈비	1	3							4	2	4	2	16(18짝)
계란	2			1					2	1	3	5	14
닭(병아리)			1(10)		1(2)	1(10)						3(22마리)
칠면조											1(3)	3(5)	4(8마리)
산양											1		1
노루												2	2
산돼지											2		2
꿩	2(4)		1(3)						1(2)		3(12)	2(15)	9(36마리)
계	7	4	1	2	2	1			8	3	16	14	59

생선 궤짝이나 갈비짝과 같은 것은 선물로 그럴듯해 보일 수 있지만 이런 농산물이나 해산물에 속하지 않은 음식물들은 매우 황당해 보인다. 여기에는 떡이나 잣죽 혹은 케이크나 아이스크림 등이 들어 있기도 하고, 더 그럴듯한 꿀(8회)과 수삼(2회) 등이 없는 것은 아니지만, 빈대

표7. 음식물

물품＼월	1	2	3	4	5	6	7	8	9	10	11	12	횟수
떡			1					1			2	1	5
잣죽						1		1					2
우유									2		2		4
빈대떡 만두국											1	2	3
기름	1								2	1	1	2	7
케이크		1	1			3					1	7	13
아이스크림 과자		1									1		2
메주			6										6
꿀	1					1		2	1		2	2	9
향료											1		1
수삼						1			1				2
계장, 간장											2	1	3
엿, 뎀뿌라, 깡통, 기타	1	1			1		2				1	4	10
계	3	3	8		5	2	3	7	3		12	21	67

떡, 만둣국, 참기름, 메주, 간장, 엿, 뎀뿌라(튀김), 나물, 게장, 튀각과 같은 것은 이런 것들이 어떻게 선물로 기록될 수 있었을지 궁금해지지 않을 수 없다.

이 대목에서는 이 기록들이 그 집의 소박하고 청빈한 생활을 반영하는 것이라고 말하고 싶어진다. 그저 이웃한 집끼리 나누어 먹었을 것 같은 국수나 만둣국까지 기록하게 한 것은 그런 측면이 아니라면 설명이 되지 않는다. 미루어 짐작할 수 있는 것은 이 집에 관련된 모든 것들은 공식적인 차원의 일들이며 그것은 사사로운 일일지라도 공식적으로 기억되고 배려되어야 할 일들이었다. 그걸 위해 모든 목록을 기록할 필요가 있었을 것이다.

기록되지 않은 물품

이기붕의 집에 들어온 음료는 주로 코카콜라와 시날코이다. 코카콜라는 18회에 걸쳐 35상자가 들어오고 시날코는 14회에 걸쳐 30상자가 주기적으로 들어온다. 그 밖의 것은 소소하다. 맥주가 4회, 술과 감주가 각각 1회, 녹차와 커피가 3회와 1회이다. 코카콜라와 시날코는 당시에는 최고의 고급 음료이자 부유층들만이 먹을 수 있는 음료였다는 것을 제외하면 매우 단순한 품목들이다.

맨 처음 그러니까 장부를 처음 보았을 때 의문을 가졌던 중요한 사실 하나를 다시 확인할 수 있다. 이기붕의 집에 들어온 먹을거리, 즉 과일에서 농산물, 해산물, 음식물과 가공식품, 음료에 이르기까지 드러난 품목들은 한 가지 공통점을 가지고 있다. 그것은 거의 대부분 국내에서

표 8. 음료

물품 \ 월	1	2	3	4	5	6	7	8	9	10	11	12	횟수
커피											1		1
녹차	2									1			3
코카콜라	1						3 (5)	1 (2)	2 (3)	3 (7)	6 (13)	2 (4)	18 (35상자)
맥주							2	2					4
시날코	2	1	1 (2)	1 (2)	1		1	3 (7)	1 (2)	1 (3)	1 (2)	1 (12)	14 (30상자)
감주									1				1
술											1		1
계	5	1	1	1	1		6	6	4	5	7	5	42

생산된 물자들이었다는 점이다. 멜론이나 파인애플이 없었던 것도 아니고 캔이나 커피('깡통'이나 커피는 단 1회씩만 기록되어 있다)와 같은 수입 물자임이 분명한 것들이 없지는 않았지만 그것은 단지 몇 번에 불과할 정도이며 전체 수량으로 보자면 극히 미미한 수준이다. 이건 오히려 상식적으로 이해가 되지 않는다. 당시 부유층의 생활이 어떠했는지를 대강 알고 있지만 그런 집안에서 흔하게 볼 수 있는 물품들은 철저하게 배제되어 있다. 특히 부정 군수물자라고 보이는 품목들은 단 한 차례도 발견되지 않는다. 어쩌면 상식적인 수준에서 보자면 몇 차례라도 그런 품목들이 들어 있는 것이 오히려 자연스러운 일이었을 것이다. 그런데 단 한 개의 품목도 드러나지 않는다.

앞서 말했던 장부의 성격을 다시 한 번 규정해볼 수 있는 대목이다.

하나는 국회의장인 이기붕의 입장으로서 그런 물자를 집안에 들여놓는 것을 금지했을 것이라는 점이다. 그의 집안에 다른 물건들이 넘쳐흘렀을 망정 적어도 표면적으로 문제가 되는 물자들을 받는 것은 한 나라의 지도자로서 용납할 수 없었을지도 모른다. 그렇다면 평소에 그런 물자를 들일 수 없다는 점을 분명히 했을 것이며 이에 대해 단호하게 지시를 내렸을 것이다. 그리고 주위에서도 이기붕에게 그런 물건들을 가져오는 일은 자제해야 한다는 것을 알고 있었을 것이다. 그런데 아무리 그가 청렴한 지도자로 알려져 있을지라도 멋모르고 들고 오는 사람들도 있었을 것인데 그것조차 기록에서 거의 발견할 수 없다는 것은 이상한 일이다. 그래서 두 번째 가능성은 이런 품목들에 대해서는 철저하게 기록하지 않도록 지시했다고 생각할 수 있다. 이건 그리 어렵지 않은 일이다. 기록을 담당한 사람만이 숙지하고 있으면 되는 일이기 때문이다. 여기에 기록되었던 소박한 물품들은 그저 표면적으로 드러날 수 있는 품목들만으로 한정되어 있을지도 모르는 일이다. 어떤 경우에도 분명한 사실은 이 기록에는 그런 물자들은 기록되지 않았다는 것이다.

앞서 나는 이런 의심을 하면서 종이 꾸러미와 종이 상자들을 지목했었다. 전체 품목 중에서 절반 이상을 차지하는 653회에 걸쳐 750개가 넘는, 내용을 알 수 없는 꾸러미들-지포, 지상자, 보자기, 포대, 궤짝 등-이 바로 그런 품목이었을 경우를 말하는 것은 아닐까 하는 의심 말이다.

시작은 미미했으나

그의 집에 값이 나갈 것 같은 물건이 들어오지 않았던 것은 아니다. 장롱이나 전기담요, 궤종시계나 라디오, 선풍기들도 선물 목록에 포함되어 있다. 가재도구들은 찬장이나 밥상에서 돗자리와 이불솜 그리고 바늘쌈지까지 망라되어 있다. 찬합이나 냄비, 바구니, 광주리, 소쿠리 등도 기록되어 있는데 그게 껍데기뿐이었는지 그 안에 무엇이 들어 있었는지는 확인할 길이 없다. 12월에 들어온 돈궤에도 돈이 들어 있었는지 그저 돈궤일 따름인지도 알 수 없는 일이다. 돈이 들어온 적이 한 번 있긴 했다. 그해 초(2월)에 대한항공사가 5만 환을 놓고 간 일이 있는데 그 뒤로 돈이 기록된 적은 한 차례도 없었다.

더 그럴듯해 보이는 물건들은 도자기나 족자, 병풍이나 서화 등이지만 가야금이나 인형 등이 어떤 용도였는지 알 수 없기는 마찬가지이다. 의복이나 옷감이 들어오는 경우는 많지 않다. 1월과 10월에 양복은 경무대에서 이승만이 보낸 하사품으로 들어왔다. 방한화가 1회에 20개가 들어온 것은 서대문에서 '수고하는' 식구들을 위한 것일 수 있다. 옷감은 포푸링이 1회, 주단 혹은 양단이 3회 들어오고 이 밖에 광목, 옥양목, 융이 각 몇 필씩 들어왔다.

특별히 분류할 수 없는 항목들 중에는 진돗개나 십자매와 같은 것들이 있고 목재나 비료, 양수기 등이 어떤 용도인지 모르게 들어올 때가 있다. 호랑이 뼈와 같은 것도 있는데 알 수 없기는 마찬가지이다.

땔감이었는지 아니면 자동차 기름이었는지 그의 집에는 경유와 휘발유가 비정기적으로 국회사무처와 국방부에서 들어오고 있었다. 아마 그가 국회의장인 관계로 국회사무처에서 그에게 기름을 공급하고 있

표 10. 가재도구

물품 \ 월	1	2	3	4	5	6	7	8	9	10	11	12	횟수
장롱												1	1
의자	1											1	2
경대	2											1	3
전기담요												1	1
궤종시계												1	1
라디오												1	1
선풍기					1								1
돗자리, 방석	1	1				1				1			4
찬장												1	1
장판지						1							1
이불, 솜	1					1						1	3
방, 부채					2	4						4	10
바구니, 찬합		1			1			1		1	2	5	11
바늘쌈지			1						1				2
미누, 면도기												1	1
돈궤												1	1
밥상, 소반	1				1				2			5	9
계	6	2	1		5	7		1	3	2	2	24	53

표 12. 의류, 옷감

물품 \ 월	1	2	3	4	5	6	7	8	9	10	11	12	횟수
양복	1									1			2
편물셔츠	1				1								2
방한화	1(20)												1
포푸링		1											1
주단, 양단									1			2	3
직물, 광복, 옥양목, 융									1			4	5
계	3	1			1				2	1		6	14

었을 것이다. 그러나 국방부에서 들어오는 경우도 공식적인 절차에 의해 들어온 것으로 판단하기에는 좀 석연치 않다. 경유는 1, 2, 3월과 10, 11, 12월에 들어와 난방용으로 사용되었다는 것을 알 수 있다. 그런데 그 양이 제각각이다. 선선해지기 시작하는 10월부터 3월까지 차례로 본다면 5드럼, 7드럼, 12드럼, 32드럼, 23드럼, 16드럼의 순이다. 날씨가 추워지는 순서대로 점점 늘어난 것을 알 수 있는데, 그 합이 무려 95드럼에 이른다. 서대문 경무대에서 한 겨울을 보내기 위해서 1백 드럼에 가까운 경유가 사용되었다는 것을 알 수 있다. 거기에 다시 구공탄이 2천 장 들어오고 목탄과 장작이 3회에 걸쳐 들어온다. 국방부에서 들어오는 휘발유는 아마 차량 유지용인 듯싶다. 10회에 걸쳐 19드럼이 사용되었다.

1959년 이기붕가에 들어온 물건의 총량은 어마어마하다고 말했지만 그것은 나에게 그렇다는 말이다. 서대문 경무대의 수많은 식솔들을 거

표 9. 연료

물품＼월	1	2	3	4	5	6	7	8	9	10	11	12	횟수
경유	3 (32)	2 (23)	2 (16)							1 (5)	2 (7)	2 (12)	12 (95드럼)
휘발유	1 (3)	3 (5)		1 (3)		1		2 (5)	1			1	10 (19드럼)
구공탄	2 (1000)		1 (1000)										3 (2000장)
목탄	1									1(15)			2
장작			1(4.5)										1
계													28

표 11. 예술품, 기타

물품＼월	1	2	3	4	5	6	7	8	9	10	11	12	횟수
도자기							1						1
족자								1			1	3	5
병풍												7	7
그림(서화)											1	1	2
초상화												2	2
사진(틀)			1					1			1		3
가야금												2	2
인형				1		1						4	6
화병							1						1
기념대				1									1
앨범				1									1
계			1	3		1	2	1	1		3	19	31

표 13. 기타

물품 \ 월	1	2	3	4	5	6	7	8	9	10	11	12	횟수
도서류	2	2	2			1			2	2	2		13
달력, 카드									1			1(3만)	2
양수기								1					1
비료				1									1
낚시									1				1
메니톱 린넨액						1		1	2				4
샤플대												2	2
십자매 진돗개	1		1										2
탑												1	1
돈		1											1
아이스하키												1	1
기타											1	3	4
계	3	3	3	1		2		2	6	2	3	8	33

느리기에 이 양은 턱없이 부족한 것일지도 모른다. 이게 많은 양인지 아닌지에 대한 판단은 상대적이기 때문에 뭐라 말하기 어렵다. 하지만 처음 이 목록을 들여다보면서 내가 느낀 막연한 배반감의 실체가 그 양 때문이었다는 점은 분명하다.

  기록 첫날인 1959년 1월 4일, 하례객 26명에 십자매 두 마리로 시작된 이기붕가 출입인 명부에는 기록의 마지막 날인 12월 30일 내방객 40명(외 7명) 외에 79명의 손님들이 가져온 물건이 적혀 있다. 그해 추

표 14. 알 수 없는 꾸러미

물품 \ 월	1	2	3	4	5	6	7	8	9	10	11	12	횟수
지상자, 지포	49	20	18 (23)	15 (17)	25 (34)	13 (18)	23 (32)	19 (25)	97 (106)	16 (20)	30 (38)	310 (351)	635 (733)
보자기, 포대	1		3					1		4	4	5	18
계	50	20	21	15	25	13	23	20	97	20	34	315	663 (751)

석인 9월 17일 이전 이틀 동안만 84명이 선물을 놓고 갔으며, 크리스마스이브 단 하루에만 무려 104명의 사람들이 생선과 과일, 수박, 꿀과 같은 물건 혹은 뭔지 알 수 없는 종이 꾸러미를 잔뜩 놓고 갔다. 시작은 미약하였으나 끝은 창대하리라. 방명록의 부피는 뒤로 갈수록 두꺼워진다. 날이 갈수록 점점 더 많은 사람이, 점점 더 많은 물건이 들어오고 기록되었다.

숫자를 세고 이리저리 더해보고 도표를 그리면서 하마터면 또다시 숫자의 유혹에 빠져들 뻔했다. 이기붕의 집에 들어온 물건들은 이기붕의 행적에 따라 그리고 세상사의 흐름에 따라 민감하게 변동한다는 것을 눈치 챌 수 있었다. 그의 집에 들어온 물자들은 연료처럼 공식적으로 들어온 것들과 이기붕의 많은 식솔들을 배려해 주변에서 자진하여 보낸 물품들이 포함되어 있을 것이다. 어쩌면 그런 물건들이 대부분이었을지도 모른다. 그러나 이런 생각은 물품 목록이 설과 추석, 크리스마스, 연말 등에 급증하는 데서 간단히 무너진다. 어마어마한 양의 물품들은 일상적으로 들어오는 '물자'가 아니라 때에 맞추어 들어오는 '선물'임이 명백해진다.

표 15. 월별 물품 횟수

물품 \ 월	1	2	3	4	5	6	7	8	9	10	11	12	횟수
꽃, 나무	13	2	26	5	14	18	1	4	8	19	18	30	160
과일	1	2	7	7	20	28	22	29	39	16	23	35	229
농산물		1	3	3	2	1	4	3	25	14	12	17	85
해산물	9	8	3		6	4	7	3	9	1	12	9	71
육류	7	4	1	2	2	1	1		8	3	16	14	59
음식물	3	3	8			5	2	3	7	3	12	21	67
음료	5	1	1	1	1		6	6	4	5	7	5	42
땔감	7	5	4	1			1		2	3	2	3	28
가재도구	6	2	1		5	7		1	3	2	2	24	53
예술품			1	3		1	2	1	1		3	19	31
의류, 옷감	3	1			1			2	1			6	14
기타	3	3	3	1		2		2	6	2	3	8	33
꾸러미	50	20	21	15	25	13	23	20	97	20	34	315	653
계	107	53	79	38	75	82	69	72	211	89	144	506	1525

달별로 들어온 물품의 횟수만 세어보아도 그랬다. 1, 2월은 그가 병원에 입원해 있었기 때문에 들어온 물품이 적었지만 그래도 1월은 신년이니까 많았을 테고, 3월에 조금 많아진 것은 그가 퇴원했기 때문일 것이다. 4월은 그가 진해로 요양 중이었기 때문에 다시 적어졌을 것이고, 5월부터 8월까지는 평균적으로 들어온 양이었을 것이다. 9월은 아마 추석을 전해서 엄청 들어왔을 것이고, 11월은 추수감사절이 끼어 다시 많아졌을 것이다. 1년 동안 들어온 물품 중 3분의 1이 쏟아져 들

어온 12월은 크리스마스와 연말연시 때문에 그 양이 어마어마하게 많아졌을 것이다. 한눈에 들어오는 물품의 변동은 이 물건들이 일상적이고 통상적인 절차에 의한 것이 아니라 명백히 '선물'의 의도를 지니고 있었다는 것을 다시 한번 생생히 보여준다. 그것은 세부적인 품목의 종류를 보아도 확인된다. 계절의 변화에 따라 달라지는 경유와 휘발유 등 땔감의 수량은 일상적인 것이었음이 드러나지만 반면에 꽃이나 화분 그리고 나머지 물품들은 그의 존재 유무를 비교적 정확히 반영하고 있다.

  이런 상황은 대강 월별로 어림잡아 뭉뚱그려 보아도 한눈에 파악할 수 있는 사항이다. 이를 날짜 단위로 쪼개어 들어온 물품의 수량과 종류, 방문객과 물품을 들고 온 사람들의 면면을 추적하면 이기붕과 주변 인물들의 행적과 관계들을 면밀하게 추적할 수 있다. 출입인 명부를 앞에 놓고, 통계 숫자를 들이대고, 방문객의 이름을 앞세우며, 1959년에 벌어진 사건 파일을 옆에 놓고, 사회적 정황을 들먹이면, 이기붕을 둘러싼 모든 것은 낱낱이 밝혀질 것이다. 그런데 그건 그저 그렇다는 말이다. 뭘 어쩌겠는가.

| 에필로그 |

　지리멸렬한 이 글을 이만 끝내야 한다는 것을 알고 있다. 어느 것 하나 제대로 밟아보지도 못한 채 추측과 공상, 혼돈과 갈등, 좌절과 분노, 오해와 변명, 편견과 왜곡으로 어지러워진 노정을 이제 그만 끝내야 할 때이다.
　우리는, 주변에서 일어나는 많은 일들이 당연한 것처럼 보일지라도 그것이 얼마나 낯선 일들의 연속인지 알지 못한다. 어느 세도가의 집에 사람들이 몰려들고 그의 집에 선물을 가져다 놓은 일상적인 일이 다른 편에서 보자면 얼마나 낯선 행위인지, 그들이 알았을 리가 없다. 언론과 권력과 재벌의 실세들이 일상적으로 주고받는 대화가 누구에게는 분노와 좌절을 가져다 준다는 것도 그들은 알지 못한다. 권력가의 집에 몰려든 사람들과 그들의 손에 들려져 있던 물건들, 그렇게 끊임없이 반복되는 현상들은 분명 낯설고도 익숙한 행위임에 틀림없다.
　이기붕의 집에 들락거린 사람들은 분명 공적인 업무에 의한 것이었다. 국무위원이나 자유당 의원 그리고 군 장성이나 주요 기관의 장, 외교사절들은 공식적인 면담이나 회의를 위해 이 집을 찾았다. 이 기록은 서대문 그의 저택에서 일어난, 공적인 영역과 사적인 영역이 착종된 현상을 그대로 보여주고 있다. 방문자의 기록에서도 알 수 있듯이 공식적인 방문과 사적인 방문은 구별되고 있지 않다. 어떤 경우이건 방문객이나 주인도 굳이 공적 영역과 사적 영역이 구별되어야 할 필요성을 전혀 느끼지 않았을 것이다. 그것은 오늘날 연예인의 시시콜콜한 사생활을 공공연하게 다루는 사정과는 정반대로 오히려 공과 사를 뒤범벅으로 만드는 현상을 자연스럽게 연출했다.

이기붕과 박마리아가 가졌던 직책과 지위는 사회적 관계에서의 사적인 영역이란 존재할 수 없는 것이었다. 바로 그럴 때, 이기붕과 박마리아 그리고 그들을 방문한 모든 사람들의 행위는 아무리 사적인 행위였다고 할지라도 사회적인 행위로서 판단할 근거가 된다. 그들이 가져온 소박하고 조촐한 성의조차 개인적인 의미가 아니라 사회적인 차원에서 판단할 수밖에 없다는 말이다. 좀 더 단호하게 말하자면 설사 이기붕과 박마리아가 청렴하고 결백한 인물이었다고 하더라도, 그리고 그들에게 가져온 선물들이 아무리 소박한 것이었으며, 선물의 교환이 개인적인 차원에 의한 것이었다고 하더라도 그것은 공적인 영역에서 수수된 뇌물이었다. 공사를 구분하지 못하는 상황 속에서 수수된 모든 선물은 스스로의 한계 때문에 뇌물이 되어버린다. 추석과 추수감사절, 크리스마스, 연말연시가 되면 이기붕의 집에는 물건이 산더미처럼 쌓인다. 그것이 이즈음의 고관대작 집에 쌓이는 선물의 양에 턱없이 미치지 못하는 것인지 아니면 요즈음은 도무지

에필로그 361

일어날 수 없는 과거만의 현상이었는지 알지 못한다. 분명한 것은 그의 집에 들어온 선물이 권력의 효과였다는 것이 자명하다면 어떤 경우에도 그 권력을, 그 권력의 효과를 정당한 것으로 받아줄 수는 없는 일이라는 점이다.

처음 이기붕가의 출입인 명부를 보면서 그 선물 꾸러미들에 부패의 혐의를 씌우고 뇌물이라는 인식표를 달고 싶었던 것이 솔직한 내 심정이었다. 그리고 1959년을 돌아보면서 그 인식표를 굳이 떼어낼 필요는 없을 것이라는 결론에 도달하기는 했다. 사회적으로 단순한 호의를 교환하는 선물이 존재하지 않는다는 말은 원시사회나 오늘날이나 똑같이 적용될 수 있는 말이다. 그러나 단지 그런 원론적인 차원에서 비롯된 생각만은 아니다.

나는 어느 시기가 되었든 부패 문제를 정면으로 다루고 싶은 생각은 없었다. 그럴 능력도 없지만 말이다. 물론 부패란 깨끗한 시민 사회로 가는 걸림돌이며 부패를 추방하려는 의지가 진보적인 의미를 갖고 있다는 걸 부인할 수는 없을 것이다. 부패가 근본적으로 자본주의에 내재한 속성이라는 마르크스의 관찰에 기대지 않더라도 우리 사회의 물질과 권력을 소유하는 방식이 제도화하는 과정 속에서 부패가 자리 잡을 수밖에 없었다는 사실을 1959년을 통해서 바라볼 수는 있었다. 그러나 지금 현재가 1공화국에서 얼마나 멀리 떨어져 나와 있는지, 예전에 비하면 얼마나 진보한 것인지를 누가 말한다고 해도 우리 사회구조의 원형적 틀이 다시 짜인 순간을 만났던 기억이 없다면, 부패 척결을 말하는 것만으로 진보적인 의미를 지닐 수 있다는 생각은 터무니없이 순진한 접근일 것이다.

1959년 지리멸렬한 정치적 상황과 열악한 삶의 조건을 대강 둘러본 결과는 그 사회가 모든 문제를 돈으로 환원되도록 만든 사회였다는 점이다. 이승만과 이기붕의 '나라 세우기'는 미국에 의한 위계적 자본주의 세계 체계 속에서 원조의 수혜자인 제3세계로서의 주변부적 위치에서 비롯된 한계를 고스란히 증명하는 '나라 말아먹기'였다. 자유 경쟁 체제의 자본주의였으며, 그 무한한 자유 경쟁의 과정 속에는 부정과 부패한 권력이 포함되어 있었다. 이런 과정을 단지 제3세계의 문화적 관습이나 열등한 인간성 혹은 지도적 정치인들의 자질과 능력 탓으로 말하는 것은 곤란한 일이다.

이 방명록의 주인공인 이기붕에 대한 인품론으로 부조리한 사회의 관습이 설명되지도 않는다. 1959년에서 바라본 그는 단지 사회적 상황, 즉 패권적 자본주의 세계 체제 속에서, 전쟁이 끝난 뒤 열악한 주변부 국가의 권력적 실세로서, 그가 가지고 있던 권력의 영역에서 벌어질 수 있는 일에 일상적으로 매몰되어 있었던 평범한 인간에 불과했다. 이승만 역시 그런

면에서 상투적인 범주에서 한 치도 벗어나지 못한 인물이었다. 이승만 혹은 이기붕에 대한 역사적 평가는 여기서는 아무런 의미를 지니지 못한다. 그들에게서 역사적 평가 혹은 사회적인 인식과 전혀 다른 청렴과 결백을 발견했다고 하더라도, 그리고 지도자로서의 충분한 자질과 인품 그리고 의지를 발견할 수 있었다고 하더라도 그리고 그들의 의지와 관계없이 모든 잘못이 역사적 혹은 사회적 한계에서 비롯된 것일지라도 달라질 것은 없다. 어차피 개인에게 책임을 묻는 역사는 어떤 경우에도 그 기술의 한계를 드러내기 때문이다.

먹고살기 힘든 시절, 모든 죄악과 부조리는 물자와 자금 부족으로 허덕이는 현실에서 비롯되었을 것이다. 그 모든 상황이 권력의 사유화를 가속하는 원인이었음은 틀림없는 사실이다. 국가와 자본의 유착은 적어도 1공화국에서 정부가 곧 부의 집결지이자 분배의 핵심이었으며 자본의 생성과 소멸에 개입할 수 있는 정치 경제 권력 그 자체였다는 점을 이해한다면 너무나 당연한 결과였다. 권력의 독점이 재화의 분배와 독점으로 치환되는 이유가 권력 집중의 문제만은 아니었다. 재화를 축적할 수 있는 유일한 토대가 정부였다는 것이 문제를 더 악화시켰을 수도 있다.

우리는 자본의 생성과 소멸에서 파생되는 사적인 이익이 곧 '권력의 의미'였음을 아직 부정할 수 있는 사회가 아니라는 것을 알고 있다. 단지 그 때 이후로 달라진 점이 있다면 공공 영역에서 일어나는 부패의 고리들이 시장이라고 불리는 민간 영역의 내부로 끊임없이 이동해왔다는 점일 것이다. 오늘 우리가 매일 확인하는 것처럼 말이다.

우중충한 과거의 기억을 들춰내는 게 신명나는 일은 아닐지라도 불확실한 과거는 확실한 현재로 기억되어야 한다. 그렇게 믿었다. 그러나 이 글에서 지긋지긋하게 반복되었듯이 과거는 미래보다 더 불안한 실체였다. 나는 오히려 과거가 너무 선연하게 현재를 그려내고 있다는 사실이 끔찍했다. 어쩌면 과거를 불확실한 역사로 남겨두는 것이 옳은 일일지도 모른다는 생각마저 들었고, '과거를 통해 배우지 않는 역사에 미래는 없다'라는 식의 그럴듯한 말로 스스로 위로하고 싶지도 않았다. 다행스러운 것은 뚜렷한 과거만이 현재의 존재를 증명해줄 것 같다는 터무니없는 망상에 더 이상 시달리지 않아도 되었다는 점이다.

아직 나에겐 미래가 남아 있다. 혹시 아는가, 불확실한 미래가 현재를 증명해줄지.

■ 주석

[1] 김동조의 회고록에 의하면 그 당시 이기붕은 '자신의 몸도 가누지 못하는 산송장 같은 모양새를 하고 있었다'고 한다-김동조 회고록, 〈문화일보〉, 1999년 9월 18일자.

[2] 李起鵬, 《追憶은 나의 財産》, 고려문화사, 1949, 62~63쪽.

李起鵬, 《自由黨의 進路》, 現代公論 3, 1955.

金次榮, 《人物包容에 서투른 英雄心 없는 政治人 : 晩松 李起鵬論》, 새벽사 새벽 3, 1956, 76~77쪽.

李起鵬, 《나의 人生 回顧錄》, 三千里 2, 1957.

《人間晩松 : 李起鵬 評傳記》, 自由春秋社, 1959.

韓徹永 編, 《李起鵬先生演說集》, 1959.

《민족의 해와 달》, 여론사, 1959.

崔山內 著, 《겨레의 반려 이기붕선생》, 의회평론사, 1959.

전홍진, 《만송 리기붕선생》, 국제시보사, 1960.

孫忠武, 《경무대의 女人들 : 프란체스카와 박마리아》, 韓振出版社, 1980.

[3] T. 로버트 올리버, 박마리아 역, 《리승만박사전 : 신비에 싸인 인물》, 合同圖書株式會社, 1956.

박마리아, 《슈바이처박사와 그를 기른 어머니》, 家庭教育 17, 1960.

박마리아, 《〈스위트 · 홈〉의 建設》, 家庭教育 19, 1960.

박마리아, 《美國風俗과 그 消化策, 朴마리아》, 女性界 5, 女性界社, 1956.

[4] 《人間晩松 : 李起鵬 評傳記》, 自由春秋社, 1959, 266쪽.

[5] 위의 책, 275쪽.

[6] 위의 책, 262쪽.

[7] 《민족의 해와 달》, 여론사, 1959, 253~259쪽.

[8] 위의 책, 91쪽.

[9] 강영훈, 〈남기고 싶은 이야기들〉, 《중앙일보》, 1999년 7월 7일자.

[10] 《동아일보》, 1959년 5월 2일자.

[11] 유영익, 《이승만의 삶과 꿈》, 중앙일보사, 1996, 46쪽.

[12] 《동아일보》 2001년 4월 19일자, 〈이기붕家 선물 풍속도…본보 자료실서 출입명부 발견〉.

[13] 《동아일보》 1959년 1월 17일자. 이후 날짜는 같은 신문, 같은 해의 날짜이다.

[14] 12월 15일자, 〈데모와 기자와 경찰〉.

[15] 8월 17일자.

[16] 서울의 자동차는 영업용 5437대, 관용 1297대, 자가용 3909대 이외 미국인 차량을 합해 약 1만 여대였다. 2월 21일자.

[17] 전국의 자동차 수는 4월말 현재 2만 8214대, 자동차 사고는 1456건(사망 415명 부상 2038명)으로 20대에 한 명꼴이었다. 5월 28일자.

[18] 11월 6일자.

[19] 4월 12일자.

[20] 안석주, 〈만문만화〉, 《조선일보》, 1930년 4월 12일자.

[21] 7월 22일자.

[22] http://bbs.msquare.or.kr/read.bbs/interest/News/22.html:작성자 엄상일.

[23] 6월 19일자.

[24] 9월 6일자.

[25] 6월 18일자.

[26] 4월 3일자 사설 〈질량농가의 明察을〉.

[27] 3월 14일자.

[28] 잉여 농산물 도입은 1959년은 ICA 402조로 3600만 불, 미공법 480호로 3300만 불을 도입하였다.

[29] 7월 18일자.

[30] 7월 18일자.

[31] 9월 16일자.

[32] 12월 30일자.

[33] 11월 22일자.

[34] 2월 2일자, 〈돈은 모두 어디로 갔나〉.

[35] 7월 22일자.

[36] 5월 28일자, 〈빠나나가 쌀을 먹는 세상〉.

[37] 1월 10일자.

[38] 5월 28일자.

[39] 12월 20일자.

[40] 6월 21일자, 〈시장에 범람하는 부정 PX 루트는〉.

[41] 6월 21일자.

[42] 5월 28일자.

[43] 11월 15일자, 〈경영상담-식료품점을 내려면〉.

[44] 5월 4일자.

[45] 4월 15일자.

[46] 노재명, 〈신중현과 아름다운 강산〉, 22~24면.

[47] 4월 11일자.

[48] 12월 25일자.

[49] 5월 4일자.

[50] 12월 18일자.

[51] 12월 6일자.

[52] 10월 18일자.

[53] 9월 3일자.

[54] 3월 31일자.

[55] 1월 16일자.

[56] 11월 15일자.

[57] 5월 3일자.

[58] 1월 21일자.

[59] 2월 15일자.

[60] 11월 5일자.

[61] 2월 6일자.

[62] 10월 6일자.

[63] 12월 5일자.

[64] 3월 9일자는 1, 2면을 모두 할애하여 서울 시내 전기 중학 합격자 명단을 발표하고 있다. 그 전날에는 입학 시험에 대한 비평을 실었다.

[65] 11월 14일자.

[66] 3월 21일자. 학생 체위표에 의하면 20세 남자의 키는 165.2cm, 여자가 156.8cm, 몸무게는 남자 57.4kg, 여자 54.5kg.

[67] 4월 23일자.

[68] 5월 1일자.

[69] 5월 29일자.

[70] 3월 3일자.

[71] 4월 6일자.

[72] 3월 8일자.

[73] 4월 20일, 29일자.

[74] 6월 26일자.

[75] 11월 27일자. 〈신영화〉란의 영화평.

[76] 3월 11일자. 〈씨나리오 표절 소동〉.

[77] 3월 22일자. 〈해적문물의 범람〉.

[78] 시보를 울리는 소리와 동시에 '전두환 대통령은……'으로 시작되는 뉴스를 당시 사람들은 '땡전뉴스'라고 불렀다.

[79] 12월 23일자.

[80] 8월 4일자.

[81] 2월 7일자.

[82] 3월 23일자.

[83] 3월 28일자.

[84] 4월 23일자.

[85] 5월 24일자.

[86] 6월 21일자.

[87] 11월 20일자.

[88] 11월 21일자.

[89] 3월 4일자.

[90] 11월 23일자.

[91] 12월 12일자.

[92] 11월 25일자.

[93] 7월 5일자.

[94] 5월 30일자.

[95] 11월 1일자.

[96] 11월 6일자.

[97] 5월 2일자.

[98] 3월 12일자.

[99] 9월 15일자.

[100] 3월 1일자.

[101] 10월 21일자.

[102] 11월 22일자.

[103] 4월 26일자, 김성범 논단.

[104] 7월 31일자.

[105] 11월 1일자.

[106] 9월 15일자, 〈고바우영감〉.

[107] 금품과 향응으로 얻은 표들을 막걸리표나 고무신표라고 했다. 쌍가락지표는 상대의 유효표를 무효표로 하기 위해 도장을 하나 더 찍는 것을 말하고,

피아노표란 손에 인주를 묻혀 지문을 추가하는 개표 부정을 말한다. 전남 화순에서 발생했던 아이롱표는 경쟁 입후보자가 두 명이기 때문에 기호 2번의 이름을 뒤집어 보이지 않게 접은 다음 1번의 기호와 이름만 보이게 하여 결국 1번을 찍을 수밖에 없도록 하는 방식이었다.

[108] 7월 24일자.

[109] 《제2공화국과 장면》, 대한매일, 1999. 4. 13.

[110] 11월 1일자.

[111] 1월 19, 20일자.

[112] 8월 2일자.

[113] 5월 27일자, 〈횡설수설〉.

[114] 11월 1일자.

[115] 8월 1일자.

[116] 3월 26일자.

[117] 11월 1일자.

[118] 대한뉴스 제225호.

[119] 대한뉴스 제212호, 제228호.

[120] 4월 27일자.

[121] 1월 6일자.

[122] 서중석, 《조봉암과 1959년대》 (상), 역사비평사, 117쪽.

[123] 2월 22일자, 〈국무원 개편설의 저류〉.

[124] 이승만은 기자들과의 만남을 극히 꺼려왔다. 외국 언론과의 인터뷰는 허용하면서도 국내 언론과의 접촉은 애써 피했다.

[125] 1월 18일자.

[126] 4월 15일자.

[127] 3월 25일자.

[128] 이기붕은 1년에 고작 두 번밖에 국회에 나오지 않았다.

[129] 5월 20일자.

[130] 6월 18일자.

[131] 10월 14일자.

[132] 2월 17일자 신문에는 이기붕 의장실에서 회합을 가진 것으로 기록되어 있으나 이기붕의 출입인 명부에도 17일 오전 주요 인사들의 출입이 기록되어 있다. 이 기록이 의장실의 출입을 포함해 기록했는지 아니면 신문의 오기인지는 확인되지 않는다.

[133] 이기붕은 음력 12월 20일생으로 그해는 1월 18일이, 박마리아는 3월 26일생으로 5월 3일이 생일이다. 그해 설은 2월 8일이다.

[134] 5월 24일자.

■ 찾아보기

2·4 보안법 44, 106~108, 198, 233~235, 240, 255, 272~274, 281, 305
3·15 부정 선거 25, 42, 94, 253, 256, 280
303 수송관리단 사건 223
4·19혁명 17, 42, 45, 47, 48, 76, 78, 79, 81, 308, 323
HLKA 148
ICA 230, 248, 250, 369
PX물품 5, 151, 156
YWCA 67, 68, 213

ㄱ

강인하 308
개발차관기금DLF 246, 249
갱단 221
검열판 23
경무대 39, 41, 62, 74, 78, 80, 200, 215, 309
경향신문 263~265, 266
경호권 발동 306
고무신표 252
과외 185
곽영주 80, 309
광화문 83, 107, 116, 129
국방부 36, 39, 59, 62, 63, 208, 343
국산품 145, 147, 210
군수물자 145, 223, 224, 314
극장 118, 130, 181, 188, 199, 238
기차 141, 155
김규진 31

김미희金美姬 308
김법린金法麟 18, 308
김성곤金成坤 18, 80, 307, 308, 341
김수영 170
김윤근 63
김의준 234, 282
김일환 208, 275, 280, 305, 307
김장 340, 343
김장섭 305
김조철 322
김지미 190
김진만 31
김태현 233, 234
김현철 275, 280
김활란 66, 67
김희갑 238
깡통문화 146

ㄴ

나환자 174
남대문 경찰서 168, 220
냉동열차 140
냉차 124, 125
뇌염 환자 174

ㄷ

다방 117, 118
달라이 라마 162, 216
당구 117, 118, 189
대충자금對充資金 247
대통령 찬가 268
대통령 탄핵안 109, 289, 290
대한 반공 예술인단 208
대한늬우스 146, 199
대한석유협회 236
댄스홀 166, 237
데모 107~109, 110, 240, 274
도전(전기 도둑질) 140

ㄹ

라디오 20, 147, 148, 167, 210
레이션 박스 146

ㅁ

막걸리표 252
매춘 168, 169
무꾸리 176
미군의 날 164
민주당 44, 63, 80, 254, 256, 305

ㅂ

바나나 144
바라크 건물 105
박금선 42
박덕순朴德純 308
박마리아 21, 38, 67, 71, 213, 361
박만원 234, 282, 285, 305
박용익 18, 279, 305, 307
박태선 177
반공청년단 208, 234, 238
방명록 16, 68, 85
방위군 사건 63
방충제 173
백사장 128, 179, 206
백선엽 341
범칙물자 231, 233, 234, 280, 282
벚꽃놀이 120
부산 타이어 재생창 사건 224
부정 군수물자 145, 314
비디오테이프 149
비타민제 175
비트족beatniks 160

ㅅ

사과상자 317, 337, 338

사라호 179, 182, 261
사이다 125, 126
서대문장莊 39, 41
서은숙 42
송요찬 341
송인상 31, 275, 280, 307
수재 의연금 182
수재민 133
수정궁 122, 165
스트립쇼 166
슬로건 176, 177
시발택시 111, 142, 237
신도환 80
신성모申性模 63
신언한 80
신중현 165
신현확 280
실존주의 160, 161
심성곤 42
쌍가락지표 252, 372
썸머타임 171
씨날코 52, 53, 125, 126, 323

ㅇ

아이롱표 252, 372
암흑열차 140

양담배 136, 152, 243
양유찬 278
양키 물건 156
엘씨아이 165
여적 263, 265
연예물 165
영화 131, 161, 167, 174, 187~193, 237
온건파 282
우남회관 205
우장춘禹長春 80, 309
원용석 275, 285, 305, 306
유지광 75
유충렬柳忠烈 308, 341
이강석 78, 200, 206, 272
이규영 42
이근직 280, 305
이기붕 17, 22, 36, 49, 56, 63, 74, 75, 78~82, 86~88, 91, 107, 109, 239, 266, 268, 277~284, 305~309, 320, 343, 368, 374
이기붕 별장 86~88
이낙의李洛儀 61
이동근 31, 341
이승만 별장 82, 86, 88
이익흥 307, 322
이재학 257, 279, 282, 305, 307
이정재 62, 238

이홍식 275
인태식 285, 305, 306, 307
임철호 31, 234, 281, 282, 285, 305~307
임화수 237, 239, 308
입장료 166, 237
잉여 농산물 246, 369

ㅈ

자유부인 122, 165, 191
장경근 234, 281, 305~307
장면 44, 75, 187, 199, 258, 305, 373
재일교포 북송 반대 107, 240, 306
전성천 214, 266, 271
전예용 31
전차 225
전화 139
절량絶糧농가 136, 144, 369
접대부 169
정문흠 42, 307
정액등 139
정운갑 281, 305, 307
제서제 173
조병옥 44, 208, 257, 259, 305
조봉암 253, 261~263
조선임전보국단부인대 72
조순 305~307

찾아보기 377

조춘早春 193
족청계 62
종암아파트 244, 245
중앙청 164, 270
중학 입시 184
지방자치법 44, 106
지포紙包 31, 316~318, 320, 325, 333, 351, 357
진보당 사건 262
찝차 111, 114

ㅊ

창경원 112, 120~122, 129
청계천 131, 173, 242
청량음료 125, 126
최인규 18, 31, 80, 209, 214, 253, 254, 271, 275, 280, 281, 307
충주비료공장 235, 236

ㅋ

카바레 166, 230
캠페인 177
커피 152, 153, 158, 333, 349, 350
크리스마스 106, 357, 362

ㅌ

탈모비누사건 145
탈세 182, 195, 237
탑동공원(탑골공원, 파고다공원) 124
텔레비전 82, 148, 149, 187
통행금지 116, 171
특선特線 139

ㅍ

파나마 모자 145
팔각정 127, 205
팝송 165
평화시장 242
표범 172
프란체스카 68, 200, 213, 272
피아노표 252, 372

ㅎ

한국견직 세금 포탈 사건 235
한백수 305
한희석 18, 106, 257, 279, 281, 282, 305~307
홍진기 275, 280, 281, 305, 307
홍창섭 31

환경 미화 256
황금풍 232
황성수 39
훌라후프 146
히피 160

장미와 씨날코

- 2006년 3월 23일 초판 1쇄 인쇄
- 2006년 3월 30일 초판 1쇄 발행
- 글쓴이 ─────── 김진송
- 펴낸이 ─────── 박혜숙
- 책임편집 ────── 진봉철
- 영업 및 제작 ──── 양선미
- 인쇄 ──────── 백왕인쇄
- 제본 ──────── 정민제책
- 펴낸곳   도서출판 푸른역사
  우 140-170 서울시 용산구 동자동 5-1 성사빌딩 207호
  전화: 02)756 - 8956(편집부) 02)756 - 8955(영업부)
  팩스: 02)771 - 9867
  홈페이지: http://www.bluehistory.co.kr
  등록: 1997년 2월 14일 제13-483호

ⓒ 김진송, 2006

ISBN   89-91510-18-3   03900

· 잘못 만들어진 책은 교환해드립니다.